이야기가 흐르는

대한민국
소도시 기행 II

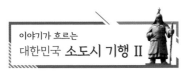

이야기가 흐르는
대한민국 소도시 기행 Ⅱ

초   판 1쇄 인쇄 2020년 8월 17일
초   판 1쇄 펴냄 2020년 8월 25일

지은이 심우장 • 박인희 • 조재현 • 김종찬 • 박예원
펴낸이 유정식

책임편집 유정식
편집/표지디자인 김효진

펴낸곳   나무자전거
출판등록   2009년 8월 4일 제 25100-2009-000024호
주소   서울 노원구 덕릉로 789, 2층
전화   02-6326-8574
팩스   02-6499-2499
전자우편   namucycle@gmail.com

©심우장 • 박인희 • 조재현 • 김종찬 • 박예원 2020
ISBN : 978-89-98417-50-5(04910)
       978-89-98417-48-2(세트)
정가 : 18,000원

이 도서의 국립중앙도서관 출판예정도서목록(CIP)은 서지정보유통지원시스템 홈페이지(http://seoji.nl.go.kr)와 국
가자료종합목록 구축시스템(http://kolis-net.nl.go.kr)에서 이용하실 수 있습니다. (CIP제어번호 : CIP2020031620)

이야기가 흐르는

대한민국
소도시 기행
II

심우장 · 박인희 · 조재현 · 김종찬 · 박예원 공저

나무자전거

이야기가 흐르는 여행

여행이란 무엇일까. 멋진 경치를 구경하고 맛집을 찾아 별난 음식을 먹는 게 여행이라면 뭔가 허전하다. 일상으로부터 벗어나 자신을 새롭게 바라보고, 낯선 공간에서 색다른 시선으로 삶을 반추해보는 건 어떨까. 허전함을 채우려다 너무 무거워질 수도 있겠다. 그렇다면 재미난 이야기와 함께 하는 건 어떨까. 여행지에는 어디나 그곳에 자리했던 무수한 삶의 자취들이 이야기의 형태로 남아있다. 바로 그 이야기들과 함께 하면서 삶의 진한 향기를 느껴보는 건 어떨까.

우리는 이미 참 많은 이야기를 알고 있다. 일상의 무수한 경험들이 모두 이야기이고, 드라마나 영화 또한 전형적인 이야기이며, 교과서에서 배웠던 소설이나 설화, 역사도 모두 이야기이고 보면, 우리가 만날 수 있는 이야기는 무궁무진하다. 하지만 이야기가 만들어지고 이야기의 배경이 되었던 바로 그곳에서 접하는 이야기의 맛은 특별하다. 강화에서 경징이풀을 만나고, 익산에서 서동을 만나고, 밀양에서 아랑을 만나는 일은 그래서 특별한 경험이 될 수 있다. 바로 그곳이 갖는 장소의 힘이 이야기와 우리를 특별하게 엮어주기 때문이다.

우리가 만난 이야기들

여행지를 둘러보며 그곳에 묻혀 있는 이야기를 찾으려 했다. 제주를 여행하는 사람들은 많지만, 바로 그곳에서 우리의 창세여신인 설문대할망 이야기를 곱씹어보는 사람은 많지 않다. 경주를 찾는 사람들은 많지만, 바로 그곳 밤거리를 도깨비들이 활개치고 다녔다는 사실을 아는 사람은 많지 않다. 대구하면 막창이나 사과를 떠올리는 사람들은 많지만, 고려 태조 왕건이 그곳에서 크게 패해 줄행랑을 쳤다는 사실을 되새기는 사람은 그리 많지 않다. 밀양 영남루에서 아랑을 만나, '너의 잘못이 아냐'라고 속삭여줄 수 있는 사람도 그리 많지는 않을 것이다.

서동과 선화공주가 신접살림을 차린 곳이 익산이며, 우리 역사에서 가장 치열하게 전쟁이 펼쳐졌던 곳이 강화라는 사실을 아는 사람도 그리 많지 않다. 그래서 목포 유달산에서 삼학도가 되어버린 세 처녀를 떠올리고, 양주에서 양소저나 노고할미와 함께 이야기를 나누며, 삼척에서 바다가 삼킨 애랑과 수로부인을 만나는 일은 소중했다. 영주 소수서원에서는 담장너머로 애틋한 사랑 이야기를 듣고, 부석사에서는 우물 여인에게 어긋난 사랑이야기를 들으려 했다. 그렇게 해서 우리만의 특별하고 재미난 이야기 여행을 만들어 보고자 했다.

삶이 소진된 우리에게

이야기와 함께 떠나는 여행은 꽤 재미있었다. 경치나 음식으로 떠나는 여행보다 훨씬 매력적이었다. 두 가지 면에서 그러했다. 첫째는 그 어느 때보다 일상이 고프고, 삶이 소진된 우리에게 일상을 되돌아보고 삶의 진한 향기를 전할 수 있었기 때문이다. 슬픔, 원한, 애틋함, 억울함, 어긋남, 죽음 등으로 점철된 그들의 이야기를 통해서 삶을 저 아래에서부터 보다 묵직하게 느낄 수 있었고, 우리의 삶이 더 현실감 있게 느껴졌으며, 삶을 보다 향기롭게 느낄 수 있었다.

둘째는 이야기 속 주인공과 만나 우리의 고민을 함께 나눌 수 있었기 때문이다. 이 시대에도 여전한 의미를 지닌 오래된 이야기를 통해 그들의 삶이 우리의 고민 속으로 들어왔다. 강화와 양주에서는 그곳을 스쳐간 곡절 많은 여인을 만나 그들과 함께 우리 시대의 아픔과 희망을 이야기했고, 밀양에서는 이 시대에도 여전히 살아 있는 아랑을 함께 되새겨 보았다. 미륵사지에서는 잊혀진 여인을 소환해서 현실의 조건에 따라 삶이, 이야기가 어떻게 달라질 수 있는지에 대해 생각해 봤고, 제주에서는 설문대할망과 여전히 어려운 인간의 길에 대해 진지한 이야기를 나누었다.

4년에 걸친 작업

처음에는 우리가 알고 있는 이야기를 그 이야기의 배경이 되었던 곳에서 음미해보자는 단순한 생각으로 시작했다. 하지만 생각했던 것보다는 쉽지 않은 작업이었다. 1년을 예상했지만 어찌하다 보니 4년이 걸렸다. 이야기로 세상을 보는 일은 매력적인 만큼 어려웠고, 그 이야기가 피어나는 곳을 렌즈에 담아내는 일은 더욱 어려웠다. 몇 차례 거듭 여행하고서야 실마리를 찾을 수 있었고, 또 수백

장의 사진을 찍은 후에야 글을 완성할 수 있었다. 바로 거기에 이야기가 서려 있음을 보여준다는 것이 이렇게 어려운 일인지 비로소 알게 되었다.

책을 쓴다는 핑계가 아니었으면 결코 다녀오지 못했을 여행이었다. 여유와 짬을 허락해주신 많은 인연에 감사한다. 여행지에서 필자들의 무지한 질문에 친절히 답해주셨던 수많은 관계자분께도 감사의 말씀을 드린다. 자료와 사진을 제공해주신 시청, 군청, 문화원에도 감사드리며, 무엇보다 변변치 않은 글을 좋게 봐주시고 흔쾌히 출판을 허락해주신 유정식 사장님과 나무자전거에 특별한 감사의 마음을 전한다.

독자 여러분도 부디 이 책을 통해서 여행지에 대한 새롭고 재미난 경험을 많이 하기를 바란다.

2020년 7월 북한산 아래서 저자 일동

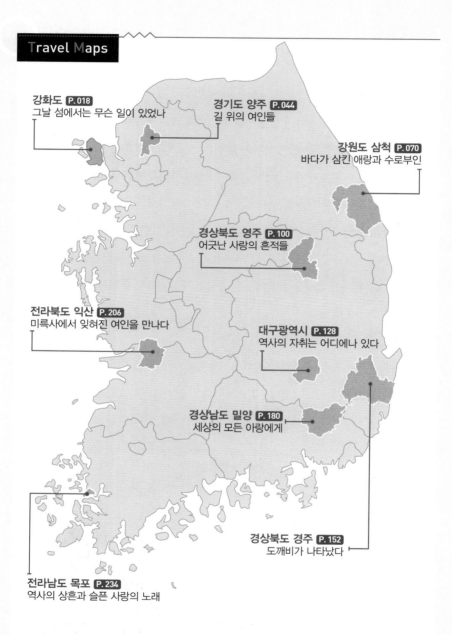

강화도 P. 018
그날 섬에서는 무슨 일이 있었나

경기도 양주 P. 044
길 위의 여인들

강원도 삼척 P. 070
바다가 삼킨 애랑과 수로부인

경상북도 영주 P. 100
어긋난 사랑의 흔적들

전라북도 익산 P. 206
미륵사에서 잊혀진 여인을 만나다

대구광역시 P. 128
역사의 자취는 어디에나 있다

경상남도 밀양 P. 180
세상의 모든 아랑에게

경상북도 경주 P. 152
도깨비가 나타났다

전라남도 목포 P. 234
역사의 상흔과 슬픈 사랑의 노래

제주특별자치도 P. 264
거인 신의 발자국을 따라서

CONTENTS

강원도 삼척
바다가 삼킨 애랑과 수로부인

경상북도 경주
도깨비가 나타났다

경상북도 밀양
세상의 모든 아랑에게

전라북도 익산
미륵사에서 잊혀진 여인을 만나다

전라남도 목포

역사의 상흔과 슬픈 사랑의 노래

제주특별자치도
거인 신의 발자국을 따라서

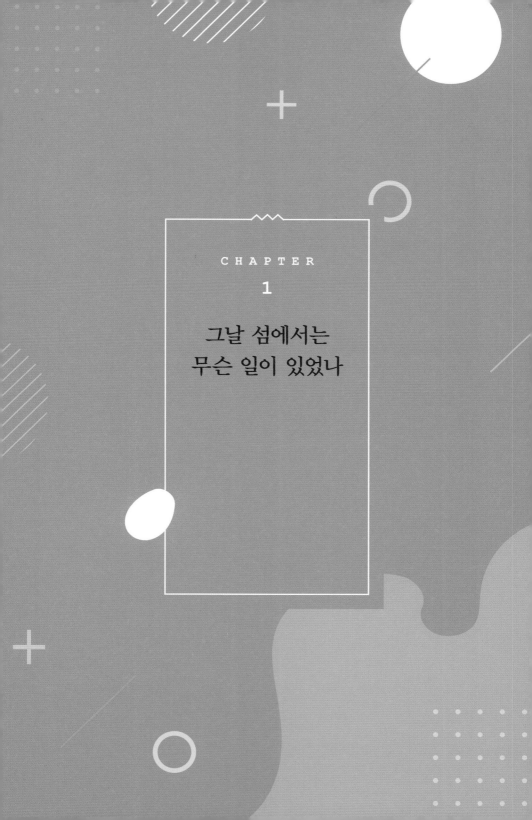

CHAPTER

1

그날 섬에서는
무슨 일이 있었나

강화도[江華島, Ganghwado]

그날 섬에서는 무슨 일이 있었나

전쟁의 섬 강화를 기억하다(강화도)

〈강도몽유록〉을 찾아서

오전 8시부터 핸드폰에서 경보음이 울리며 '낮 시간에 야외활동을 자제'하라는 국민안전처의 경고 문자가 왔다. 그러나 학기 중에는 시간을 내기도 쉽지 않고, 더군다나 다음 주에는 태풍이 올라온다는 일기예보도 있었다. 비바람을 맞아가며 갑곶 돈대를 서성이는 것보다는 그래도 땡볕이 낫겠지.

이게 다 내가 한 말 때문이다. 학생들에게 작품을 제대로 이해하기 위해서는 작품의 배경이 되는 곳을 실제 한 번 가볼 필요가 있다고, 특히 〈강도몽유록(江都夢遊錄)〉의 배경이 강화도인데 서울에서 그다지 멀지 않은 곳이니 꼭 한 번 가서 확인해 보라고 이야기했더랬다.

혹시 〈강도몽유록〉이 다소 낯설지는 않은지? 사실 〈강도몽유록〉은 〈춘향전〉이나 〈홍길동전〉처럼 우리에게 익숙한 작품은 아니다. 〈강도몽유록〉은 병자호란 때 강화도를 배경으로 한 고전소설로, 한문 붓글씨로 쓰여 있는데 누가 창작했는지는 알 수 없다. 현재 7종의 이본이 발견되었는데, 분량이 길지 않고 내용도 비교적 간단하다.

> 병자호란 직후 적멸사의 승려 청허선사가 강화도의 피해가 심각하다는 사실을 알고 거리마다 가득 쌓인 시신을 거두기 위해 강화도로 건너갔다. 묵을 곳이 마땅치 않아 연미정 부근에 움막을 짓고 지내던 중, 어느 달 밝은 밤에 잠이 오지 않던 청허선사는 연미정 부근을 산책하다 어딘가에서 웅성거리는 소리를 듣고 이상하게 여겨 소리 나는 쪽으로 발걸음을 옮겼다. 나무들 사이에 있는 작은 공터에는 15명의 여인들이 모여 있었는데 머리가 으깨지거나 가슴에 칼이 찔려 피가 고여 있는 등, 생김새가 심상치 않았다. 여인들은 강화도가 청군에 함락될 당시 죽음을 맞이했던 형상 그대로 귀신이 되어 그곳에 모인 것이다. 청허선사는 나무 뒤에 숨어 여인들을 지켜보았다. 15명의 여인들은 한 사람씩 돌아가며 '자신이 어쩌다 죽게 되었는지'에 대해 성토하고, 이야기가 끝나자 모두 서럽게 울음을 터뜨렸다. 청허선사가 그 처참한 울음소리에 놀라 깨어나니 꿈이었다.

작품을 가만히 살펴보면 강화도 함락의 원인뿐 아니라 병자호란의 문제점과 책임까지 깊숙이 짚어내고 있음을 알 수 있다. 그것도 여인, 한 많은 귀신들의 모습으로 말이다. 강화도와 관련된 소식이나 그림 등을 접할 때마다 버릇처럼 이 소설이 생각나는 것은 그 때문일까. 그런데 '가만, 나야말로 정말 강화도에 가본 적이 있던가? 물론 이런저런 이유로 몇 번 가보았지만 〈강도몽유록〉의 이야기처럼 정말 병자호란 때 함락되었던 그 당시 상황을 새겨보기 위해 그곳에 가 본 적은 없는데…' 내가 무심코 뱉은 말에 덥석 물린 기분이었다.

강화전쟁박물관에서

48번 국도를 따라 강화대교를 넘어가기로 했다. 강화도로 바로 넘어가는 초지대교를 이용하는 편이 좋으나, 병자호란 때 청나라 군대가 어떤 경로로 강화도까지 들어왔는지 살펴보기 위해 48번 국도를 타고 김포 월곶면을 지나 강화도로 들어가기로 했다.

그런데 오늘은 더워도 너무 덥다. 설상가상으로 내비게이션을 두 개나 켜놓고도 정확히 좌회전이 어디인지 몰라 길을 잘못 들기 일쑤였다. 강화도 내에는 강화역사박물관과 강화전쟁박물관, 강화자연사박물관 등 박물관이 적지 않았다. 갑곶돈대 옆에 있는 강화전쟁박물관에 도착했을 때는 벌써 한낮이었다. 하늘은 맑고, 햇볕은 따갑고, 얼굴은 땀으로 범벅이 되어 붉게 타올랐다.

최대한 그늘 쪽에 차를 얹어두고 돌아보니 좌측에 전쟁박물관 옆모습이 보이고 우측으로 매표소가 보였다. 표를 끊으려는데 직원분이 강화 어디어디를 가려 하느냐고 물었다. 방향을 정하기는 했지만 아직 확정한 곳이 몇 군데 없어 머뭇거리다. '병자호란과 관계있는 유적지를 돌아보려 한다.'고 대답했다. 그러자 직원분이 바로 안내지도를 펼치고 몇 군데를 짚으며 빠르게 물었다.

"강화도에서 하룻밤 주무실 건가요?"

"아니요, 저녁때는 돌아가려고요⋯."

"그럼 마니산까지 다녀오는 건 힘들 수 있으니 해안과 강화산성 위주로 보시는 편이 좋겠네요. 고려궁지도 관계가 있으니 함께 보면 어떨까요? 표를 한꺼번에 끊으면 할인이 되거든요. 위치상 가보실 순서는⋯"

강화전쟁박물관 갑곶 돈대는 박물관 옆으로 30여 미터 떨어진 곳에 있다.

태풍을 피해 폭염을 택한 내게, 한줌의 그늘 같이 시원한 도움으로 오늘 강화도에서 내가 가봐야 할 곳의 윤곽이 드러났다. 갑곶과 강화전쟁박물관, 연미정, 강화산성 북문과 남문, 고려궁지 순이었다.

갑곶돈대로 나가기 전 우선 강화전쟁박물관을 둘러보기로 마음먹고 진회색 기와를 얹은 건물로 발걸음을 옮겼다. 강화전쟁박물관은 강화도에서 일어난 전쟁 관련 기록과 유물을 전시하는데, 2층으로 이루어져 있고 각 층마다 두 개의 전시실이 있다. 한 바퀴 돌아보고 나오면 한반도에서 일어났던 큰 전쟁에 대해 짧은 시간 깊이 있게 이해할 수 있었다.

이곳에서 다루는 전쟁사는 강화도를 넘어 한반도 전체의 전쟁사다. 한반도에 일어났던 전쟁 대부분이 강화도에서 시작되었거나 격전을 치른 경우가 많았다. 강화도는 예성강, 임진강, 한강이라는 세 강의 어귀에 위치한 만큼 수로를 이용하여 안정적인 물자를 공급받을 수 있기에 고려시대부터 장기전을 수행할 수 있는 전략적 요충지로 꼽혔다. 그러한 이유로 강화도는 이 땅을 침략하는 외적이 반드시 거쳐야 할 관문과도 같은 섬이었다. 이러한 지리적 특수성 때문에 강화도는 외부에서 쳐들어오는 수많은 적들을 제어할 효율적인 방어기지이자, 사실상 가장 눈에 띄는 공략지였던 것이다. 1871년 신미양요 역시 이곳에서 접전을 벌였음을 생각할 때, 강화도는 팔도강산에서 벌어진 전쟁을 모두 겪어낸 풍상의 섬이 아닐 수 없다.

박물관 2층 오른쪽 방으로 들어서자, 조선왕조 때 강화도가 겪은 전쟁사를 일목요연하게 정리한 연표가 있었다. 왜란과 호란이 두 차례씩 촘촘하게 박혀 한동안 눈이 아렸다. 앞서 치른 두 차례 왜란으로 조선의 산천과 백성은 이루 말할 수 없이 피폐해졌다. 명과 왜, 조선이 치른 동아시아 국제전쟁으로 가장 큰 피해를 입은 나라는 조선이었다. 전쟁을 치른 곳이 조선 땅이었고 피해를 입은 백성들이 조선인이었기 때문이다.

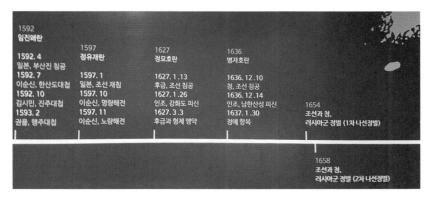

1592 일진왜란	1597 정유재란	1627 정묘호란	1636 병자호란	
1592. 4 일본, 부산진 침공	**1597. 1** 일본, 조선 재침	**1627. 1.13** 후금, 조선 침공	**1636. 12.10** 청, 조선 침공	
1592. 7 이순신, 한산도대첩	**1597. 10** 이순신, 명량해전	**1627. 1.26** 인조, 강화도 피신	**1636. 12.14** 인조, 남한산성 피신	
1592. 10 김시민, 진주대첩	**1597. 11** 이순신, 노량해전	**1627. 3.3** 후금과 형제 맹약	**1637. 1.30** 청에 항복	**1654** 조선과 청, 러시아군 정벌 (1차 나선정벌)
1593. 2 권율, 행주대첩				

1658 조선과 청, 러시아군 정벌 (2차 나선정벌)

조선시대 전란 연표 일부 강화도에서 일어난 모든 전쟁을 연표로 담아 전시해놓았다.

　연표로 나열된 수많은 전쟁을 보고 있자니 문득 이런 생각이 들었다. 1592년 임진왜란, 1597년 정유재란, 1627년 정묘호란, 1636년 병자호란, 1654년과 1658년 1, 2차 나선정벌에 이르기까지…. 1590년 즈음 세상에 태어나 1660년 즈음 세상을 떠난 사람이 있다면? 어린 시절에는 왜적의 침입으로 굶주림에 시달리다가, 청장년기에는 청나라 군대를 막기 위해 전쟁터에서 사선을 넘나들었을 것이다. 그리고 늙어서는 나선정벌羅禪征伐로 어린 자손마저 떠나보내며 눈물로 생을 보내다 세상을 떠났을 것이다. 태어나서 죽을 때까지 전쟁에 휘말려 개인의 존엄과 자유가 박탈된 시간을 견뎌야 했다면, 그가 딛고 있던 땅과 시간은 도대체 어떤 의미를 지닐 것인가.

　전쟁은 집단이 선택한 가장 잔인한 행동방식이다. 전쟁을 선택한 집단은 전쟁을 치르는 과정에서 당연하다는 듯이 개인의 일체를 지운다. 전쟁의 시대를 살아가는 개인은 인간으로서 누려야 할 모든 행복과 삶의 의미를 부정 당한다. 윤리와 가치, 자유와 긍지, 행복을 송두리째 빼앗기고 짓밟힌 채, 국경과 생사를 타고 넘으며 이리저리 흘러 다니게 된다. 무엇보다 인간으로 태어나 인간답게 살아가야 될 가장 근본인 가족과 결별하게 된다. 그 모든 슬픔이 차가운 연표 안에서 한순간 꿈틀거리는 것 같아 가슴이 서늘했다.

금성탕지(金城湯池)와 경징이풀

전쟁박물관을 나와 왼쪽으로 조금 올라가니 바다가 보이고 돈대가 나타났다. 돈대는 주변보다 땅을 높게 돋우어 적의 침입을 살피거나 총포를 두어 전투에 대비하는 시설이다. 강화도는 고려 때부터 해안을 중심으로 외성을 축조하고 이곳 갑곶돈대, 광성돈대, 용두돈대에 이르기까지 총 54개의 돈대를 두어 외침에 대비하였다. 외성뿐 아니라 돌과 흙을 이용하여 견고한 산성을 쌓았고, 고려궁을 중심으로 다시 한 번 내성을 쌓아 3겹으로 대비하였다. 한마디로 강화도 전체가 요새이니, 당시 사람들은 이를 두고 '쇠로 만든 성과 끓는 물이 흐르는 연못', 즉 금성탕지金城湯池의 형세라 하였다.

또한 강화도를 점령하려면 가장 먼저 문수산성을 넘어야 한다. 문수산성은 강화도를 지키는 수문장과 같다. 김포 월곶면에 위치한 문수산은 골이 깊고 험준할 뿐 아니라 평야 가운데 우뚝 솟은 모양이기 때문에 적의 동태를 살피기 쉬웠다. 문수산성을 함락했다면 기다리고 있는 것은 염하鹽河이다. 강화도와 김포 사이에는 좁은 해협이 흐르는데, 폭이 불과 300여 미터로 매우 좁아 밀물과 썰물의 차가 심해서 수많은 급류와 여울이 존재하기 때문에 물길을 모르면 순식간에 조류에 배가 휩쓸려 부서지기 쉬웠다.

문수산성을 넘고 염하를 건너는 동안 수많은 병력이 손실될 것이고, 강화도는 그 사이 3겹의 성곽에서 모든 전투준비를 마칠 수 있게 된다. 외성을 뚫었다 하더라도 중성과 내성을 함락하는 동안 수많은 접전을 각오해야 한다. 염하의 물살 때문에 전투가 불리할 경우 퇴각할 곳도 마땅치 않기에 그 오랜 시간 동안 수많은 전쟁에도 강화도가 쉽게 함락되지 않았던 것이다. 그런데 그런 강화도가 1637년 1월 22일, 단 하루 만에 무너졌다. 바로 이곳 갑곶을 시작으로.

강화도 함락을 지휘한 청 태종의 아들 예친왕[睿親王, 도르곤(多爾袞)]은 조선 침략 당시 청나라 군대의 우익을 총괄하는 장수였다. 그는 2만여 명의 병력을

강화 옛지도 굵게 검은 선으로 표시된 부분이 적의 침입으로부터 방어하기 위해 축조된 성곽이다(국립도서관
소장본으로 18세기에 제작된 것으로 추정한다.)

이끌고 남하하여 안주–평양–황주–개성까지 거침없이 쳐들어왔다. 12월 9일에 압록강을 건넜던 청군이 개성을 거쳐 한성에 도착하기까지 걸린 시간은 불과 5일이었다.

수도를 함락한 청군은 남한산성에서 나오지 않는 인조와 대신들의 기세를 꺾기 위해서는 강화도 함락이 필수라고 판단했다. 곧바로 명나라에서 투항한 공유덕孔有德과 경중명耿仲明의 해상 경험을 이용하여 주변 바닷길을 파악한 후, 민가를 헐어 목재를 구하고 임진강과 한강에 정박되어 있는 배를 수리하여 작고 날렵한 배를 만들기 시작했다. 한강에서 사로잡은 조선 선박장인들까지 동원시켜 일은 신속하게 진행되었다. 그렇게 만든 배 80여 척을 수레에 싣고 육로로 김포에 다다른 날짜가 1월 21일. 한성에 들어온 지 한 달여 만에 강화도를 공략할 모든 준비를 마쳤던 것이다. 도르곤은 강화도를 함락하기 직전, 마지막으로 문수산

갑곶에서 바라본 문수산 갑곶에 올라 보면 염화강 건너 문수산이 이토록 가깝게 보인다. 청나라 군대가 이 물길을 이용하여 갑곶으로 쳐들어왔으리라 추정한다.

정상에 올라 맞은편으로 아스라이 보이던 갑곶을 겨눠보며 물을 건널 시기를 가늠하였을 것이다.

그날 새벽, 갑곶돈대에서 보초를 서다 염하를 건너오던 청군을 발견한 조선군 사의 마음은 어떠했을까. 앞이 캄캄하고 가슴이 철렁 내려앉아 자신도 모르게 뒷걸음을 쳤더라도 그를 비난할 수는 없을 것이다. 열세임에도 불구하고 그에 대한 방비를 세웠다면, 혹은 강화도를 지키던 모든 사람들이 몸과 마음을 제대로 준비할 시간이 있었다면, 우리는 그 날을 달리 기억할 수 있었을지도 모른다.

당시 강화도를 수비하는 총책임자는 검찰사檢察使 김경징金慶徵으로, 최고의 권세가인 체찰사體察使 김류金瑬의 아들이었다. 실록에 따르면 당시 조정에서는 청군이 쳐들어온다는 보고를 받고 왕세자와 왕족, 종묘사직의 신주와 위패 등을 강화도로 옮기도록 하였다. 수도에서 강화까지 피난행렬이 이어지는 가운데, 김경징은 자기 가문의 재화와 보물을 옮기는 데만 혈안이 되었으나 왕세자조차 함부로 꾸짖지 못하였다. 『연려실기술(燃藜室記述)』 제26권 인조조 고사본말(仁祖朝故事本末)에는 다음과 같은 기록이 있다.

> 나라가 어떻게 될지 모르는 위태로운 이때를 당하여 대군이 어찌 감히 나와 말하려 하며, 피난 온 대신이 어찌 감히 나를 지휘하려고 하는가. … 아버지는 체찰사요 아들은 검찰사니 국가의 큰일을 처리할 자가 우리 집이 아니고 누구이겠느냐!" 라며 거만하게 큰소리쳤다.

나라의 위급한 상황을 자신이 권세를 누릴 수 있는 기회라고 생각한 것일까. 김경징은 선조들이 피땀으로 구축한 성벽만을 믿었다. 또한 요새로서 굳건한 강화도의 지형만을 믿고 날마다 술판을 벌였다. 강화도가 함락되기 전날, 통진(通津 ; 경기도 김포시 월곶면 군하리에 있는 옛 읍)을 책임지던 김적으로부터 '청군이 배를 운반하여 강화로 가고 있다'는 급보를 받고도, 오히려 '허위보고를 한다'며 김적의 목을 베려 했다. 강물이 얼었는데 어떻게 배를 운반하겠느냐는 것이었다. 급보가 사실로 드러나 병사들에게 화약과 무기를 지급하는 상황에서도, 김경징은 조금씩 분배하고 그것을 일일이 기록으로 남기라 명하며 금쪽같은 시간을 허비했다. '이 화약 또한 우리 아버지가 마련해 준 것이니 모두 우리 가문의 재산'이라는 망언까지 서슴지 않았다.

그래서 당시 김경징에 대해 '미친 아이, 광동狂童'이라는 별칭까지 붙었다. 조정은 그저 고관대작의 아들이라는 것만 보고, 전쟁에 관한 경험과 지식도, 나라를 위하는 한 조각 마음도 없는 미친놈에게, 바람 앞의 한 점 등불 같은 국운을 맡긴 것이다.

더욱 비극적인 사실은 가문의 권세만을 믿고 향락을 일삼다가 위기의 순간 뒷걸음질 친 광동이 비단 김경징 하나만이 아니었다는 점이다. 강화유수江華留守이자 주사대장[舟師大將 ; 조선시대 주교사에 속하여 임금이 거둥할 때 한강에 부교浮橋 설치를 관장하던 임시 벼슬] 장신張紳은 당시 대부분의 병력을 자신 휘하에 두고 광성진에 머물렀다. 갑곶의 전투 소식을 듣고 물길을 거슬러 올라갔으나 청나라 병선이 자신을 향해 달려드는 모습에 놀라 바로 퇴각 명령을 내리고 도망갔다. 월곶과 갑곶을 지키며 끝까지 청군과 싸우던 충청수사忠淸水使 강진흔姜晉昕이 그의 이름을 부르짖으며 거듭 돌아오기를 청했으나, 장신은 끝내 자신의 몸을 지키기에 급급했다. 부검찰사 이민구李敏求는 싸울 생각조차 하지 않고 장신의 배에 몸을 숨기고 한 발짝도 나서지 않았다.

갑곶이 청의 선봉군에 함락 당하고 본진이 염하를 건너기 시작하자, 김경징은 외성을 버리고 바로 산성으로 들어가려 하였다. 호조좌랑戶曹佐郎 임선백任善伯과 봉림대군(鳳林大君, 훗날 효종)이 '적군이 염하를 다 건너지 못했으니 외성에서 승패를 봐야 한다'고, '책임자이자 장수로서 굳은 마음을 지니고 물러서지 말아야 병사들이 따를 수 있다'고 만류해도 소용없었다. 준비 없이 밀려든 수군을 맞이하며 강화산성은 이미 공포로 물들었고, 패전 분위기를 되돌리기 어려웠다.

갑곶에 다다른 청의 본진은 그야말로 거칠 것 없이 강화산성을 몰아쳤고 순식간에 함락되고 말았다. 사시(巳時, 오전 9~11시), 즉 한낮이 되기도 전에 금성탕지의 강화도는 힘없이 무너지고 말았다.

갑곶 돈대에 올라 염하를 바라보았다. 물이 빠져나가기 시작하는 갯벌은 한없이 묵직한 잿빛이다. 돈대 너머 여기저기를 둘러봐도 경징이풀은 보이지 않는다. 아직은 필 때가 아닌가 보다. 경징이풀, 이 식물의 정식 이름은 '나문재'이다. 여름부터 가을까지 해안가에서 많이 볼 수 있는데, 꽃이 피면 해안가를 붉은 기운으로 가득 물들여 놓는다. 그런데 강화도에 계시는 어르신들은 이것을 '경징이풀'이라 부른다. 병자호란 당시 죽은 사람들의 붉은 피가 스며들어 이 풀도 붉은빛을 띤다고. 죽어가던 사람들이 원한에 차 부르짖던 이름이 그대로 풀이름이 되었단다.

"이놈! 경징아! 정녕 우리를 버리고 가느냐, 경징아!"

그들이 흘린 붉은 피가 풀에 깃들어 이름이 되고 이야기가 되어 온 해안 가득 피어오른다. 이렇게 이야기는 오늘까지 살아남는 것이 아닐까.

강화 갯벌의 나문재 바닷가에서 자생하는 한해살이풀로 군락을 이루며 자란다. 붉은색이 해안 전체에 피어오르는 모습이 인상적이다.

연미정에서 귀신 상상하기

갑곶을 뒤로 하고 차를 돌려 연미정燕尾亭으로 향했다. 갑곶에서 강화도 북쪽 해안을 향해 잠시만 달리면 월곶이 나온다. 5분여 남짓 달렸을까, 도로 오른쪽에 있는 푸른 언덕 위로 돌을 쌓아 만든 견고한 돈대가 나타났다. 둔덕을 올라가 돌로 된 통로를 몇 발짝 지나니 날아갈 듯 솟아오른 처마를 가볍게 머리에 인 수려한 정자가 나타났다. 연미정이었다. 임진강과 한강이 만나 다시 서해와 인천으로 흐르는 모양이 마치 길고 날렵하게 빠진 제비꼬리와 비슷하다 하여 '연미(燕尾)'라 하였다고 전한다. 언제 건립되었는지 확실치 않으나, 이곳 모양새에 따라 정자의 이름 또한 연미정이라 불리게 되었을 것이다.

불볕더위인데도 연미정에 들어서자 제법 서늘한 느낌이 들었다. 10개의 육중한 기둥으로 처마를 받친 데다 바닥은 평평하고 널찍한 반석이라 더위를 피하기에 그만이었다. 또한 정자 옆으로 장정 두셋은 합쳐야 안을 수 있을 만큼 웅장한 느티나무 두 그루가 무성한 잎을 드리우고 있었다. 〈강도몽유록〉의 청허선사淸虛

연미정 돈대 안에 연미정과 같이 큰 정자가 있는 경우는 드물다. 정자 안으로 들어서면 시원한 바닷바람이 밀려들어 온다. 연미정 왼쪽에 있던 수령 500년 된 느티나무는 지난 태풍 링링으로 쓰러지면서 밑동만 남았다.

월곶돈대 조해루 강화외성 내 6개 문루 중 하나인 월곶돈대의 조해루(朝海樓)

禪師가 연미정 옆에 움막을 짓고 희생당한 시신을 묻어주러 다녔다는데, 아마도 이 느티나무 밑동을 의지하여 거처를 마련했을 것 같다. 연미정 주변을 아름드리 나무들이 받치고 있는 형국이랄까, 안정감이 느껴졌다. 그래서인지 연미정에는 어린 손주를 데리고 마실 나온 노부부와 연인으로 보이는 남녀, 젖먹이를 안은 젊은 새댁 등 꽤 많은 사람들이 더위를 피해 쉬고 있었다.

거미줄이 짙게 드리운 포문으로 시원한 바람이 한바탕 몰려들었다. 그제야 나는 포문을 등지고 서서, 오래 묵혀두었던 책 한 권을 끄집어내듯 〈강도몽유록〉을 떠올렸다. 지나치게 간단한 구성으로 그다지 매력적이지 않은 이 소설을 왜 문제적 작품이라 할 수 있을까. 그것은 15명의 여자귀신들이 풀어놓은 각각의 사연 때문이다. 이들은 왕족, 재상의 아내, 며느리, 선비의 아내, 첩에 이르기까지 처지도 다양했고, 밧줄로 자결하거나 물에 빠져 죽거나 청군의 칼날을 받는 등 죽은 방식도 달랐다. 그러나 목소리를 높여 한 가지로 이야기한 바가 있으니, 그것은 바로 '그날 강화도가 함락 된 원인'에 관한 이야기였다.

〈강도몽유록〉의 표지와 첫 장 〈강도몽유록〉은 현재까지 한문 필사본, 한글 필사본 모두 총 7종의 이본이 있으며, 여기에서 제시한 한문본은 국립박물관에 소장되어 있다.

여인들은 한결같이 이야기한다. 그날 강화도가 힘없이 무너진 것은 지형이 험하지 않아서도 아니요, 성이 견고하지 않아서도 아니요, 병력이 충분치 않아 그런 것 또한 아니었다고. 강화도의 방비를 책임진 자들의 무책임함과 비겁함 때문이었다는 것이다.

당시 책임자들의 실명을 거론하며 칼날 같은 비판을 서슴지 않는 여인들은 김류의 아내, 김경징의 아내, 장신의 며느리, 윤방의 아내 등 당시 병자호란과 강화도 함락 당시 책임자 위치에 있던 이들의 가족으로 나타난다. 김경징의 아내는 남편에 대해 '자기 재주를 헤아리지 못하고 홀로 중책을 맡아 천혜의 지형만 믿고 군사일 돌보기를 게을리 했으니, 방어에 실패한 것은 당연한 이치'라며 '사형을 당한 것은 군법에 마땅한 일'이라고 냉정히 비판한다. 세상 어떠한 것보다 감당하기 어려운 것이 바로 가족으로부터 받는 비난과 비판일 것이다. 〈강도몽유록〉의 작자는 그 점을 놓치지 않고 귀신들을 책임자들의 가족으로 설정하여 비판의 강도를 높인다.

또한 이 모든 것이 청허선사의 꿈이었다는 설정은 오히려 이 이야기에서 펼쳐 놓은 담론의 현실성을 더욱 배가시킨다. 왜냐하면, 우리 고전문학에서 꿈은 현실을 가장 효과적으로 비판하는 우의寓意적 문학수단이기 때문이다. 세조의 왕위 찬탈의 문제를 거론했던 임제林悌의 〈원생몽유록(元生夢遊錄)〉이 그렇고, 임진왜란의 참상을 간접적으로 드러낸 작자미상의 〈피생명몽록(皮生冥夢錄)〉이 그러하다. 여기에 제시된 꿈은 우리가 현실에서 풀어야 할 역사적이고 정치적인 문제의 판을 벌인 무대와 같다. 잘 벌여진 담론의 장場 말이다.

강화산성 북문과 고려궁지

동문로를 지나 북문길을 따라 다음 행선지인 강화산성으로 향했다. 북문으로 가는 길에 고려궁지의 모습이 먼저 보였다. 고려궁지高麗宮址는 본래 고려왕조가 몽고와 항쟁하는 과정에 만든 임시궁이었는데, 조선왕조는 이곳을 강화유수의 동헌으로 사용했다. 병자호란 당시 피난 온 왕족과 세자 일행이 머무르며 '내궁'이라 일컫기도 했다. 고려궁지는 우선 강화산성 북문을 보고 내려와서 들르기로 했다.

진송루(鎭松樓) 강화산성 북문으로, 산성 내부에서 바라본 정경이다.

고려궁지를 지나쳐 북문길을 따라 차로 3~4분 올라가니 강화산성 북문 진송루鎭松樓가 보인다. 나무 그늘이 드리워진 주차장에 차를 두고, 북문 앞으로 걸어가 문밖을 보니 경사가 제법 가파른 산길이다. 성문 너머에는 길 끝까지 깊은 녹음이 드리워 있었다. 평지에 위치한 남문이나 동문과 달리, 이 길은 말을 타고는 오르지 못할 지형이다. 그런데 이 북문이 4개의 산성 문 중 가장 먼저 청군에게 함락 당하였다.

산세를 타고 쌓아올린 성곽의 높이가 상당했다. 성문 오른쪽으로 성곽을 따라 올라갈 수 있는 길이 있어 발걸음을 옮겼다. 20여 분쯤 올랐을까, 등허리가 땀으로 축축했다. 성곽 길의 양쪽은 모두 벼랑이었고 빼곡하게 들어찬 나무들이 높이를 가늠할 수 없게 해 난감했다. 4개의 성문 중 가장 지세가 험준하고 견고한 것 같다는 생각이 들었다. 아무리 봐도 쉽게 공략 당할 곳이 아닌데 어떻게 이곳 북문이 먼저 열렸을까?

북문을 넘은 청군은 고려궁지까지 오는데 10분도 채 걸리지 않았을 것이다. 북문에서 고려궁지까지는 불과 7~800여 미터 남짓인데다 내리막길이다. 험한 지형임에도 불구하고 청군이 북문을 먼저 공략한 이유는 바로 고려궁지에서 가장 가까운

북문 밖으로 난 길 밑으로는 꽤 가파른 내리막길인데, 경사로 보아 마차나 수레는 성곽을 드나들기 쉽지 않았을 것 같다. / **북문 성곽 둘레길** 지세가 험해 상당히 가파른 구간이 많다.

성문이었기 때문일 것이다. 고려궁지에 있는 대군과 원손, 왕족과 비빈들을 볼모로 삼는다면 남한산성에 있는 조정을 항복시키기 훨씬 유리하리라 판단한 것이다.

그렇다면 당시 강화도를 방비하던 사람들 역시 이 사실을 몰랐을 리 없다. 그런데『조선왕조실록』을 살펴보아도,『연려실기술』,『강도피화기사(江都被禍記事)』를 뒤적여보아도 그날 북문에서 어떤 사람들이 적의 칼에 목숨을 잃었고, 어떻게 항전했는지에 관한 기록은 잘 나타나지 않았다. 그날 북문을 지켜야 한다며 남은 병사를 이끌고 결전을 행하던 지휘관이 과연 있었을까.

북문 성곽에서 내려와 고려궁지로 내려가는 길 오른 편으로 마을이 있다. 산 밑을 감싸고 있는 집들이 아스라이 보여 아름답고 평화로운 풍경이다.

당시에도 저곳에는 사람이 살았을 것이다. 야트막한 산이 둘러싼 평지는 섬에서 귀한 땅이기 때문이다. 그날 북문을 통과하여 내려오던 청군은 고려궁지로 들어가 대신과 왕족, 비빈들을 볼모로 잡았고 그 과정에서 많은 사람들이 희생되었다. 그리고 전쟁의 검붉은 재앙은 마을에 살던 백성들, 노인과 여인, 아이들 역시 피할 수 없었을 것이다.

마을의 모습 북문에서 고려궁지로 내려가는 길 오른쪽을 보면 멀리 촘촘히 집이 박힌 마을이 보인다. 산 밑의 넓고 평평한 분지라 사람이 모여 살기 좋은 형세로 보인다.

〈강도몽유록〉에 등장하는 여인들의 행색은 밧줄에 감겨 있고, 칼이 꽂혀 있거나 선혈이 낭자한 형상이다. 그러나 이는 무서운 형상으로 두려움을 주기 위함이 아니라, 당시 전쟁으로 인한 참상이 실제 어떠했는가를 설명한 것으로 해석할수 있다. 『연려실기술』에는 그날 청군을 피하다 바다에 빠져 죽은 무수한 사람들의 자취에 대해 다음과 같이 이야기한다. '머리 수건이 물에 떠 있는 것이 마치연못물에 떠 있는 낙엽이 바람을 따라 떠다니는 것 같았다.'라고.

생각에 잠겨 길을 내려가다 보니 어느덧 고려궁지에 도착했다. 매표소에 들러 강화전쟁박물관에서 한꺼번에 끊은 영수증을 보여주니 바로 입장할 수 있었다. 촘촘히 놓인 계단을 올라 고려궁지로 들어섰다. 정면으로는 한창 발굴 보수 중인 외규장각이 있고 오른쪽으로는 동헌이 있었다. 동헌 안에는 집무를 보는 강화유수와 이방을 비롯한 향리들의 모습을 재현해 놓았다. 벼슬아치 복색의 표정 없는 인형을 보고 있으니 어쩐지 허탈한 마음이 들어서 동헌을 내려와 느티나무 아래에 섰다. 옆에 있는 안내판에는 '큰나무'라는 이름이 있었다. 나무 이름이 '큰나무'라는 것도 의외인데, 그 설명 또한 예사롭지 않다.

고려궁지 승평문 촘촘히 놓인 계단을 오르면 고려궁지의 정문이었던 승평문(昇平門)이 있다.

동헌 앞 느티나무 강화유수 동헌 앞에 서 있다. 강화도에는 유난히 큰 느티나무들이 많다.

조선 인조 9년(1631)년 여러 전각과 행궁을 지을 때 심었던 나무로 추측된다. 그러나 병자호란 등을 겪으면서 옛 건물들은 불에 타 소실되거나 오래되어 무너지고 지금은 유수부의 동헌과 이방청 만이 개수되어 남아 있는데, 그 앞을 지키고 서 있는 이 느티나무는 영욕의 세월 속에서도 고궁터를 찾는 길손을 말없이 지켜보고 있다.

설명글을 읽고 나서 한동안 큰나무를 올려다보았다. 연미정을 지키고 있는, 낡은 평상 뒤에 그늘을 드리우는, 그리고 이곳 동헌 앞에 묵묵히 서있는 나무들 모두가 큰나무였다. 모든 죽음을 지켜봤을 나무들의 무성하고 짙은 녹음이 나에게는 근심과 슬픔의 무게로 다가왔다.

남문 안파루에 올라 보니

고려궁지를 내려와 시내로 방향을 트니 강화산성 남문이 보였다. 현재 우리가 보는 강도남문江都南門 안파루晏波樓는 병자호란 당시의 누각이 아니다. 당시의 누각은 청군에게 강화도가 함락되었을 때 이곳을 지키던 전 의정부 우의정 김상용金尙容이 폭파하였다.

이 이야기를 하려면 앞서 강화산성이 함락되었을 당시의 기록을 다시 떠올려야 한다. 청군은 산성을 에워싸고 공격을 퍼부었고, 성안에 남은 병사와 유생만으로는 도저히 승산이 없다고 생각한 김상용은 문루로 올라가 화약 상자에 걸터앉았다. 그리고 자신의 겉옷을 벗어 집안 하인에게 주며, 만약 자신이 죽으면 이것으로 장례를 치르라 이야기한 후 가슴이 답답해 담배를 피우고 싶으니 불을 가져오라 명한다. 그러나 하인은 김상용이 본래 담배를 피우지 않았기 때문에 다른 뜻이 있음을 짐작하고 가져오지 않았다. 그러나 김상용은 스스로 불을 구한 후 주변 사람에게 떨어져 있으라 손짓하였다. 이때 그의 13살 난 손자가 울면서 '죽더라도 할아버지와 함께 죽겠노라' 이야기하였다. 성균관 유생 김익겸金益兼과 권순장權順長 역시 혼자 가게 두지 않겠노라며 떠나지 않았다. 김상용은 잠시 후 화약상자에 불을 던져 넣었고, 동시에 남문은 흔적도 없이 사라졌다.

김상용은 남한산성에서 마지막까지 청나라와의 화의和議를 거부하고 선전후화론先戰後和論을 주장했던 예조판서 김상헌金尙憲의 형이었다. 김상용은 인조의 명으로

남문 안파루 강화 남문은 강화도 함락 때 파괴되었으나 1711년 강화유수 민진원이 다시 건립하였다. 이후 1955년 호우로 붕괴되었다가 1976년 복원되어 현재 모습에 이른다.

사직의 신위를 받들어 강화도로 들어온 후, 김경징과 이민구에게 나라와 백성을 생각하라며 직언을 아끼지 않았다. 그러나 들을 준비가 되어 있지 않은 사람들에게 그 말이 무슨 의미가 있었을까. 김상용은 조선의 신하로서 마지막으로 남문을 폭파시켜 조금이나마 청군을 지체시키고자 하였다. 그러나 죽음을 택한 어린 손자와 젊은 유생들, 하인의 무고한 목숨을 생각하며 끝까지 무거운 마음을 내려놓지 못했을 것이다.

김상용과 함께 순절한 성균관 유생 김익겸은 김만중金萬重의 아버지였다. 당시 김익겸의 아내 해평윤씨海平尹氏의 나이는 21살, 김만중의 형 김만기金萬基는 5살이었고 김만중은 윤씨의 복중에 있었다. 윤씨는 남편이 죽었다는 소식을 듣고 하늘이 무너지는 절망감을 느꼈다. 남편을 따라 자결하고자 하였으나 어린 자식과 뱃속의 아이를 두고 차마 죽을 수 없어 피란길에 올랐다. 전란 중에 태어난 김만중의 아명은 선생船生, 즉 배에서 태어난 아이였다. 아버지의 죽음을 겪으며 피난 중 배에서 세상을 맞이한 김만중은 평생 전쟁의 상흔으로부터 자유로울 수 없었을 것이다.

남문 밖 마을의 모습 문루에 올라보니 남문 밖으로 넓게 펼쳐진 마을의 모습이 들어왔다. 저물녘 마을의 모습이 어쩐지 담담한 듯 서글퍼 보인다.

남문 문루門樓에 올라 난간을 짚고 주변을 둘러보았다. 그날 전쟁에서 패한 일을 탓하려는 것이 아니다. 다만 기회가 있다면, 이 땅을 살아가는 후손으로서 인조와 조정대신들에게 묻고 싶었다. 진정 전쟁을 선택할 수밖에 없었던 상황이었느냐고. 당시 강화도의 수비를 책임지던 사람들에게도, 강화도를 지키기 위해 최선을 다 할 수는 없었는지 묻고 싶었다.

문득 전쟁박물관에서 보았던 연표가 눈앞에 아른거렸다. 전쟁은 전쟁터에서 죽은 사람에게도, 살아남은 사람에게도 잔인한 상처를 남긴다. 그리고 책임 있는 사람보다 훨씬 더 많은 무고한 이들이 피를 흘리게 된다. 김경징, 장신뿐 아니라 김상용, 김익겸처럼, 김상용의 손자와 하인, 〈강도몽유록〉에서 억울하게 죽어간 수많은 여인들에 이르기까지, 전쟁은 가리지 않고 사람의 목숨을 앗아가고 살아남은 가족들은 평생 고통에 시달리게 되는 것이다.

더 멀리 사방을 둘러보았다. 일제강점기 제국의 침략전쟁, 한국전쟁, 제주도 4.3항쟁, 5.18 민주화운동 … 연표가 끊임없이 늘어난다. 그리고 역사의 수많은 전쟁과 사건이 있을 때마다, 책임져야 할 사람을 대신해 죄 없이 고통의 무게를 짊어진 사람들이 생각났다. 어찌 세상이 온통 경징이풀로 덮이지 않을 수 있을까.

그러나 지난 일에 대해 진실을 가리고, 책임을 분명히 하는 몫은 이미 세상을 떠난 사람들의 몫이 아니다. 아직 이 세상을 살아가는 사람들의 몫이 되는 것이다. 어찌 보면 귀신이 제기한 현실 문제에 답을 풀어내려 애쓰는 행동이, 진정 살아 있는 사람의 모습이 아닐까 생각한다. 그러한 의미에서, 우리는 모두 이 슬픈 귀신이야기의 주인공이 된다.

우리에게 뿌리내릴 희망을 상상하며

남문을 빠져나와 해안도로를 달렸다. 문득 지난 봄 〈강도몽유록〉 강의시간이 떠올랐다. 학생들의 발표가 끝나고 질문이 이어졌는데, 그때 한 학생이 물었다. 당대의 문제를 고발하고 진실을 밝히려 한들 결과가 좋지 못하면 의미 없는 것 아니냐고. 현재 〈강도몽유록〉은 겨우 책 몇 권밖에 남아 있지 않고 당시에도 많이 읽히지도 못하여 진실이 묻혔으니, 결국 실패한 문학이지 않느냐는 것이다. 그러자 다른 학생이 손을 들고 이렇게 이야기했다.

"제 생각에는 … 문학은 당대에 많이 읽히지 않았거나 큰 반향을 일으키지 못했다 하더라도 실패했다고 말할 수는 없다고 생각합니다. 문학은 어떠한 결과를 내는 것이 아니라 창작자의 염원을 담는 그릇이기도 하기 때문입니다. 진실이라고 믿는 것을 밝히고자 하는 작가의 염원이 〈강도몽유록〉에는 담겨 있다고 생각합니다."

나는 언제나 학생들에게 배운다. 그렇지, 〈강도몽유록〉은 비록 책 몇 권만 남았지만 400년이 지난 지금까지 살아남았다. 그리고 오늘 이 자리에서 나와 학생들과, 이 글을 읽고 있을 독자, 바로 우리가 공유하고 있지 않은가. 그날의 일을 들추어줄 귀중한 자료로서, 작가의 염원을 담은 그릇으로서 말이다.

희망이 쉽게 다가오지 않는 것은 아직 우리에게 뿌리내리지 못했기 때문이다. 흔적을 찾고 진실을 밝히는 다양한 시도를 하고 그 의미를 되새김하는 모든 과정이 되풀이될 때, 비로소 희망이 뿌리내릴 수 있지 않을까. 김경징은 잊어버리더라도 경징이풀은 오랜 시간 살아남아 우리에게 이야기를 전한다. 강도함락의 비극은 묻히더라도 〈강도몽유록〉은 살아남아 여운을 남긴다. 이야기는 질기고, 생각보다 힘이 세다. 바라건대, 희망의 뿌리가 되기를.

갑곶의 탱자나무

탱자나무는 햇볕 따뜻한 남쪽에서 사는 식물이기에 딱 강화도까지만 자랄 수 있고 그 북쪽에서는 볼 수 없다. 가지마다 2～3센티미터에 달하는 제법 날카로운 가시가 나 있는데, 인조 때에는 성곽 밑에 둘러 후금의 군사들이 성을 쉽게 오르지 못하도록 했다고 한다. 갑옷을 입은 후금의 병사들에게 이 나무가 얼마나 거센 무기가 되었을까. 안내판에는 '우리 조상들의 국토방위의 의지를 볼 수 있노라'라고 적혀 있었으나, 사실 씁쓸함을 감출 수 없었다. 탱자나무의 열매, 즉 탱자는 향이 쌉싸래하고 특히 피부병에 특효가 있어 옛날부터 서민들이 열매와 가지까지 달여 그 물로 몸을 씻고는 했다.

우리 어머니도 지난날 툭하면 두드러기가 나는 어린 딸을 위해 무던히도 탱자와 나뭇가지를 달이셨다. 얇은 장갑만 있으면 문제 될 것이 없는 탱자나무. 오죽 기댈 곳이 없었으면 나무의 가시에까지 의지하려 했을까. 이제 막 영근 푸른 열매에 눈이 시리다.

조재현

CHAPTER

2

길 위의
여인들

노고산

김포·포천고속도로(건설중)

예원예술대학교
화합로
덕정역
양주톨게이트 TG
56
삼현터널
필룩스
조명박물관
석우천
375
371
39
덕계지
덕계천
3
독바위
우고천
해유령전첩지
가납시장
도락산
부흥로
가납사거리
덕계역
고암IC
IC
고장산
게너미고개
(해유령)
백은로
39
광백저수지
360
경동대학교
노아산
홍죽천
신천
불곡산
권율로
360
부흥로
3
98
중앙로
양주별산대
놀이마당
팔일봉
은봉산
양주관아지
양주시청
유양천
승학교(유양교)
기산저수지
호명산
어둔리저수지
양주역
360
98

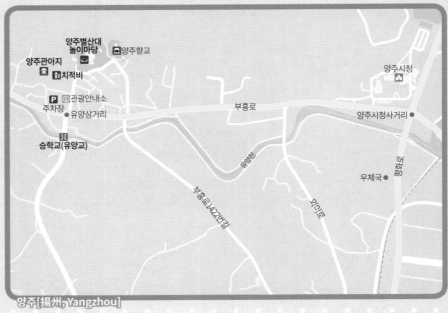

양주별산대
놀이마당
양주향교
양주관아지
치적비
양주시청
관광안내소
주차장
부흥로
유양삼거리
양주시청사거리
승학교(유양교)
유양천
외미로
우체국
부흥로1422번길

양주[揚州, Yangzhou]

길 위의 여인들

양주에서 길을 묻다(경기도 양주)

양소저를 찾아 양주로

호원IC를 지나 톨게이트를 통과한 후 양주·의정부 방면 3번 국도로 핸들을 틀었다. 그리고 표지판이 시키는 대로 10여 분 남짓 더 갔을까, 왼편에 커다란 양주역 간판이 보였다. 양주역에서 유양동에 있는 양주관아지까지는 2~3킬로미터 정도로, 차로 5분이 채 걸리지 않았다. 차를 세우기에는 별산대 놀이마당이나 관아지 앞 주차장이 훨씬 널찍했다. 향교와 별산대 놀이마당, 관아지까지 거리가 매우 가까운 데다 평지이기 때문에 천천히 걸으며 돌아보기 좋았다.

왜 양주까지 왔느냐 묻는다면, 사실 한마디로 설명하기는 어렵다. 다소 긴 이유를 장황히 설명하다 갑자기 무안한 마음이 들지는 않을까. 그러나 토요일 오후쯤 만난 친구가 차 한 잔을 앞에 두고 상냥하게 물어봐 준다면 용기 내어 말할 수 있을 것 같다, 양소저 때문이라고. '소저小姐'란 결혼하지 않은 여성을 높여 부르는 한문 투의 말인데, 우리말로는 '아가씨(애기씨)'라고 하면 되겠다. 양소저 이야기

를 다룬 소설 〈양소저전(楊小姐傳)〉은 세
간에 제법 널리 퍼져 있는 〈황화일엽(黃
花一葉)〉 설화의 소설 버전으로, 나손 김
동욱羅孫金東旭 선생님이 수집한 『나손본
필사본고소설』 총서에 수록되어 있다.

대학원 시절 한창 작자미상의 고전소
설을 읽는 재미에 빠져 있던 중 우연히
찾아 읽게 되었는데, 당시에도 생각할 거
리가 많아 내 속을 복잡하게 만들었더랬
다. 줄거리가 좀 긴데…. 토요일 오후에
심심하다고 나를 찾는 친구라면 여유 있
게 들어주지 않을까. 관아지 앞 주차장에

『나손본필사본고소설자료총서』 책 표지 나손
김동욱 선생님이 수집한 양소저전 원문 영인본이
수록되어 있다. 근래에는 작품을 보다 쉽게 이해할
수 있도록 주석을 달아놓거나 e-book 형태로 된
책도 나와 있다.

차를 멈추고 발걸음을 옮기며 〈양소저전〉의 긴 이야기를 떠올렸다.

양일점, 그녀가 궁금하다면

이야기란 그저 시작되는 법은 없다. 마치 다른 세상을 열 듯, 가만가만 차분하
게 시작하련다. 옛날, 아주 먼 옛날에 말이다.

해동국 신라의 재상 양봉의 귀한 딸 양일점은 어려서 어머니를 여의고 아버지의 첩 허
연선의 모함에 빠져 외간남자와 간통하였다는 누명을 뒤집어쓰고 만다. 성미 급한 양봉
은 허연선의 이간질만 믿고 펄펄 뛰며 아들 양승학에게 집안의 수치가 된 동생을 끌고 가
죽이라 명한다.

더러운 누명을 썼으니 차라리 죽어버리겠다고 울부짖는 친동생을 오빠가 차마
어찌 죽일 수 있을까. 오빠 양승학은 누이를 달래어 남복을 입혀 도망시키고 아버지
에게 돌아와 '죽였노라' 거짓말을 하였다. 오빠 덕에 목숨을 부지한 양일점은 원치

않는 방식으로 세상에 나가게 되었다. 시비(侍婢 ; 시중을 드는 계집종) 없이는 문밖 출입 한 번 하지 않았을 양가집 규수가 캄캄한 길을 방향도 없이 걸어가며 얼마나 두려움에 떨었을까. 양일점은 밤새 걸어 도화촌에 다다랐는데, 우연히 장님 점쟁이를 보고 막막한 마음에 점이라도 보려 하였다. 그런데 기막힌 일이 계속된다.

점쟁이는 양일점의 목소리를 듣자마자 여자임을 눈치 채고는 손목을 끌어당기며 겁탈하려 하였다. 양일점은 '우선 음식을 먹고 허기를 면한 후 생각해 보자'며 점쟁이를 안심시킨 후 부엌을 빠져나와 그대로 도망한다. 산으로 도망친 양일점은 절을 찾아 몸을 의탁하려 하였다. 그러나 밤에 중들이 자신을 두고 '누가 데리고 잘 것인가' 다투며 순번을 정하는 광경을 보고 기막혀하다, 제 몸을 벅벅 긁으며 '지독한 피부병(옴)이 있노라' 거짓말을 하였다. 병이 옮을까봐 중들이 양일점을 멀리하자 위기를 극복하는가 싶었으나, 이번에는 절의 허드렛일을 하는 불목하니가 나타나 '자기는 옴이 옮아도 상관없다'고 하며 달려들었다. 양일점은 강간당할 위기에 '배탈이 나서 화장실에 다녀오겠노라' 둘러대고 밤새 산길을 달려 도망한다.

그러나 어디로 가도 위험을 피할 길이 없으리라 절망한 그녀는 절벽에 뛰어내려 스스로 목숨을 끊으려 하였다. 그 순간 신비한 노인이 나타나 양일점을 구한 후 '도인(道人)을 찾아가 7년 동안 술법과 학문을 배워 힘을 기르라' 알려주고 사라졌다. 양일점은 도인을 찾아 7년 동안 열심히 공부한 후 지리산 이처사의 집을 찾아가 5년 간 더 수학하였다. 이처사는 양일점의 뛰어난 재주와 능력에 탄복하며 자신의 아들 이원실과 함께 공부하도록 명한 후 정성껏 가르친다. 이원실은 양일점과 우정을 쌓으며 동문수학하던 중 밤에 우연히 흐트러진 상의 사이로 드러난 양일점의 젖가슴을 보고 여성임을 알게 된다. 이원실은 이 사실을 부모님께 고하고, 양일점은 고민하다 이원실과 혼인한다.

여기까지 읽다 보면 현재를 살아가는 사람들은, '이 무슨 고구마 100개 먹은 이야기인가' 싶을 것이다. 그러나 이야기는 이것으로 끝이 아니다. 여기까지는 우리의 주인공 양일점이 도약하기 위한 준비 기간이었다고나 할까.

혼인 후 과거가 열린다는 소식을 듣고 양일점은 시부모님께 남편과 함께 과거장에 나가 자신의 능력을 펼쳐 보겠노라 허락을 구한다. 이처사는 마땅치 않아 하였지만 아버지를 찾아 누명을 벗고 싶다는 며느리의 소망을 저버릴 수 없었다. 양일점은 남편과 함께 과거장에 나아가 시지에 일필휘지한 후 자신의 글이 낫다며 남편의 것과 바꾼다. 결과는 이원실이 장원, 양일점이 부장원에 올라 각각 전라도 순찰사와 양주목사에 제수된다.

우리 소설에 나오는 영웅들은 대체로 위기에 빠진 천자와 나라를 구하는 과정에서 대원수, 승상과 같은 높은 벼슬에 제수된다. 그런데 그처럼 높은 지위는 전시戰時라는 위급하고 비정상적인 상황에서라야 가능하다. 양일점처럼 정상적으로 과거를 치른 경우, 고전소설에서는 보통 한림학사나 암행어사(이몽룡의 영향 때문 아닐까)에 제수된다. 물론 당시 조선에서 과거에 막 급제한 신입에게, 한림학사나 암행어사와 같이 노련함을 요구하는 업무를 시켰을 리 만무하다. 그렇다면 양주목사는 한림학사나 암행어사에 비해 하찮은 벼슬이라 할 수 있을까.

양주는 조선 초기인 세조 때부터 이미 조선의 4목牧 중 하나인 주요 지방행정구역이었다. 한양을 지척에서 방위하는 임무를 맡고 있을 뿐 아니라 오늘날 서울 북부와 경기 중북부의 대부분을 합칠 만큼 넓은 지역에 걸쳐 온갖 곡식을 비롯한 여러 물자가 풍부하게 생산되었다. 한반도 북부에서 이송되어 오는 물자까지 합쳐서 이를 한양으로 원활하게 이송할 수 있는 제반 시설이 골고루 갖춰진 주요 행정도시가 바로 양주였다. 그래서 옛말에도 있지 않았던가. 서울에는 임금님, 평양엔 감사, 양주에는 목사가 제일이라고.

양주관아 동헌 담장 옆에는 열댓 개가 넘는 비석들이 주욱 나열되어 서있다. 모두 양주를 다스리던 역대 관리들의 덕을 기리는 송덕비, 업적을 칭송하는 치적비, 선정에 대한 덕을 잊지 못한다는 불망비들이다.

여기 세워진 비석들이 모두 진심으로 수령관의 덕을 기리는 마음으로 세워졌는지는 알 수 없는 일이다. 그러나 비석에는 조선 전기의 명신이라 칭송받는 백인걸白仁傑, 18세기 연암 박지원燕巖朴趾源이 쓴 〈허생전(許生傳)〉에도 등장하는 북벌대장 이완李浣의 이름도 뚜렷이 남아 감회를 새롭게 하였다. 치적비에 이름을 새긴 조선의 많은 벼슬아치들이 한결같이 일생의 자랑이자 명예로움으로 여겼

치적비 관아지 옆에는 역대 양주목사들의 덕을 기리는 치적비가 있다. 선정을 기리는 선정비, 덕을 칭송하는 송덕비, 치적을 잊지 못한다는 불망비들이 늘어서 있다.

음을 느낄 수 있었다. 양주목사는 서울 바로 지척에서 임금 못지않은 최대 권력을 누릴 수 있는 지방고위 수령직이었다. 실제 조선후기에는 주요 내직, 즉 정승이 되려면 양주목사를 거쳐야 했다고 전한다. 이 정도면 양일점의 성공을 상징하는, 멋진 관직이라 할 수 있지 않을까.

마지막 시구 '명조승학하양주(明朝乘鶴下楊洲)'

실제 양주의 위엄은 말할 것도 없고 문학적인 측면에서 생각해 보면 양주에 숨어 있는 의미를 더욱 깊이 이해할 수 있다. 양주학楊洲鶴이라는 말을 들어본 적 있는지? 중국 송나라 때 책인『고금사문유취(古今事文類聚)』는 우리나라에서도 일찍부터 들어와 널리 읽혔던 일종의 유명 작품모음집이다. 그 책 중에 학에 관한 작품을 모아둔 항목 학조鶴條에 보면 유명한 이야기가 있다.

옛날 세 사람이 각자 자신의 소원을 이야기했는데, 첫 번째 사람은 양주목사가 되는 것이라 하였다. 중국 강남의 큰 도시인 양주는 우리나라 양주처럼 매우 아름답고 자원이 풍부한 곳으로 유명하다. 이처럼 좋은 곳의 수령이 되어 명예를 드높이고 싶다는 의미였던 것이다. 그 소원을 듣고 두 번째 사람이 말하기를, 자신은 신선이 되고 싶다고 했다. 현실을 초월할 만큼 신이한 힘을 지닌 신선이 되어 청명한 삶을 살고자 하는 바람을 드러낸 것이리라. 그런데 세 번째 사람이 다 듣고 이렇게 이야기했다.

"나는 허리에 십만금 전대를 차고 양주목사가 되어 떵떵거리다 학을 타고 신선이 되련다."

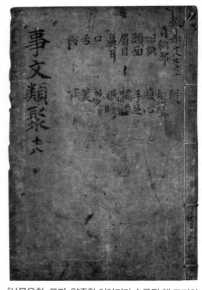

『사문유취』 표지 양주학 이야기가 수록된 책 표지의 이미지는 구할 수 없었다. 현재 이미지는 국립민속박물관에 소장된 권 18의 표지이다.

이후 '양주학'은 '엄두도 내지 못할 만큼 큰 소원'이나 '현실에서는 이루어지기 어려운 일' 등을 의미할 때 쓰이는 말이 되었다. 어찌되었든 양주는 중국에서도 한국에서도, 아름답고 풍요로운 곳일 뿐 아니라 많은 사람들이 바라는 부와 권력을 이룰 수 있는 상징적인 공간으로 여기는 듯하다.

그런데 다시 생각해 보면 이 얼마나 야심찬 생각인가. 어릴 때 어른들이 원하는 것이 무엇인지 물었을 때, '겸양의 미덕'이라는 가치를 어설프게 배운 덕분에, '이 소원이 분수에 맞는 것인지'부터 고민하다 정작 원하는 바는 입 밖에도 내어보지 못한 경우가 있을 것이다. 내 분수가 무엇인지도 모를 나이 때부터 막연하게 들어온 그러한 말들에 갇혀, 때로 원하는 바를 솔직하게 말하는 것은 '부당한 것'이라고 배워왔다. 누구보고 이뤄 달라 떼를 쓴 것도 아니고, 그저 편안하게 자신이 원하는 바에 대해 수다를 떨었을 뿐이지 않나? 세 번째 사람의 입장을 대변하자면 그런 것이 아닌가 싶다.

더군다나 양일점은 『고금사문유취』에 나오는 '언감생심 이룰 수 없는 꿈'을 떡하니 이루어 보이고 있다. 그리고 태연하기 그지없는 얼굴로 이렇게 말할 것 같다.

"뭐 어때? 다른 사람 것을 억지로 빼어온 것도 아니고, 이건 내가 이룬 것인데?"

여성의 몸으로 양주목사가 된 양일점은 옛집 정자에 올라 이런 내용의 시를 지어 붙여놓고 내려온다.

楊花一點漂風居(양화일점표풍거) 양씨 댁 딸 일점이 바람에 날려가다
偶然南枝椄李花(우연남지접이화) 우연히 남쪽의 이씨댁에 닿았소
楊花一點如相見(양화일점여상견) 양일점을 한 번 보고자 하신다면
明朝乘鶴下楊州(명조승학하양주) 내일 아침 학을 타고(오라버니는) 양주로 오소서

이 시를 알아본 오빠는 동생이 무사함을 알게 된다. 양일점은 임금에게 자신의 정체를 밝히고 오빠에게 벼슬을 위임해 주기를 청하고, 누명을 씌웠던 김철과 몽랑을 잡아들여 직접 심문 후 처형하여 복수를 마무리 짓는다.

양일점은 과거시험을 치러 양주목사에 제수됨으로써 자신의 뛰어난 학문적 능력을 증명하였다. 그리고 자신의 집 누각에 올라 지난날을 회상하며 시를 한 수 짓는다. 마지막으로 늘 그리워하던 가족과 만나 다시 완전한 결합을 이루고자 한 것이다. 그러나 이것만으로는 여전히 쓸쓸함을 감추기 어렵다. 기껏 벼슬을 받고 관리가 되었는데, 백성들에게 선정을 베풀어보고 싶은 마음은 없었을까. 입맛을 다시며 관아 문턱을 넘으니 동헌이 자리 잡고 있었다.

양주관아는 1504년 연산군 때 잠시 폐지되었다가 2년 뒤 중종반정中宗反正 이후부터 현재에 이르기까지 417년 동안 양주를 다스리던 관청이었다. 일제강점기와 전쟁을 겪으며 폐허가 된 후 민가와 뒤섞여 있었는데, 1996년부터 차근차근 정리·복원하여, 현재는 내아와 객사, 향청 등 31개에 이르는 대부분의 건물이 완공된 상태였다. 목사牧使의 가족이 머물던 내아나 손님들이 머물던 객사, 행랑에 이르기까지, 지방관아의 온전한 형태를 감상할 수 있는 귀중한 문화자산이라

양주관아 동헌 본래 동헌 앞에 포졸 모형이 배치되어 있기도 하고, 곤장과 같은 형벌 기구들을 벌여 놓았으나 당시에는 창대 정도만 전시되어 있었다.

는 생각이 들었다. 동헌은 양주목사가 모든 공무를 보던 관아의 중심이라 할 수 있다. 실제로 보니 단아한 건물은 엄숙한 외관뿐 아니라 건물과 건물 사이 널찍한 공간감까지 느껴져 양주목사의 위엄이 얼마나 대단했는지 알 수 있었다.

그런데 이렇게 좋은 벼슬인 양주목사에 제수되기만 하고, 그 벼슬을 오빠에게 양보하기에는 지난 12년 동안 갖은 고생을 하며 도술과 학문을 연마한 것이 아깝지 않은가. 더 근본적으로, 자신이 여성임을 밝히는 순간 자신의 능력으로 받은 벼슬을 자동으로 내놓아야 하는 이 서사敍事가 왜 지금까지 이리도 당연하게 받아들여지는지 어쩐지 마땅치 않았다.

그런데 조선후기에 유행한 한글 필사본 소설이 재미있는 까닭은 당시에는 황당할 듯한 불만 섞인 생각까지도 한 줄 반영될 만큼 서사가 다양해지기 때문이다. 다소 어수선해 보일 법한 다양한 서사의 혼재된 양상은 때로 흥미로운 의미를 담아내기도 한다. 나처럼 생각한 누군가가 조선 후기에 있었던 모양인지, 양일점의 이야기는 한 걸음 더 나아간다.

chapter 2

얼마 후 남월과 동구에게 패한 중국 천자가 신라에 구원병을 요청하자 조정에서는 이원실을 부른다. 시부모의 유언에 따라 이미 낙향한 이원실은 조정에 나갈 뜻이 없었으나 양일점은 생각이 달랐다. 양일점은 이원실에게 '무예를 모르는 당신이 어떻게 구원병을 이끌고 홀로 나갈 수 있겠느냐' 하고는 조정에 직접 상소를 올려 자신 또한 따라가게 해 주기를 청한다. 조정에서는 이 상소를 두고 고민하였으나 우의정 김공필이 추천하고 왕이 수락하여 중군장에 제수된다. 양일점은 전쟁터로 가 대승을 거두어 중국을 구하고 위기에 빠진 남편 이원실을 구해 내 무사히 고국으로 돌아온 후 고향에 내려가 남은 생을 행복하게 살았다.

양일점의 영웅적 능력은 어느 때 발현되었는가. 그녀는 자신의 신원회복이나 가문의 존립과 관계된 효를 실천하거나, 남편을 향한 애정 때문에 그간 닦은 재주를 펼친 것이 아니다. 양일점의 영웅적 능력은 끊임없는 자존감 확인의 과정에서 나타난다. 세상을 향해 자신은 더 이상 억울한 누명을 뒤집어쓰거나 불목하니(사찰에서 밥을 짓고 물을 긷는 사내 종노)에게 당할 만큼 나약한 어린아이가 아님을, 그리하여 스스로 모든 두려움을 극복하였음을 이 세상에 보여주고자 한 것이다. 그래서 양일점의 출사出仕와 군담軍談은 자신의 진짜 모습을 세상에 인정받기 위해 펼쳐진다는 점에서 특징적이다.

그래서 이 얘기가 이번 양주행과 무슨 관계냐고? '명조승학하양주. 내일 아침 학을 타고 양주로 오세요!' 이 이야기의 모태가 되는 〈황화일엽(黃花一葉)〉 설화(이 설화의 주인공은 황소저이다)에서도, 〈양소저전〉에서도 빠짐없이 나타나는 시구의 마지막 구절이 나를 양주로 이끈 것이다.

오랜 세월 여러 사람의 입을 거치는 동안 성과 이름은 바뀌어도 양주라는 공간은 바뀌지 않았다. 쫓겨난 전실 딸로서가 아니라, 그 역경을 스스로 딛고 일어서 인생의 주인공이 된 그녀들이 자신의 모습을 보러 오라 부르는 것만 같았다. 그 희망의 공간 양주에 나도 발을 디디면, 세상 밖으로 나갈 때마다 쉽게도 흔들리는 내 정신을 붙잡을 무엇이라도 찾을 수 있지 않을까. 오늘 나는 그 바람을 품고 이곳 양주로 찾아들었다.

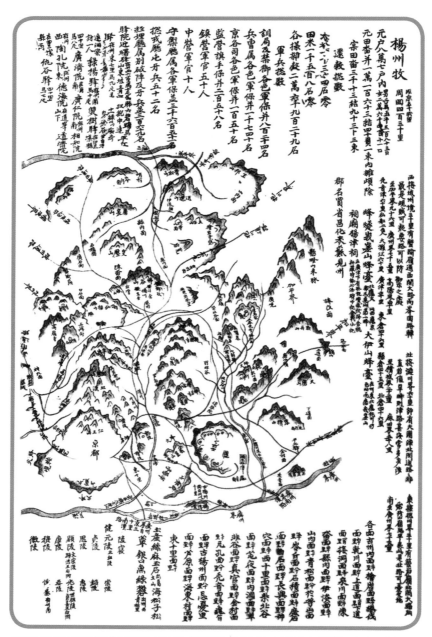

18세기 양주목 지도(해동지도 양주목〈海東地圖楊州牧〉) 당시 양주목이 얼마나 광활했는지 알 수 있다. 현재 규장각에 소장되어 있다.

승학교와 승학교의 전설

관아지를 한 바퀴 돌아 나오니 오른쪽으로 양주 종합관광안내센터가 보였다. 네모반듯한 모양의 적흑색 벽을 세우고 그 위에 세모난 지붕을 얹어 소박하지만 정갈한 느낌이 들었다. 조심스레 문을 열자 사무실 의자에 앉아 있던 여성분과 눈이 마주쳤다. 아담한 체격이지만 걷는 것을 좋아하는 사람인 듯, 다부진 몸매에 짙은 보라색 등산복 상의와 검은 등산바지가 잘 어울렸다. 고개를 갸웃거리며 옆자리 어르신과 이야기 중이던 그분은 나를 보자마자 살짝 목례를 했다. 관광홍보관 직원분으로 양주 토박이라 하셨는데 놀라울 정도로 양주의 지리와 역사에 해박하였다. 관아지 유적 발굴의 현황과 인근 지명의 내력에 대한 이야기를 나누던 중 나는 승학교乘鶴橋가 여기 어디쯤에 있는지 물었다.

"아, 승학교요…"

차분한 어조로 막힘없이 얘기해주던 그분은 다소 아쉬운 표정으로 말을 이었다.

"승학교는 조선시대 양주 기록으로 보았을 때, 저기 관아지 정면으로 건널목

현재 승학교의 모습 세월의 흔적이 전혀 느껴지지 않은 승학교 표석으로 보아 새로 지은 다리임을 어렵지 않게 알 수 있다. 밑으로는 실개천이 흐르고 있는데 수량은 풍부하지 않았다.

보이시죠? 유양삼거리 건너편에 있었다고 해요. 다만 현재는 다리가 남아 있지
않고 표석만 있습니다…. 아마도 한국전쟁 때 파괴되지 않았나 싶어요. 당시 어
디든 그랬겠지만 양주도 그때 전투가 치열했다고 해요."

승학교가 없다니! 사실 승학교는 1733년 영조 때 세웠다고 전하는 중요한 교량으
로, 새로 부임한 양주목사는 어김없이 승학교를 건너 양주관아에 좌정하였다. 양
주목사님 행차를 구경하기 위해 사람들이 올라가 목을 빼고 바라보았다 해서 다리
건너 남방동으로 이어진 고갯길을 '망재'라 하지 않았던가. 이처럼 중요한 곳이 지
도에 표시되지 않았을 때 한 번쯤 의심해 볼 것을, 나는 그저 현재 사람들의 관심에
멀어져 표시되지 않았으리라 멋대로 생각하고 말았던 것이다.

당황한 나는 직원분이 일러준 대로 길을 나섰다. 관아지 건널목을 건너자 왕복 4
차로의 짤막한 현대식 교량 인도 초입에 승학교乘鶴橋라는 글씨가 새겨져 있었다.

밑으로는 개천(유양천)이 흐르고 있었는데, 겨울이라 수량이 부족해서인지 듬
성듬성 바닥을 드러낸 물줄기는 희미하게 얼어 있었고 남은 자리

양주 승학교 표석 새로 만든 승학교를 건너기 전 한쪽 구석에 놓여 있다.

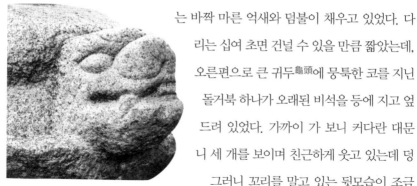

는 바짝 마른 억새와 덤불이 채우고 있었다. 다리는 십여 초면 건널 수 있을 만큼 짧았는데, 오른편으로 큰 귀두龜頭에 뭉툭한 코를 지닌 돌거북 하나가 오래된 비석을 등에 지고 엎드려 있었다. 가까이 가 보니 커다란 대문니 세 개를 보이며 친근하게 웃고 있는데 덩그러니 꼬리를 말고 있는 뒷모습이 조금 처연해 보였다. 승학교乘鶴橋 표석이었다.

대문니가 인상적인 거북이 – 이빨을 세 개나 보이며 웃는 모습이 오랫동안 기다린 벗처럼 친근하다.

작고 오래되었지만 세월의 흔적이 담긴 돌다리가 있겠거니, 멋대로 이미지까지 만들어버린 내 상상력에 멋쩍기도 하였지만 남아 있는 표석을 보니 사라진 승학교가 더욱 아쉽게 느껴졌다.

사실 『여지도서(興地圖書, 1757~1765)』나 『양주목읍지(楊州牧邑誌, 1871)』의 기록에 따르면 승학교는 불곡산佛谷山 소나무군락 밑(학성)에 모이던 학들이 다리 부근에 날아들었다 하여 승학교라 유래하였다 한다. 앞서 〈양소저전〉에서 이야기한 시의 배경 또한 중국 양주에서 유래된 것이라 이곳과는 상관없다는 의견도 있다. 그러나 추운 날씨에 몇 번씩 그 이름을 되뇌며 찾아온 나로서는 맥이 쑤욱 빠지고 다리에 힘이 풀렸다. 승학교는 내게 실재하는 역사적 증거물로서 의미만이 아니라, 중요한 전설이 얽혀 있는 곳이기도 하기 때문이다.

〈양소저전〉은 〈황화일엽〉 설화, 고전소설 〈황월선전(黃月仙傳)〉과 밀접한 영향 관계에 놓인 작품으로 알려져 있다. 앞서 잠깐 말을 꺼냈던 〈황화일엽〉 설화는, 대체로 계모에게 누명을 쓴 여주인공(황소저)이 집에서 쫓겨나 모진 고난을 극복하고 귀한 신분이 되어 헤어진 가족과 상봉한다는 내용으로 이루어져 있다. 현재 전해 내려오는 〈황화일엽〉 설화 대부분은 집에서 내쫓긴 황씨 소저가 해남 이씨 집안 자제와 혼인 후 남편이 양주목사에 제수된 까닭에, 목사의 부인이 되어 부임지로 가던 중 친정에 들러 시구를 지어서 가족과 해후하는 내용으로 이루어져 있다. 그리고 그 서사적인 원형 그대로 소설화된 작품이 조선 후기에 많은 독자들에게 사랑받았던 〈황월선전〉이다.

그런데 1973년 나온 『양주읍지(楊州邑誌)』에 보면, 승학교와 관련하여 결이 조금 다른 이야기가 채록되어 있다. 이씨 자제와 황씨 소저가 함께 과거에 응시하였는데 황씨 소저만 붙었고, 그녀가 겪은 일을 들은 왕이 황소저를 기특히 여겨 양주목사에 제수했다는 것이다. 양주목사로 부임하던 도중 황소저가 시를 지은 까닭에 가족상봉을 할 수 있었고, 그 덕분에 다리 이름이 승학교가 되었다는 것으로 이야기는 마무리된다. 『양주읍지』에 채록된 이 전설은 마치 〈양소저전〉의 원형과 흡사하다는 느낌이다.

비슷한 설화처럼 보이지만 여타 〈황화일엽〉 설화는 남편의 지위 덕분에 누명을 벗고 가족상봉을 하였으나, 〈승학교 전설〉은 스스로의 노력으로 그 모든 꿈을 이루었다. 〈황월선전〉과 〈양소저전〉 역시 같은 맥락으로 생각할 수 있다. 주인공과 그 주인공을 바라보는 이야기의 시각 자체가 다르다. 옛이야기는 두루뭉술한 것 같지만 허투루 넘어가는 법이 별로 없기에, 두 이야기 모두 설화와 소설로 현재까지 공존하고 있는 것이 아닌가 생각한다.

이처럼 소중한 이야기의 배경이 되는 승학교를 찾아볼 수 없다니, 아쉬운 마음에 자꾸만 관아지 주변을 서성일 수밖에 없었다. 관아지 오른편으로 양주별산대 전수관과 공연장이 어렴풋이 보였다. 백성이 만들고 놀던 놀이판에서조차 어린 소무小巫는 여기저기 노리개처럼 팔려 다니고, 산전수전 다 겪은 미얄할미도 신할아비의 폭언과 폭력에 시달리다 죽는 것으로 이야기가 끝나고 만다. 거듭된 수난과 그 수난으로 인해 꺾여버린 여성의 모습만이 우리가 남기고 되씹어 볼 이야기일까. 부디 지금의 승학교 옆에 글 잘하던 황소저, 당당하고 무예 출중하던 양소저의 그 소중한 이야기가 머물 만한 작은 돌다리 하나 만들어 줄 수는 없을까.

노고산과 게너미고개

승학교 위에 서 있으려니 어찌나 큰 트럭들이 연이어 달리는지 귀가 먹먹해 왔다. 우릉쿵쾅거리는 트럭 사이로 매캐한 먼지가 뿌옇게 올라왔다. 여기는 너무 시끄러우니 돌다리는 유양초교 건너편 빙고氷庫가 있던 자리에 만드는 게 낫겠다고 중얼거리다, 문득 찾으러 가고픈 다른 여인이 생각났다. 승학교가 사라졌다고 코 빠진 사람마냥 넋 놓을 필요는 없다. 돌다리보다 쉽게 사라지지 않을 만한 더 큰 걸 찾아보면 되니까 말이다. 여기는 드넓은 양주이고, 노고할미가 있는 곳이 지 않은가! 노고할미는 제주도의 설문대할망이나 영등할망과 같은 거인신으로, 노고산은 그런 노고할미가 깃든 산이다. 마고, 노고라 불리기도 하는데, 이처럼 거대한 여성신에 얽힌 이야기는 우리나라 곳곳에 많이 존재한다. 이들은 눈 깜짝할 사이에 성을 쌓을 만큼 힘세고, 오줌발은 폭포를 이룰 만큼, 똥은 동산을 이룰 만큼 어마어마하다. 오줌이나 똥 이야기가 신과 무슨 상관일까 싶기도 하겠지만, 태고적 신화에서 엄청난 양의 음식을 먹는 것, 어마어마한 양의 배설물

노고산 양주에서 파주로 가는 길목에서 본 모습이다. 능선 위로 봉긋이 올라와 있는 것이 노고산이다. 아쉽게도 지금은 군부대가 주둔하고 있어 산 정상까지 갈 수는 없다.

을 쏟아내는 것에 관한 이야기는 그 신의 거대함과 신력을 의미하기도 한다. 노고산, 노고산성, 독바위에 이르기까지, 양주는 그런 노고할미의 자취가 이곳저곳 남아 있는 곳이니 그녀를 따라 길을 나서면 어떨까 하는 생각이 들었다.

지도를 펼쳐 광적면에 있는 노고산 위치를 확인해 보니 넉넉잡아 30여 분이면 갈 수 있을 듯싶다. 가납시장을 지나 371번(광적로) 지방도를 타고 가다 필룩스 조명박물관 표지판을 보고 왼편으로 핸들을 틀었다. 56번(화합로)과 367번(보광로) 지방도를 타고 파주와 양주를 왔다 갔다 하며 살펴보니, 양주 쪽에서는 노고산 정상 부근이 제대로 보이지 않고, 삼현터널을 지나 파주 경계를 넘어서 뒤를 돌아보아야 비로소 꼭대기가 보였다.

노고할미는 하루 만에 노고산성을 쌓은 후 저 노고산과 도락산 사이에 쭈그려 앉아 오줌을 누었다 한다. 노고산이 그저 오줌을 누기 위한 한쪽 발판 정도라니, 노고할미에게는 이 드넓은 양주도 자기 집 앞마당 정도가 아니었을까 싶다. 양주에서 이 거대한 신은 사람들을 아끼고 사랑해 마지않는 인자한 여신으로 전해 내려온다. 치마폭에 돌을 담아 하루 내내 일을 하여 산성을 쌓았다 전하는데, 양주와 의정부 경계에 있는 천보산에는 노고할미가 치마폭에 넣었다 다시 꺼내 놓은 거대한 바위가 남아 있다. 산성을 쌓는 데에는 너무 크고, 원래 자리에 다시 갖다 놓기는 손이 바빠 가까운 곳에 던져 놓는다는 것이 천보산 자락이었나 보다. 온몸이 흙투성이가 된 채로 치마끈을 질끈 동여매고 돌을 날라 차곡차곡 산 둘레를 채워가는 모습이 연상되어, 고생한 우리네 어머니, 할머니의 모습과 겹쳐지는 듯했다.

그러나 일평생 헌신하는 어머니, 할머니와 같은 여신으로 노고할미의 진짜 모습을 정해 버리기에는 뒷맛이 개운치 않다. 신화의 신들은 우리들이 한 번에 받아들이기 어려울 정도로 여러 모습을 지니고 있기 때문이다. 노고할미의 또 다른 모습은 해유령蟹踰嶺에서도 찾아볼 수 있다.

chapter 2

10분이 채 되지 않아 백석읍 연곡리 게너미고개에 도착했다. 이곳에는 2차선 도로가 나 있어서 걸어 다니기에는 어려운 고갯길이 되고 말았다. 해유령은 1592년 임진왜란 당시 육지 전투로는 첫 승을 거두었다는 신각申恪장군의 전투로 더 유명한 곳이지만, 아직도 이곳 어르신들은 '게너미고개'라 부르며 그때마다 어김없이 노고할미 이야기를 한 자락 하신다. '해유(蟹踰)'란 '게가 넘어갔다'는 의미를 한자로 표현한 것이다.

본래 양주에는 게가 많이 살고 있었는데, 산성 일을 마치고 오줌을 누던 노고할미의 밑을 꽉 꼬집은 죄로 노고할미의 노여움을 사 파주로 쫓겨나 다시는 양주로 돌아오지 못했다고 한다. 쫓겨난 게가 울며 넘어갔다는 고개가 바로 게너미고개이다. 이후 양주는 게 대신 밤이 많이 생산되고, 파주에는 게가 많이 나게 되었다는데, 그래서 '양주 밤, 파주 게'라는 말이 나왔단다.

蟹踰嶺戰捷碑

게너미고개(해유령) 갑자기 쏟아진 뜨거운 오줌에 깜짝 놀라 노고할미의 밑을 꽉 물었을 뿐인데, 하루아침에 쫓겨나 이사를 가야 했던 게들도 기막히긴 했을 것이다. / **해유령전첩비(우)** 임진왜란 당시 육지에서 거둔 최초의 승전을 기념하여 400여 년이 지난 1997년에 세웠다.

게너미 이야기에는 인자함, 희생, 너그러움과 같은 미덕이 하나도 담겨 있지 않다. 집게발에 밑이 꼬집혔다니, 얼마나 화가 치밀었으면 파주로 쫓아내 다시는 양주에 발을 못 붙이게 했을까. 찌릿하게 시작해서 확 올라오는 아픔, 그리고 치밀어오는 짜증과 한없는 노여움 같은 원초적인 감정들이 뒤섞여 있는, 이른바 짧막한 사건과 뒤끝 있는 이야기랄까. 슬며시 웃음이 나오는 이 이야기는 그래서 더욱 인간적이다. 아프고 힘들면 세상 누구든 화낼 수 있는 것 아닌가.

모두가 아름답다고 칭송하는, 헌신과 희생으로 점철된 여성의 이야기는 때로 타자他者에게 이 헌신과 희생을 마땅한 것으로 강요하는 것처럼 느껴진다. 헌신과 희생의 의미가 아름답지 않다는 것이 아니다. 여기서 중요한 것은 그 의미에서 자신을 빼고, 다른 누군가에게 너무나 쉽게 그것을 바라는 사람들이 있다는 것. 우리는 때로 보고 싶은 대로, 생각하고 싶은 대로 세상을 바라보는 것은 아닐까. 그 세상에서 자신의 모습은 쏙 뺀 채로 말이다.

술독을 엎어놓고 길을 떠나다 – 회천 독바위와 길 위의 여인들

길을 돌려 달리다 보니 다시 유양삼거리 앞이다. 잠시 생각을 정리할까 싶어 다시 관아지 주차장에 차를 대고 나오다, 낮에 뵈었던 직원분과 마주쳤다. 퇴근하는 길인 듯 등에 작은 가방을 매고 있었는데 나를 발견하고는 활짝 웃으며 반겼다.

"많이 돌아보고 오셨어요?"

내가 노고산과 게너미고개를 다닌 이야기를 풀어놓자, 그분은 빙그레 웃는 얼굴로 이야기 한 자락을 더 들려주었다.

"노고할미 이야기라면 독바위공원에도 내려오는 전설이 있어요. 노고할미가 재주가 좋아서 술을 빚었는데, 술맛이 좋아 사람들이 너무 많이 몰려들었대요. 사람들이 너무 시끄럽게 떠들고 술을 더 달라며 귀찮게 하자 화가 난 할머니가 '이제 그만 할란다' 하고 가버렸는데, 갈 때 술을 담아두던 술독을 탁 엎어놓고 떠나버렸다는 거예요. 지금도 고암동 뒤편에는 노고할미가 엎어놓고 간 독이 그대로 남아 독바위가 되었다네요."

지금은 옥정 신도시 위쪽에 있는 회천 고암동에는 정말 반듯한 바위가 있는데, 그것이 바로 노고할미가 두고 간 술독이라는 것이다. 바위가 정말 신기하게 생기기는 했다고, 어찌 보면 정말 엎어놓은 술독 같아 보인다는 말에 부쩍 가보고 싶은 마음이 들어 차를 돌려 옥정으로 향했다.

'독바위공원'이라는 도로표지판보다 큰 바위가 먼저 마중 나온 까닭에 어렵지 않게 공원을 찾을 수 있었다. 높은 산봉우리나 능선도 아닌, 자그마한 둔덕에 갑작스럽게 거대한 암석이 솟아 있는 형국이라 특이했다. 양주의 명물인 독바위 때문에 이 부근을 가꾸어 공원으로 조성한 것 같았다.

그러나 안타깝게도 본래 독바위는 엎어놓은 술독처럼 둥그런 모양이었으나 현재는 그러한 모습을 잃어버리고 말았다. 안내판에 있는 1940년대 흑백사진을 보

회천 독바위 지금은 독바위 공원으로 조성되어 많은 사람들의 휴식처가 되고 있다.

면 둥그스름한 옹기, 술독을 엎어놓은 모양인데 일제강점기 끄트머리에 채석장을 만들어 강제로 돌을 캐갔다고 한다. 그나마 그때는 곡괭이로 파는 정도였기에 훼손이 심하지는 않았는데, 한국전쟁 때 덕정리에 주둔한 미군들이 화약으로 독바위를 깨고 돌을 캐내는 바람에 지금과 같은 모습이 되었다. 욕심 많은 사람들이 노고할미의 술독을 야무지게도 깨버린 것이다.

독바위 밑으로 철조망을 둘렀는데 다행히도 한쪽 문을 열어 둔 것이 보였다. 안으로 들어가 가까이 살펴보니 바위가 실로 엄청나게 단단했다. 비석이나 표석을 만들기에 적합한 화강암인 듯했다. 이야기대로라면 술독의 주둥이였을 밑둥에는, 돌을 따기 위해 구멍을 뚫은 자국과 곡괭이로 돌을 캐기 위해 긁은 자국이 선명했다. 이른바 '박정희시절'이라 불리던 1970년대에는 깨진 바위가 보기 싫다고 녹색 페인트칠을 하여 본래의 색마저 잃어버리게 되었다. 보면 볼수록 노고할미가 만들었을 희고 단단한 술항아리는 꽤나 수난을 당했던 것 같다.

독바위의 상흔 독바위의 밑면 끌자국과 페인트자국이 흘러내려 지층에 매몰된 화석이 발견된 것처럼 보인다.

가까이 다가가 독바위를 만져보았다. 채석을 위해 긁어낸 자리가 가로세로 깊게 패인 주름처럼 자글거렸다.

사람들을 위해 술을 빚어주던 노고할미는 어떤 마음이었을까. 성을 쌓아 사람들을 보호해 주었던 것처럼 선의善意로 가득했을 것이다. 그러나 술을 달라 아우성치고, 서로 더 먹겠다고 싸우며 탐욕과 이기심을 부리는 모습을 보고 그녀가 취한 행동은 지극히 '인간적'이고 '정상적'이었다. 정색하고 화를 내는 것. 누가 자신의 선의를 짓밟고 함부로 대할 때, 그 부당함을 표현할 수 있는 모습이 얼마나 부러운지.

그러나 진정 부러운 것은 부당하면 '옳지 않다'고 표현하는 것이 올바르다는 사실을, 사람들이 진심으로 받아들일 수 있도록 오랜 시간 노력을 기울여 정당한 힘을 갖출 수 있게 되는 것이다. 그것이 얼마나 많은 것을 감내해야만 하는 어려운 일인지 모르지 않기에, 나는 마음 한켠이 부끄럽고, 마냥 부럽기만 하다. 영웅인 양소저는 자신의 말에 세상 사람들이 귀 기울이게 하기 위해서 7년 동안 무예를 닦고 5년 동안 학문에 전념했다. 누명을 벗기 위해, 나약하고 돌봐야 할 대상이 아님을 증명하기 위해 말이다. 여성의 몸으로 구원 장수가 되고자 임금에게 청했을 때, 조정 신료들이 진지하게 고민했던 까닭은 그녀가 그만큼 오랜 시간 공을 들였기에 가능한 것이 아니겠는가.

거신인 노고할미의 힘은 더욱 묵직하다. 사람들을 향해, '이제 그만 하련다' 한마디 던진 후 그 엄청난 바위 술독을 거꾸로 엎어놓고 사라져버렸으니 말이다. 탐욕과 이기심에 눈먼 인간들에게, 신이 사라진 것만큼 큰 벌이 없을 테니 이보다 묵직한 꾸짖음과 울림이 어디 있을까.

그러면 나는? 감히 영웅이나 신이 될 꿈을 꾸겠다는 이야기가 아니다. 다만 나는 인간으로서 내 길을 부끄럽지 않게, 최선을 다해 가고 있는 것일까. 어떠한 희망을 품고 가는지 내 스스로 알고 가는 것인가. 하루하루 보내는 세상살이에 이기심과 욕심으로 가득 차 술독을 깨버리는 사람들과 다르게 갈 수 있을까.

어느덧 양주 하늘에 별이 하나둘 떠오르고 있었다. '오늘은 그만 집으로 돌아가야지. 가서 태권도를 하고 흠뻑 젖은 채 까르르거리며 돌아오는 아들내미를 씻기고, 저녁을 만들어야지.'

독바위를 뒤로 하고 돌아오는 길에는 수많은 차들로 도로가 제법 붐볐다. 대부분 집으로 돌아가는 길이겠지. 빨간 브레이크 등이 끝없이 이어지는 차량 행렬이 익숙한 풍경을 만들고 있었다. 다들 움찔거리며 가다 서다를 반복하면서도 한결같이 줄지어 돌아가는 길.

우리는 세상에 나아가 번번이 지고 돌아온다. 선택한 일이 모두 바람직한 결과를 이끌어 낼 수는 없기 때문이다. 타인이 내게 지나친 것을 요구할 때, 이 길이 내 길이 아니다 싶을 때 하고픈 말을 분명히 하고 미련 없이 떠날 수 있을까. 술독을 엎어놓고 훌쩍 어디론가 가버릴 수 있는 노고할미는 바위를 들어 성을 쌓고 산보다 큰 몸집을 지녀서가 아니라, 어떤 것을 선택하든 그 순간 자신의 모든 것을 올곧게 표현하고 책임질 수 있는 힘을 지녔기 때문에 그토록 오랫동안 신으로 기억된 것이 아닐까.

세상으로부터 자신을 인정받고자 하는 꿈이 존재하는 곳. 그래서 세상의 모든 양소저가 자신의 꿈을 이루기 위해 간절히 노래해 마지않던 양주. 노고할미가 술독을 엎어놓고 떠나며 온통 흔적을 남긴 이곳 양주. 자신에게 함부로 대하는 세상을 바꾸고 떠나버릴 수 있는 이들이 존재하는 곳이 양주라는 생각이 들었다.

나는 지금 어떤 모습으로 길 위에 있나. 글 잘하는 황소저, 두려움을 극복한 양소저? 노고할미? 싫을 때는 술독을 탁 엎어놓고 떠나버리는 노고할미처럼 되고 싶지만 언감생심. 덮어놓고 신을 따라가다 동티(땅, 돌, 나무 따위를 잘못 건드려 지신을 화나게 하여 재앙을 받는 일)날까 싶어 오늘은 독바위 근처에서 서성이다 얌전히 집으로 돌아간다.

As a side note 독바위 안내판

안내문을 보니 독바위는 고구려의 보루였을 것으로 추정한다고 적혀 있었다. 그리고 천지가 개벽할 때 마귀할머니가 이곳에서 술을 빚었다는 이야기가 전해 내려온다는 설명이 곁들여 있었다. 그런데 '마귀할머니'라니. 태초의 여성신인 '마고'도 아니고 '노고"노구' 할미신도 아닌 마귀할머니라고 적어놓으면 이 이야기를 올곧게 받아들일 사람이 과연 누가 있을까. 대부분 노고할미를 마귀할멈으로 알게 되지 않을까. 물론 사람들의 입에서 입으로 전해 내려오는 특성상 '마고'를 '마구'나 '마귀'로 발음했을 수 있다. 그렇다면 안내판에 보충설명이라도, 하다못해 괄호 하나라도 써넣어줄 수 있지 않을까. 마치 우리 할머니더러 '마귀할멈'이라 놀리는 친구를 본 것 마냥 울컥 화가 나다 문득 서글퍼졌다.

조재현

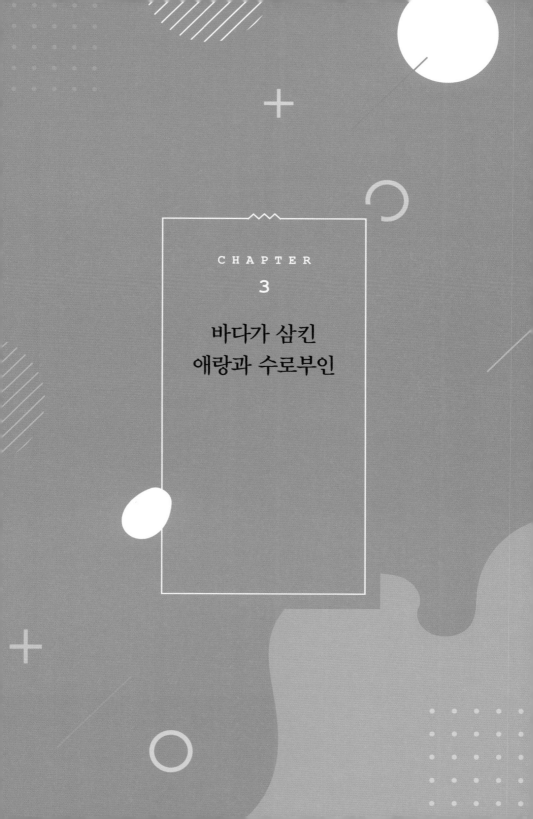

CHAPTER

3

바다가 삼킨
애랑과 수로부인

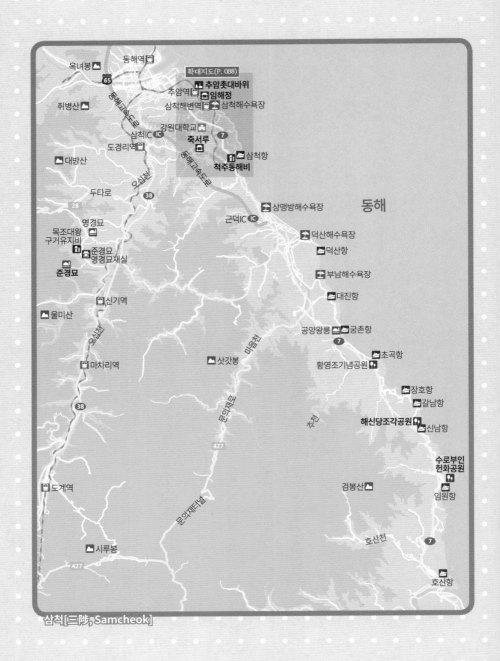

옥녀봉
동해역
확대지도(P. 088)
추암역
추암촛대바위
임해정
취병산
65
삼척해변역
삼척해수욕장
강원대학교
삼척IC
죽서루
도경리역
7
대방산
삼척항
두타로
28
척주동해비
38
오십천
영경묘
상맹방해수욕장
동해
목조대왕
구거유지비
근덕IC
덕산해수욕장
준경묘
영경묘재실
덕산항
준경묘
부남해수욕장
울미산
신기역
대진항
공양왕릉
궁촌항
마차리역
삿갓봉
7
초곡항
황영조기념공원
38
장호항
갈남항
해신당조각공원
신남항
수로부인
헌화공원
도계역
검봉산
임원항
문의재터널
7
시루봉
호산천
427
호산항

삼척[三陟, Samcheok]

Chapter 3

바다가 삼킨 애랑과 수로부인

삼척에서 돌아보는 여인의 삶(강원도 삼척)

애랑을 찾아서

강원도 하면 떠오르는 것이 사람마다 다르겠지만, 초여름 고성군 화진포의 바닷가, 늦가을 설악산의 단풍, 한겨울 오대산 월정사의 눈길을 잊을 수 없다. 가고 싶어 간 적은 한 번도 없으나 그때마다 그곳의 풍광이 뇌리에 깊이 남아 있다. 아직 사람들이 몰리기 전, 혹은 한 무리의 사람들이 지나고 난 뒤, 인적이 드문드문 찾을 때의 그곳. 풍광이 낯설지만 한없이 바라만 봐도 좋고 다시 찾고 싶도록 만들어준다.

자연 풍광이 아름다운 강원도는 휴양객이나 행락객들이 즐겨 찾는 곳이다. 특히 번잡한 도회지 삶에 찌든 사람에게 강원도는 자연 속에서 잠시 휴식을 취하기에 좋다. 그런데 강원도는 옛사람들에게도 그런 곳이었나 보다. 조선시대 정철(鄭澈, 1536~1593)이 지은 〈관동별곡(關東別曲)〉이란 가사를 보아도 강원도의 풍광은 옛사람에게도 남달라 보였던 것 같다. 한양에서는 볼 수 없었던 금강산 속의 비경과 너른 동해의 풍광에 정철은 감흥에 겨워 노래한다.

이처럼 우리는 늘 보던 것과 다른 것을 보았을 때 '다름'에 집중하기 쉽다. 삼척 애바위에 얽힌 전설도 그렇다. 이 전설은 파도에 휩쓸려 죽은 한 여인에 대한 이야기이다. 현재도 죽은 여인을 위해 제사가 1년에 두 번 치러진다고 하는데 사람들의 관심은 여인의 죽음보다는 다른 곳에 가 있는 것처럼 보인다. 왜냐하면 제사가 치러지는 해신당에 '남다른' 물건인 남근이 걸려 전하기 때문이다. 우리는 '남다른' 물건에 쉽게 흘려서 그것만을 보거나, 그것으로 여인의 죽음을 이해하려고만 한다. 하지만 우리가 관심을 더 가져야 하는 것은 '남다른' 물건보다는 여인의 죽음을 이해해야 하는 것은 아닐까?

죽서루와 시선

'남다른' 물건을 보러 해신당으로 향하기 앞서 삼척시내 죽서루竹西樓로 향했다. 삼척은 강원도 18개 시·군 중 7위인 시이기는 하지만 인구수로는 6만 8천의 중소도시이다. 삼척은 동해안의 여러 도시처럼 아름다운 해안과 산들을 쉽게 접할 수 있는 도시이다. 해신당보다 죽서루를 먼저 보려는 것은 죽서루가 관동팔경關東八景

죽서루 죽서루의 전경이다. 중앙 부분에만 주춧돌을 놓고 기둥을 세웠음을 볼 수 있다.

중 하나이기 때문이다. 게다가 죽서루는 관동팔경 중 유일하게 바닷가가 아닌 시내에 위치하고 있어서 그 아름다움이 어떻게 남아 있을지도 궁금했기 때문이었다.

죽서루에 도착해 보니 주변을 공원처럼 가꾸어 놓았다. 죽서루 주변의 꽤 넓은 공간을 담으로 쌓아 출입구까지 만들어 놓았다. 출입구를 들어서니 널찍한 마당 끝에 꽤 큰 건축물이 들어왔다. 누각이라 그런지 2층으로 되어 있었고, 8개의 기둥이 지붕을 받치고 있었다. 누각 아래에는 주춧돌에 기둥을 세우기도 했고, 암반에 기둥을 세우기도 해 자연스러운 미를 살리고 있었다. 가까이 가니 삼척부사三陟府使 이성조李聖肇가 썼다고 하는 '죽서루(竹西樓)'와 '관동제일루(關東第一樓)'라는 현판이 눈에 들어왔다.

죽서루는 언제 지어졌는지 확실하지 않지만 고려 중엽 문인 김극기金克己의 시에 〈죽서루〉가 있는 것으로 보아 1190년 이전에 세워진 것으로 추정된다. 죽서루 옆에는 삼척도호부의 관아와 객사客舍였던 진주관眞珠館이 있었다고 하는데 지금은 그 터만 남아있다. 죽서루에 올라 보니 죽서루가 많은 사람들의 사랑을 받았던 것을 알 수 있었다. 숙종과 정조가 지은 어제시御製詩를 비롯한 여러 작품들의 편액扁額이 곳곳에 걸려 있었다. 그리고 보니 죽서루를 그린 옛 그림도 여러 편이 전한다고 하니 죽서루의 풍광을 많은 사람이 좋아했던 것 같다.

측면에서 본 죽서루와 내부의 편액들 여러 편액들을 보면 많은 사람들로부터 사랑을 받았음을 알 수 있다.

竹西樓

정조의 명에 의해 김홍도가 그린 죽서루 그림에서는 누각이 확연히 드러나고 왼편으로 객관인 진주관이 보인다. 〈금강사군첩(金剛四君帖)〉 43×30㎝

竹西樓

정선이 그린 죽서루 다른 그림보다 죽서루를 좀 더 가까이에서 본 시점이다. 〈관동명승첩(關東名勝帖)〉 32.3×57.8㎝, 간송미술관 소장

인터넷을 검색해 보니 조선 후기 이름난 화가 정선鄭敾과 김홍도金弘道, 그리고 문인화가 강세황姜世晃이 그린 죽서루 그림 등이 전하고 있었다. 김홍도의 그림은 정조의 명으로 그려진 것인데 정조가 죽서루에 가고 싶으나 갈 수 없어 그리도록 명했다고 한다. 그림의 한가운데 바위절벽에 죽서루가 자리를 잡고 있고 좌우로 나무가 옹위하듯 서 있다. 죽서루 앞으로 잔잔히 흐르는 오십천에는 배 한 척이 여유롭게 떠 있고 갈매기 세 마리는 강을 따라 날고 있어 무척이나 한가로운 모습이다. 정선이 그린 죽서루나 강세황이 그린 죽서루는 김홍도의 그림과 비슷한 구도였다.

　　옛사람들이 관동팔경으로 뽑은 죽서루는 그렇게 아름답지는 않다. 그림과 같은 풍광을 볼 수 있는 곳도 없을뿐더러 그나마 죽서루 건너편 오십천변에서 보는 풍광도 잘 자란 나무들로 인해 죽서루는 지붕만 보일 뿐이다. 오십천변에는 죽서루와 주변 풍광을 잘 볼 수 있도록 망원경이 설치되어 있는데 작은 렌즈 속으로 보이는 풍광은 그곳에 죽서루가 있음을 확인시켜 줄 뿐이다.

오십천변에서 바라본 죽서루 풍광 잘 자란 나무로 인해 지붕만 보일 뿐이다.

〈관동별곡〉에서 죽서루를 찾다

죽서루는 생각만큼 가슴에 와 닿지 않았다. 죽서루에 앉아 옛사람들이 보았을 풍광을 생각해 보았다. 그들은 무엇을 보았을까? 사실 죽서루와 같은 누각은 본래 사방을 바라볼 수 있도록 벽을 쌓지 않고 지은 건축물이다. 그래서 누각을 세웠다는 것은 그곳에서 아름다운 풍경을 즐길 수 있기 때문으로 이해하는 것이 맞다. 관동팔경이라 불리는 간성의 청간정清澗亭, 울진의 망양정望洋亭, 통천의 총석정叢石亭, 평해의 월송정越松亭 등도 마찬가지일 것이다. 그곳에서 바라보는 바닷가의 아름답고 신기한 풍광을 관동팔경이라 부르는 것이지, 거기 세워진 정자를 관동팔경이라 부르는 것은 아닐 것이다. 이렇게 볼 수 있는 것은 정철의 〈관동별곡〉에서 그 답을 찾을 수 있다.

> 진주관(眞珠館) 죽서루(竹西樓) 오십천(五十川) 흘러내린 물이
> 태백산(太白山)의 아름다움 그림자를 동해(東海)로 담아 가니
> 차라리 한강(漢江)의 목멱(木覓)에 닿게 하고 싶구나
> 왕정(王程)이 유한(有限)하고 풍경(風景)이 싫증나지 않으니
> 유회(幽懷)도 많기도 많구나 객수(客愁)도 둘 데 없다

강원도 관찰사로 부임한 정철은 관동지방을 유람하다가, 삼척에 들러 진주관 앞 오십천이 내려다보이는 죽서루에 올라 임금을 떠올린다. 서쪽 저 멀리 태백산맥의 두타산頭陀山 자락에서 굽이굽이 흘러내려오는 오십천에 태백산의 그림자가 담겨 흐르고 있었다. 그곳을 넘어 서쪽이 임금님이 계신 한양 땅인데 오십천 강물은 동쪽으로만 흐르고 있었다. 정철은 눈앞의 풍광을 임금님께 보낼 수 있기를 소원한다. 왜였을까? 아름다운 풍광이 맑디맑은 오십천에 담겨 잔잔히 흘러가는 모습이 자신만 보기에는 너무나 아름다웠기 때문 아니었을까? 그래서 자신의 소임[王程(왕정)]을 떠올리면서 아름다운 풍경을 뿌리칠 수 없는 마음의 갈등을 나그네의 시름[客愁(객수)] 때문이라고 표출하지 않았을까?

오십천 죽서루에서 서쪽을 바라본 풍광 앞에 오십천이 흐르며 저 멀리 태백산맥이 보인다.

정철의 〈관동별곡〉에 등장하는 죽서루는 우리의 시선을 달리하라고 알려주고 있다. 왜냐하면 〈관동별곡〉에서 정철의 시선은 죽서루를 향하지 않았기 때문이다. 정철의 시선은 죽서루에 올라 앞을 향하고 있었다. 정철의 〈관동별곡〉에서처럼 관동팔경으로서 죽서루는 '죽서루에서 보는 풍광'일지 모른다. 그것이 '죽서루를 보는 아름다움'과 구별되는 '죽서루에서 보는 아름다움'일지 모른다. 하지만 아쉽게도 정철이 보았을 풍경을 지금은 볼 수가 없다. 현재 죽서루에서 바라보는 풍광은 안타깝게도 고층 아파트가 가로막고 있기 때문이다. 세련된 현대식 건물과 고가도로도 옛 풍광을 가로막는데 한몫을 하고 있어서 저 멀리 태백산의 모습을 가리고 있다.

애바위 전설

정철이 보았을 죽서루를 생각하며 해신당海神堂으로 향했다. 해신당은 파도에 휩쓸려 죽은 여인을 모시는 곳으로 남근숭배민속과 관련된 곳이다. 남근숭배는 민속에서 엿볼 수 있는 성숭배 신앙의 한 양상으로 강원도에서 전해지고 있다. 성

숭배 신앙이 기본적으로 다
산과 풍요를 바라는 마음
의 표현이기는 하지만 남근을
대놓고 숭배한다는 것이 조금은 낯
설다. 해신당이 위치한 해신당공원에 도착해
보니 '남다른' 조형물인 남근 조형물이 곳곳
에 가득해서 다소 민망해 보이기도 한다.
이곳에 '남다른' 조형물을 숭배하도록
만든 것은 애바위 전설 때문이란다.

해신당

옛날 결혼을 약속한 덕배라는 총각과 애랑이라는 처녀가 살고 있었다. 어느 날 애랑이
가 바위섬으로 미역을 따러 가고 싶다고 하여 덕배가 데려다 주고 돌아왔는데 갑자기 풍
랑이 일기 시작했다. 애랑이 살려달라고 소리를 치다가 그만 파도에 휩쓸려 죽고 말았다.
애랑이 죽은 후로는 마을에는 좋지 않은 일이 계속 생겼다. 마을 사람들이 이유 없이 싸
우기도 하고, 역병이 돌기도 했으며, 고기가 잘 잡히지도 않으며 고기를 잡으러 나갔던 사
람이 바다에 빠져 죽기도 했다. 그러던 중 덕배의 꿈에 애랑이 나타나 원혼을 달래 달
라고 하였다. 덕배는 마을 사람들과 의논하여 애랑을 위해 제를 올렸지만 상황은 나아지
지 않았다. 어느 날 고기가 잡히지 않아 속상한 어부 한 사람이 술에 취해 바다를 향해 오
줌을 누었는데 그 사람만이 고기를 잡을 수 있었다고 한다. 이 사정을 알게 된 사람들이
이를 따라하게 되었고, 그 후로 마을에서는 남근을 제물로 바치기로 했다고 한다. 그때
애랑이 죽은 바위를 애바위라고 하는데 바위섬에서 애만 태우다 죽었기 때문이다.

이야기는 처녀의 원혼을 남근으로 풀게 됨으로써 그 후부터는 남근을 숭배하
는 민속이 생기게 되었음을 보여준다. 그런데 남근숭배민속이 전승될 수 있었다
는 점이 의아했다. 특히 유교 윤리를 내세웠던 조선시대에 남근숭배민속은 지탄
을 받지 않았을까? 조선시대 이전에는 받아들여졌더라도 남녀유별을 강조했던
조선시대에도 끊이지 않고 전승될 수 있었다니 신기하기만 하다. 남근으로 처녀

의 원혼을 달랠 수 있었고, 남녀의 성적 결합이 풍요를 가져올 수 있다는 믿음이 있더라도 남근 조형물까지 만들어 제를 올렸다는 것이 놀랍기만 하다.

이 이야기가 오랜 세월 잊히지 않고 전승될 수 있었던 원동력은 무엇일까? 젊은 남녀의 이루어지지 못한 사랑의 안타까움 때문이었을까? 아니면 바닷가의 변화무쌍한 날씨 속에서 안녕을 바라던 민중의 바람이 깃들어 있기 때문일까? 또 아니면 남근이라는 '남다른' 조형물을 바친다는 것 때문일까? 이 이야기가 오래도록 전승될 수 있었던 이유를 한마디로 단정하기는 어렵다. 하지만 애랑의 죽음과 관계가 있으리라는 것은 누구도 부인하기 어렵다.

젊은 여성의 급작스러운 죽음, 이것만으로도 안타까운데 애랑이 죽은 후 마을에 일어난 좋지 못한 일들. 사람들은 당연히 그 일이 죽은 애랑 때문에 일어났다고 생각했을 것이다. 사랑하는 사람과 결혼을 앞두고 죽어서 억울했나 보다 라고 생각할 것이다. 그런데 그렇다고 해서 애꿎은 사람들에게 해코지를 하는 것은 우리네 정서와 맞지는 않다. 우리나라 전설 중 이유 없이 해코지를 하는 원혼은 없

해신당 내 애랑의 초상화 초상화 왼쪽에 나무로 깎아 만든 남근 여러 개가 걸려 있는 것을 볼 수 있다.

다. 겁탈 당할 위기에서 끝까지 저항하다 죽은 밀양의 아랑이나, 간통 누명을 쓰고 억울한 죽음을 당한 장화와 언니의 죽음을 알고 뒤따른 홍련은 모두 원통하게 죽었다. 이들조차도 억울함을 풀어달라고 나타났을 뿐이지 해코지를 하지 않았다. 그런데 미역을 따러 갔다가 죽은 애랑이 마을 사람들에게 해코지를 한다는 것은 이상하지 않은가? 게다가 남근을 바치면 해코지를 멈춘다니 ….

애랑의 죽음은 우연한 죽음이 아닐지도 모른다. 과학이 발달하기 전에 자연의 거대한 힘 앞에 인간은 인간을 제물로 삼아 자연을 달래려고 했다. 이런 흔적은 설화 〈은혜 갚은 두꺼비〉에서, 또 고전소설 〈심청전〉에도 등장한다. 마을의 변고를 막기 위해 처녀를 제물로 바쳤던 것이나, 인당수의 거친 바닷길을 잠재우기 위해 심청이 몸을 던졌던 것은 인간을 제물로 바쳤던 역사의 자취인 것이다. 애랑도 자신의 의사와 상관없이 바다에 제물로 바쳐져 억울하게 죽음을 맞이했던 여인들의 또 다른 모습이 아닐까?

척주동해비

애랑의 해코지가 낯설게 느껴지는 것은 오는 길에 들렀던 척주동해비陟州東海碑를 떠올리자 분명해졌다. 척주동해비는 현종 2년(1661) 삼척부사 허목(許穆, 1595~1682)이 세운 것으로 폭풍으로 인한 풍랑과 조수의 피해를 줄이기 세운 것이라고 한다. 척주동해비는 1662년 만리도(삼척항 끝 쪽에 있던 섬으로 현재는 삼척항 조성으로 사라짐)에 건립되었는데 풍랑으로 부서져 1709년에 다시 세웠다고 한다. 현재 척주동해비는 삼척항으로 들어가는 초입 작은 동산에 세워져 있다. 육향산六香山이라고 하는데 산이라고 하기에는 너무 작은 규모이다. 아마도 삼척항이 들어서면서 이렇게 바뀌었으리라. 농협하나로마트 옆쪽으로 올라가는 계단이 있어 올라가 보니 비각이 세워져 있고, 비를 볼 수 있다. 척주동해비와 관련해서는 다음과 같은 전설이 전해진다.

척주동해비 허목이 쓴 내용은 〈동해송(東海頌)〉이라고도 하는데 4언 고시 형태로 되어 있다.

삼척은 파도가 심하고 조수가 읍내까지 올라오기까지 해 오십천이 범람하여 피해가 심했다고 한다. 이를 안타깝게 여긴 허목이 '동해송'이라는 시를 짓고 글을 써서 바닷가에 비석을 세운 후로는 파도와 풍랑이 잦아들고 바닷물의 침수 피해를 입지 않게 되었다고 한다. 그런데 비석을 세운 지 50여 년이 흐른 뒤 새로 부임한 부사가 이를 미신이라며 비석을 깨뜨리자 다시 조수의 피해가 생기게 되어 백성들의 원성이 자자해졌다고 한다. 허목은 비를 세울 때 이런 일이 있을 줄 알고 비석을 하나 더 만들어 두고는 마을의 아전에게 말해 두었는데, 이런 일이 일어나자 신임 부사에게 이를 알려주어 비석을 다시 세우자 조수의 피해가 사라졌다고 한다.

척주동해비 일부 전서체로 총 192자로 되어 있다.

애랑 조각상

전설에서도 알 수 있는 것처럼 과거 삼척 지방은 폭풍으로 풍랑과 조수의 피해가 굉장히 컸던 것으로 보인다. 또 전하는 기록에 따르면 폭풍에 고깃배가 부서지고 파도 때문에 어민들이 바다에 나가지 못했으며, 해일로 조수가 밀려들 때는 동헌 마루까지 바닷물이 밀려들어왔다고 한다. 동헌이라 함은 죽서루 옆에 있었던 것이니 죽서루 코앞까지 물이 밀려들어왔던 셈이다. 이 정도로 피해가 컸다면 허목이 아니라도 삼척부사라면 무언가 조치를 취할 수밖에 없었을 것이다. 다행히도 허목이 〈동해송(東海頌)〉을 지어 비를 세우고 나서 피해가 잦아들었던 것 같다.

허목이 지은 〈동해송〉은 신비로운 문장과 웅혼雄渾한 전서체 필치로 성난 바다와 물, 바람을 다스릴 수 있었다고 한다. 하지만 비문을 통해 알 수 있는 전서체는 색다른 멋과 기운을 보여주지만 내용이 갖는 의미는 잘은 모르겠다. 그 일부를 보면 다음과 같다.

鮫人之珍 涵海百産 汗汗漫漫(교인지진 함해백산 한한만만)
교인(인어)의 보배와 바다에 가득한 온갖 산물 한없이 많으며

奇物譎詭 宛宛之祥 興德而章(기물휼궤 완완지상 흥덕이장)
기이한 물건 변화하여 너울대는 상서는 덕을 일켜 나타나도다

蚌之胎珠 與月盛衰 旁氣昇霏(방지태주 여월성쇠 방기승비)
조개의 태에 든 진주는 달과 더불어 성하고 쇠하며 신기루를 뿜어 올리네

天吳九首 怪夔一股 颷回且雨(천오구수 괴기일고 표회차우)
머리 아홉의 천오(얼굴, 발, 꼬리를 8개씩 가졌다고 하는 물의 신)와 외짝다리의 기(동해 먼 바다에 산다고 하는 외발 짐승)는 폭풍을 일으키고 비를 내린다네

허목이 비를 세웠다고 자연의 조화가 사라졌다는 것은 과학적으로는 납득할 수 없는 일이다. 그럼에도 이런 이야기가 전해지는 것은 허목이 비를 세운 후 다

행스럽게도 피해가 줄었기 때문일 것이다. 아니라면 허목이 비를 세우자 백성들의 바람이 투영돼 피해가 줄어든 것으로 이야기가 바뀌었을 수도 있을 것이다. 하여튼 척주동해비가 세워진 유래에서 주목할 내용은 폭풍, 풍랑, 조수로 인한 재해가 빈번했다는 사실이다. 그렇다면 이곳에서 태어나고 자란 애랑이 이것을 몰랐을까? 날씨가 급작스럽게 변하기도 하고, 그래서 풍랑이 거세진다는 것을 몰랐을까?

애랑이 사라지다

척주동해비가 세워진 내력으로 볼 때 미역을 따러 애바위로 갔던 애랑의 죽음은 예견된 사실이었다. 왜냐하면 거센 풍랑으로 조수의 피해가 빈번했던 지역에서 해안과 떨어진 바위로 미역을 따러 간다는 것은 죽으러 가는 것과 마찬가지기 때문이다. 더구나 애랑은 그곳에서 살던 사람이 아니었던가? 애랑이 바다 날씨가 쉽게 바뀔 수 있다는 것을 몰랐을 리 없고, 그곳의 풍랑이 거세다는 것을 몰랐을 리도 없다. 그렇다면 애랑은 미역을 따러 애바위에 갔던 것이 아니라 갈 수밖에 없었던 것일 수 있다.

인신공희설화人身供犧說話에서는 사람을 제물로 바쳐 자연의 재해나 요물의 재앙을 막으려 한다. 그렇다면 애랑도 사나워지는 바다를 잠재우기 위한 제물로 바쳐진 것이 아니었을까? 애랑은 애바위에서 살려달라고 소리쳤겠지만 제물로 바친 애랑을 구할 사람은 없었을 것이다. 애랑은 사람들이 보는 가운데 억울한 죽음을 맞이할 수밖에 없었다. 생각이 여기에까지 이르자 애랑의 해코지가 이해되었다. 애랑은 자신의 의사와 상관없이 죽음을 맞이했고, 그래서 자신을 죽게 한 사람들에

덕배 조각상

게 해코지를 했던 것이다. 애랑의 죽음을 이렇게 이해하니 애랑을 위한 제사에 올린 '남다른' 물건인 남근도 자연스럽게 이해할 수 있었다.

우리는 남근을 결혼을 앞뒀던 애랑의 상황 때문에 애랑의 사랑이나 성적 욕망과 결부 짓곤 한다. 하지만 애랑이 사람들에 의해 바다에 바쳐진 희생 제물로 볼수 있다면 남근은 애랑에게 바쳐진 희생 제물로 이해할 수 있다. 즉 남근은 성적도구, 성적 대상물이 아니라 자신의 억울한 죽음을 이끌었던 남성의 희생을 상징함으로써 애랑의 원혼을 달래는 역할을 했던 것이었을 수 있다. 애랑의 죽음이 억울한 것은 결혼을 하지 못해서가 아니며, 사랑을 이루지 못해서가 아니다. 애랑의 죽음이 억울한 것은 다른 사람들에 의해서 죽임을 당했기 때문이며, 다른 사람들이 구하려 들지 않아서 죽었기 때문일 것이다. 그래서 애랑은 해코지를 했고, 그것을 달래기 위해 남근을 제물로 억울함을 달래려 했던 것이다. 그러니 남근을 성적 도구, 성적 대상물로 이해하는 것은 억울하게 죽은 애랑을 다시 한 번 억울하게 만드는 일이다.

해신당공원 곳곳에 서 있는 남근 조형물　애랑의 죽음을 희석시키고 있는 것은 아닌지 모르겠다.

애랑의 죽음은 안타깝게도 해신당공원 곳곳에 세워진 남근상으로 바뀌고 있었다. 민속신앙에서 남근은 다산과 풍요를 상징하는 것이어서 그 자체가 문제일 수는 없다. 하지만 공원에 과하다 싶게 세워진 남근 조형물과 19금 전시실은 애랑의 이야기를 성과 관련된 이야기로만 이해하도록 만드는 것은 아닐까 걱정스러웠다. 실제로 짓궂은 말을 주고받으며 공원을 둘러보는 사람들 모습에서 애랑의 죽음은 사라지고 없었다. 눈에 보이는 것만을 강하게 부각하니 누가 애랑의 죽음을 떠올릴 수나 있을까? 달리 생각하면 애랑의 죽음은 마을의 안녕이라는 미명 아래 억울하게 죽어간 여성들의 삶을 가리기 위한 눈가리개일 수도 있는데 말이다.

수로부인이 납치되다

애랑의 안타까운 죽음이 있었던 바다를 뒤로 하고 공원을 나왔다. 그러고 보니 이곳 삼척에는 또 다른 여인이 바다에 빠졌던 이야기가 전해진다. 그 이야기를 찾아 증산해수욕장으로 향했다. 증산해수욕장은 삼척시와 동해시 경계에 있는 해수욕장으로 북쪽으로 동해시 추암해수욕장과 인접해 있다. 그래서 증산해수욕장에서 동해시의 촛대바위 일출을 볼 수 있다고 한다. 증산해수욕장은 하얗고 고운 모래사장이 있는, 작고 아름다운 해수욕장이다.

증산해수욕장 남쪽 끝에는 야트막한 바위 동산에 '해가사의 터'라는 곳이 있다. 그곳에 임해정臨海亭이라는 작은 정자와 함께 돌, 구슬 조형물에 신라의 〈해가(海歌)〉가 새겨져 있다. 〈해가〉는 신라 성덕왕聖德王 때 순정공純貞公의 아내 수로부인이 동해 용에게 잡혀갔을 때 수로부인을 구하기 위해 부른 노래이다. 순정공이 강릉태수로 부임하러 가던 길에 임해정에서 점심을 먹으려 할 때 동해 용이 수로부인을 납치해 갔다고 한다. 『삼국유사(三國遺事)』의 기록에는 수로부인이 용에게 잡혀간 곳의 지명이 없어 〈해가〉를 불렀던 곳이 이곳인지는 알 수 없다. 하지만 척주동해비의 건립에서 알 수 있듯이 이곳 삼척은 바닷가에 피해가 빈번했다고 하니 〈해가〉를 부

증산해수욕장 와우산에서 본 증산해수욕장의 모습이다. 왼쪽 작은 산을 넘으면 바로 임해정이 있다. 오른쪽 서 있는 바위들이 동해시 촛대바위 부근인데 촛대바위는 가려서 보이지 않는다.

른 곳이 이곳일 수도 있을 것이다. 그렇다면 아마도 해안을 따라 이동하던 순정공 행차에 갑자기 닥친 파도로 수로부인이 휩쓸렸을 수도 있겠다 싶었다. 그 일을 옛날 사람들은 동해 용이 납치한 것으로 여겼을 수도 있으니 말이다.

수로부인의 남편 순정공은 동해 용이 수로부인을 끌고 물속으로 들어가 버리자 어찌할 바를 몰랐다. 그때 마을 노인이 '뭇사람(많은 사람)의 입이면 쇠도 녹인다 하니 백성을 모아 노래[해가]를 부르며, 막대기로 땅을 치면 부인을 구할 수 있을 것'이라고 했다. 그래서 그 말대로 했더니 용이 부인을 도로 바치었다고 한다. 수로부인은 몹시 아름다워서 깊은 산과 큰 연못을 지날 때마다 여러 번 이런 일이 있었다고 한다.

알 수 없는 동해 용의 마음

수로부인 이야기에서 흥미로운 사실은 바다에 빠졌다가 다시 살아왔다는 점이다. 임해정에 앉아 수로부인을 납치했다가 돌려보낸 동해 용에 대해 생각해 보앗다. 우리나라에서 용은 왕을 상징하는 동물로 받아들여진다. 그렇다면 동해 용은 그 지역에서 왕과 같은 존재가 아니었을까? 즉 수로부인을 납치한 동해 용은 이곳 삼척 인근 지역의 호족 세력이 아니었을까? 그렇다면 이 호족 세력은 수로부인을 왜 납치했을까? 수로부인이 아름다웠다고 하니 아름다움에 빠져 납치를 했던 것일까?

수로부인이 동해 용에게 납치되기 이틀 전에 이런 일이 있었다고 한다. 순정공 일행이 바닷가에서 점심을 먹는데 수로부인이 바닷가 절벽에 핀 철쭉꽃을 보고 사람들에게 꽃을 꺾어달라고 하였다. 하지만 아무도 나서지 않았는데 마침 소를 끌고 지나던 노인이 수로부인의 말을 듣고 꽃을 꺾어다 바치면서 다음과 같은 노래[헌화가(獻花歌)]를 불렀다고 한다.

> 자줏빛 바위 가에
> 잡고 있는 암소 놓게 하시고
> 나를 아니 부끄러워하시면
> 꽃을 꺾어 바치오리다.

노래에 '나를 아니 부끄러워하시면 / 꽃을 꺾어 바치오리다'라고 하는 대목이 있다. 이 대목은 아무리 보아도 구애하는 것으로밖에 보이지 않는다. 자신이 노인이라서 그랬는지 몰라도 부끄러워하지 않는다면 목숨을 걸고라도 꽃을 꺾어 바치겠다고 한다. 노래는 이렇게 불렀지만 노인의 손에는 이미 꺾어온 꽃이 있었고 수로부인에게 바쳤다. 수로부인은 노인이 부른 노래를 듣고 꽃을 받았다. 그런데 노인이 준 꽃을 받은 수로부인이 이틀 뒤 동해 용에게 납치되고 말았다. 이로 보면 노인이 부른 노래와 동해 용의 수로부인 납치는 연관이 있다고 보인다. 아마도 동해 용은 수로부인을 데려가려고 마음먹고 의사까지 확인한 후 납치했던 것 같은데 수로부인을 왜 돌려보냈을까? 여러 사람들이 부르는 노래가 두려워서였을까?

수로부인이 되돌아올 수 있었던 것은 마을 노인의 말에 따라 노래를 부르며 막대기로 땅을 쳤기 때문이다. 그런데 이상한 점은 동해 용의 영향력 아래 살고 있던 사람들이 동해 용의 마음을 거스르는 행동을 했다는 점이다. 수로부인을 되

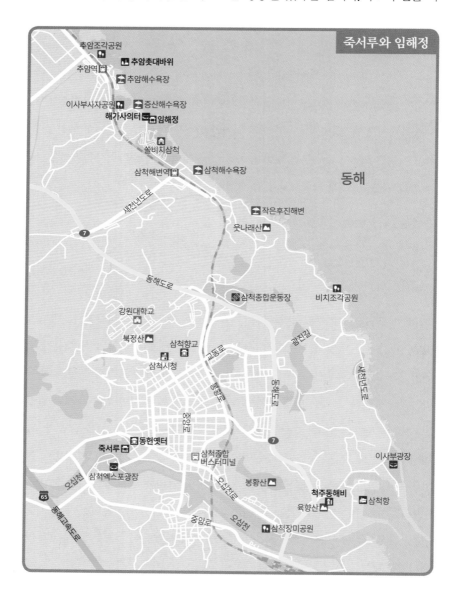

찾는 것은 동해 용에게서 수로부인을 빼앗아 오는 것이다. 그러니 동해 용을 화나게 할 수 있는 행동인데 그것을 그 지역 사람이 나서서 주도했다는 것이 이해하기 어렵다. 그리고 보면 동해 용이 수로부인을 납치할 때나 되돌려 보낼 때나 모두 그 지역 사람에 의해 일이 꾸며졌었다. 수로부인에게 꽃을 꺾어다 준 노인이나 수로부인을 되찾을 방법을 알려준 마을 노인이나 모두 그 지역 사람일 테니 말이다. 그렇다면 이 모든 일은 '동해 용'에 의해 계획된 일이었을 가능성이 크고, 수로부인은 '동해 용'의 계획에 휘둘렸던 것일지 모른다.

임해정에서 동해를 바라보다가 주변을 살펴보았다. 수로부인이 납치된 곳이 이곳이었다면 수로부인을 되찾기 위해 마을사람들이 모여 노래를 부른 곳은 어딜까 하고 말이다. 기록에는 막대기로 언덕을 치며 노래를 불렀다고 하니 아마도 임해정 뒤편의 와우산이 그 언덕이었을 것 같다. 와우산은 주변에 비해 높고 바다 쪽으로 쑥 튀어나온 곳이다. 지금은 모 콘도미니엄이 그곳을 차지하고 있을 정도이니 마을사람들이 모두 올라갈 정도의 공간도 되는 곳이다. 그곳에서 마을사람들이 막대기를 두드리며 수로부인을 돌려달라고 노래를 불렀을 것이다. 왜 이런 '쑈'를 했을까? 아름다운 수로부인을 데려왔으면 그대로 데리고 살면 될 것을 ….

조선 태조 이성계 5대조의 묘, 준경묘

수로부인에 대한 생각을 잠시 멈추고 '남다른' 묘가 있다고 하여 찾아 나섰다. 이번에 찾아가는 곳은 왕릉은 아니지만 왕릉처럼 대접을 받는 곳이다. 바로 '준경묘(濬慶墓)'이다. 준경묘는 조선을 창건한 이성계의 5대조 이양무李陽茂의 묘이다. 이양무가 이곳에 묻힌 것은 아들 이안사李安社 때문이다. 전주에 살던 이안사는 지방관과 불화로 멸문지화를 당할 것 같아 아버지 이양무와 식솔을 데리고 야반도주하여 삼척으로 피신해 왔다. 피신한 다음 해 아버지 이양무가 돌아가시자 묘를 쓴 곳이 바로 준경묘이다. 준경묘의 묏자리와 관련해서는 흥미로운 전설이 전해진다.

이안사는 아버지가 돌아가시자 묘를 쓰기 위해 이리저리 찾아다니다가 잠시 쉬고 있었다. 그때 한 도승이 상좌승과 지나가다가 한 곳을 가리키면서 명당이라고 하는 것을 듣게 되었다. 도승은 이곳에 묘를 쓰려면 개토제(開土祭)에 소 백 마리를 써야 하고, 관은 금관(金棺)을 쓰면 후손이 잘 될 거라고 말했다. 이 말을 들은 이안사는 그곳에 묘를 쓰고 싶어도 가난한 살림에 고민하다가 한 수를 내었다. 바로 소 백[百] 마리는 흰[白] 소로 대신하였고, 금관은 귀리짚으로 대신하면 되겠다고 생각한 것이다. 이안사는 처가에 있던 흰 소를 빌려 제물로 바치고 귀리짚으로 관을 대신하여 아버지의 장사를 지냈다고 한다.

이안사는 도승의 말을 듣고 기지를 발휘해 묘를 썼다. 하지만 도승의 말대로 따르지 못해서였는지 이안사는 삼척을 떠날 수밖에 없었다. 왜냐하면 전에 살던 전주에서 사이가 좋지 않았던 인물이 그곳 벼슬아치로 왔기 때문이다. 이안사는 삼척을 떠나 의주로 이주할 수밖에 없었지만 그곳에 묘를 썼기 때문인지 후손인 이성계가 왕이 되었다. 이를 보면 준경묘 자리는 왕이 될 인물이 태어날 자리였던 셈이다.

준경묘 묘를 바라보고 10시와 2시 방향으로 지형이 약간 낮고, 묘를 등지고 아래쪽으로 내려오면 좌우로 지형이 약간 낮아서 공기의 흐름이 막히지 않는 구조이다.

준경묘로 오르는 숲길과 준경묘 입구 울창한 소나무숲에 자리하고 있으며, 주봉이 묘의 뒤를 막아 주고 묘 앞은 시야가 열려 있어 공기의 흐름이 막히지 않아 왕이 될 인물이 태어날 명당이다.

준경묘가 있는 삼척 미로면 활기리는 두타산頭陀山의 동남쪽 끝자락이다. 준경묘 주자창에 도착해 주변을 둘러보니 마을 앞에는 오십천이 흐르고 있었다. 주자창에서부터 묘까지는 1.8km라는데 초입부터 가파른 오르막길을 한참 걸어야만 했다. 이후에는 그렇게 심하지 않은 경사의 오르내리막 길을 가다 보니 어느새 입구에 다다랐다. 주변을 조성해서 그런지 너른 벌판에 한 기의 묘가 자리 잡고 있었다.

해발 300m 고지 정도에 위치한 준경묘는 울창한 소나무숲에 자리 잡고 있었다. 묘는 정동을 바라보고 있으며 주봉이 묘의 뒤를 막아주고 있었다. 묘 앞으로는 야트막한 내리막 지형이어서 시야가 막히지 않고 열려 있었다. 그리고 묘의 좌우로 능선이 감싸고 있는데 묘 입구 쪽과 뒤쪽으로 좌우가 약간 열린 형태여서 공기의 흐름이 막히지 않고 퍼질 수 있게 되어 있었다. 지금의 준경묘는 후손들에 의해 정리됐을 것이다. 하지만 그렇더라도 묘 자리는 좋아 보였다. 해가 잘 들고, 묘 주위로 바람이 흐를 수 있는 공간이 확보되었기 때문이다.

명당의 조건이란

준경묘는 풍수를 잘 모르는 사람이 보아도 명당 같았다. 그만큼 준경묘는 '남다른' 묏자리였다. 차를 세워 두었던 주차장에 도착해 주변을 둘러보았다. 마을 뒤편 저 멀리 두타산이 보이고, 좌우로 그보다 낮은 산이 자리 잡고 있었다. 또 마을 앞으로는 오십천의 지류가 흐르고 있었다. 아름다운 풍경 속에서 좋은 자리, 즉 명당에 대해 생각했다. 죽은 사람을 편히 모시는 자리가 좋은 자리인지, 살아갈 사람을 편케 만드는 자리가 좋은 자리인지 ….

예전에 경상도 합천에서 어느 할아버지께 들은 명당 이야기가 떠올랐다. 그 할아버지 말씀에 따르면 죽은 혼령이 새벽닭 울기 전에 왔다갈 거리에 쓴 묘가 명당이라고 하셨다. 왜냐하면 그보다 멀리 쓰면 조상의 혼령이 제삿밥을 먹으러 올 수 없어서 음덕을 입을 수 없기 때문이라고 하셨다. 그 할아버지께서 들려준 이야기에 따르면 준경묘는 명당은 아니다. 이안사가 묘를 쓰고 의주로 이주를 해

준경묘 뒤에서 내려다 본 풍경 준경묘의 자리가 분명 좋지만 고승이 제시한 여러 조건을 이안사가 맞추지 않았다면 역사는 어떻게 바뀌었을까?

chapter 3

서 혼령이 제삿밥을 먹으러 올 수 있는 거리가 아니었기 때문이다. 그런데 이성계가 조선을 세운 것을 보면 준경묘는 명당이었던 것 같다. 실제로도 묘 자리가 좋아 보였으니까 말이다.

사람들이 준경묘를 보고 놓치는 것이 하나 있다. 바로 전설에서 고승이 말한 조건이다. 준경묘의 자리가 분명 좋지만 고승은 자리를 쓰려면 개토제開土祭에 소 백 마리를 써야 하고, 관은 금관을 써야 한다고 했다. 준경묘의 자리가 남다르다 보니 사람들은 이안사가 이 조건을 맞추었다는 것을 잊곤 한다. 만일 이안사가 이 조건을 맞추지 못했더라도 이성계가 왕이 될 수 있었을까? 우리는 눈앞에 펼쳐진 남다른 묏자리만 보고 준경묘가 명당이라고만 생각하기 쉽다. 준경묘가 명당이 되었던 것은 이안사가 고승이 말한 조건을 맞추어 장사를 지냈기 때문이다. 즉 자리도 자리지만 사람의 역할이 크기 때문이다. 그런데도 사람들은 남다른 자리에만 홀려 명당이라고 생각하곤 한다. 잠시 잊고 있었지만 해신당에서 남근에 관심을 두어 애랑의 죽음을 돌아보지 않았던 것처럼 말이다.

수로부인 미모에 반하다?

준경묘를 보고 다시 임해정으로 향했다. 준경묘를 보고 나니 수로부인 이야기도 다시 생각해 볼 여지가 있는 것 같았기 때문이다. 아마도 수로부인 이야기가 동해 용에게 납치되었다 살아온 이야기만은 아닌 듯싶다. 동해 용이 납치해 간 수로부인을 되찾아 온다는 것은 동해 용의 심사를 거스르는 일이다. 그런데 그 지역 사람들이 수로부인을 되찾아 올 방법을 알려줬다는 것은 이해하기 어렵다. 동해 용에게서 수로부인을 되찾아 오면 동해 용의 심술로 피해를 볼 사람은 그 지역 사람이기 때문이다.

수로부인을 납치한 자가 동해 용이라는 점을 주목할 필요가 있다. 우리 문화에서 용은 신령한 동물이자 왕을 상징하는 동물이다. 그리고 동해 용이 수로부인을 되돌려 보낸 과정에서 〈해가〉를 불렀다는 사실도 용이라는 신분과 관련지어 볼 부분이다. 〈해가〉의 원형은 가야의 김수로왕의 탄생과정에서 불렸던 〈구지가(龜旨歌)〉로 볼 수 있다. 〈구지가〉는 흔히 영신군가迎神君歌라고도 하는데 이는 '왕을 맞이하는 노래'라는 의미이다. 그런데 〈해가〉는 〈구지가〉와 내용도 비슷하고 부를 때 하는 행위도 비슷하다. 〈해가〉는 수로부인을 되찾는 과정에서 불렸지만 〈구지가〉와 유사성을 염두에 둔다면 〈해가〉도 수로부인을 맞이하는 노래로도 볼 수 있을 것이다. 가야 사람들은 〈구지가〉를 부르고 붉은 보자기에 싸인 금합에서 황금알 여섯 개를 얻었다. 그리고 이 알이 여섯 명의 남자 아이가 되었고 이들이 육가야의 왕이 되었다. 그렇다면 〈해가〉로 수로부인을 맞이하고, 수로부인에게서 용자 탄생을 바랐던 것이 아닐까?

신라 왕 중 수로부인의 아들이나 후손이 왕이 되었다는 기록은 없다. 동해 용이 수로부인을 데려갔고, 〈해가〉를 통해 수로부인을 돌려보냈지만 안타깝게 용자는 태어나지 않았던 것 같다. 그래서일까? 수로부인이 납치되는 일은 수로부인의 남다른 미모 때문에 흔히 벌어질 수 있는 일이 되고 말았다. 기록에는 수로부인의 남다른 미모 때문에 '심산대택(深山大澤 ; 깊은 산 큰 호수)을 지날 때 수차례 신물神物들에게 이런 일을 겪었다고 한다. 이 때문에 사람들은 수로부인이 도대체 얼마나 예쁘기에 그런 몹쓸 일을 여러 번 겪었을까'라고 생각한다. 하지만 이 이야기에서 간과해서는 안 될 것은 수로부인의 삶이다.

해가사의 터 기념비와 사랑의 여의주 드래곤볼 〈해가〉 설화를 토대로 터를 복원하면서 세운 기념비와 동해 용을 상징하는 여의주 조각.

수로부인이 정말로 예뻤는지는 아무도 모른다. 예뻤기 때문에 신물들에게 납치되는 일을 여러 번 겪었다고 기록되었을 뿐이다. 그런데 예쁘면 이런 일을 반복해서 겪는 것을 인정할 수 있는 것인가? 남자건 여자건 납치되었다 풀려나기를 반복한다면 정상적인 삶을 살기는 어려울 것이다. 하물며 수로부인은 남편이 있는 여자라는 점에서 이런 일을 반복해서 겪고 살아가기는 쉽지 않았을 것이다. 그런데도 수로부인이 이런 일을 겪는 것을 당연한 것처럼 받아들인다. 이렇게 생각하는 데는 신물들이 수로부인을 납치했다는 점도 영향을 준다. 신물조차도 탐을 낼 정도로 수로부인이 아름다웠다고만 생각하기 때문이다. 하지만 신물이라면 아름다운 여인을 납치했다가 되돌려 보내도 된다는 말인가? 사람들은 수로부인 이야기에서 수로부인의 아름다움에 홀려 여인으로서 삶은 생각하지 않

임해정 『삼국유사』에 그 위치가 정확하게 기록되어 있지 않으나 현재 정자가 있는 뒤쪽 와우산에 있었을 것으로 추정한다. 하지만 이것도 정확하지는 않다. 현재는 해양 리조트가 세워져 있다.

는다. 그래서 수차례 납치되는 몹쓸 일을 겪어 삶이 피폐해질 수 있다는 것도, 납치의 주체가 신물이기에 납치라는 행위의 부당성에 대해서도 간과하고 만다.

임해정에 도착해 다시 한 번 바다를 바라본다. 수로부인이 동해 용에게 납치되었다가 되돌아와서 용궁에서 겪었던 일을 신기한 듯이 말한다. 하지만 모르는 사람들에게 납치되었던 사람 중에 그 기억을 긍정적으로 받아들이는 사람이 몇이나 될까? 우리는 자신도 모르게 동해 용이라는 신령한 존재, 신물까지도 탐을 냈던 남다른 '아름다움'에 빠졌던 것은 아닐까? 그래서 몹쓸 일을 겪은 여인의 삶을 간과하고 있었던 것일지 모른다. 앞서 다녀왔던 준경묘에서 '남다른' 묏자리에 홀렸던 것처럼 말이다.

남다름을 생각하며

삼척의 아름다운 풍광과 그곳에 전하는 전설과 유적들은 그곳에 살지 않는 사람들에게 새롭게 다가온다. 왜냐하면 평소 접할 수 없는 '남다른' 것이기 때문이다. 우리의 시선으로만 이런 것을 이해하려고 들면 그것을 다 이해하지 못할 수 있다. 우리에게 보이는 것, 즉 '남다른' 것으로 보이는 이유를 찾아야 보이는 것을 제대로 볼 수 있을 것이다.

마침 삼척에서 신분이 다른 두 여인의 삶을 돌아볼 수 있었다. 두 여인의 삶에는 '남다른' 것이 남아 있었다. 애랑에게는 남근이, 수로부인에게는 신물도 탐내는 아름다움이 그것이다. 그래서 한 여인의 죽음은 남근으로 가려졌고, 한 여인이 납치되는 일은 빼어난 아름다움으로 정당화되고 말았다. 두 여인의 삶을 이해하려면 '남다른' 것에 주목하기보다 '남다른' 것을 벗어내고 봐야 할 것이다. 제물로 남근을 바친다는 것을 걷어내고 바닷가의 변덕스러운 날씨를 알면서도 애바위에 갔던 여인을 봐야 할 것이며, 아름다워서 신물들이 수차례 납치했다는 것을 걷어내고 납치당했던 여인을 봐야 할 것이다.

정철의 〈관동별곡〉에서 죽서루가 관동팔경이 아닐 수 있음을 보았듯이, 준경묘에서 눈앞에 보이는 좋은 묏자리를 봐야 할 것이 아님을 보았다. 우리가 삼척에서 찾아볼 수 있었던 두 여인의 삶도 마찬가지일 것이다. 흔히 보이는 것을 가지고 남겨진 것을 제대로 이해했다고 생각하기 쉽다. 하지만 보이는 것이 남다르게 보인다면 그렇게 남겨진 이유를 생각해 볼 필요가 있다. 그것이 우리가 '남다른' 것으로 보이는 것을 찾아 길을 나서는 이유가 아닐까?

해신당공원에서 바라본 동해

삼척의 임원항에 가면 수로부인헌화공원이 있다. 임원항은 경북 울진과 맞닿은 작은 항구로 수로부인헌화공원은 임원항 뒤편 동북쪽에 주변보다 높이 솟은 남화산 정상에 있다. 남화산은 주변보다야 높지만 높다고 하기에는 조금 그런 산이다. 하여튼 그 옛날 수로부인 일행도 경주에서 강릉까지 가려면 지금의 7번 국도와 비슷한 경로를 따라 갔을 것이고, 그렇다면 마주쳤을 산이다. 수로부인헌화공원공원은 신라 향가 〈헌화가〉를 바탕으로 조성한 공원인데 〈헌화가〉 배경 설화 속에서 수로부인은 절벽에 핀 철쭉꽃을 따다 달라고 했다. 설화의 배경이 이곳이 맞다면 수로부인은 바다에 접한 남화산 동쪽 어딘가에 활짝 핀 철쭉꽃을 보았을 것이다. 그런데 사람들에게 물어보니 이 산에는 철쭉꽃이 없었다고 한다. 긴긴 세월 속에 여인의 삶처럼 바뀌어 간 것처럼 세월을 흐름 속에 철쭉꽃도 사라져 간 것은 아닌지 모르겠다.

박인희

CHAPTER

4

어긋난
사랑의 흔적들

청구리(향교촌)
김뢰진가옥
김세기가옥
선비촌
주차장
금성대군신단
저잣거리
김구영가옥
주사 재실
제월교(청다리)
옥계교
청소년수련원
청검다리
931
주차장
소수박물관
충효교육관 소수서원
유물관
광풍정
일신재 직방재
장서각
문성공묘
탁청지
강학당 지락재
(명륜당) 학구재
청다리쉼터
소혼대
성생단
경렴정 敬자 바위
주차장
취한대

소수서원

부석사

자인당
조사당
부석
삼성각 무량수전
안양루 선묘각
범종루
식사용정
선묘정
지장전
원융국사비
당간지주 천왕문
주차장
부석사박물관
일주문
부석사관광안내소
매표소
주차장

영주[榮州, Yeongju]

Chapter 4

어긋난 사랑의 흔적들
영주 소수서원과 부석사에 스민 사랑이야기(경상북도 영주)

순흥이라 비봉산은

이정표를 따라 풍기IC로 들어섰다. 서두르면 당일에 다녀올 수 있을 거라 생각
하고 새벽부터 발걸음을 재촉한 덕분에 아직 아침 기운이 남아 있었다. 영주로
들어서자 소백산의 산세가 더욱 깊어졌다. 영주에 다가설수록 소백산의 넓은 품
에 안겨드는 느낌이라고나 할까. 딱 한 번 겨울 산행을 한 적이 있었다. 바로 단양
소백산이었다. 순백의 설원을 오르는 감각은 발끝에서부터 머리끝까지 온몸을
전율시키기에 충분했다. 칼바람을 맞으며 비로봉에서 내려다보는 설경은 황홀함
그 자체였다. 한 번의 겨울산행으로 오랫동안 혼자서 흠모하고 있었던 단양 소백
산의 반대편이 바로 영주다.

먼저 영주시 순흥면에 있는 소수서원紹修書院을 찾아갈 참이었다. 고전에서는
영주라는 지명보다는 순흥이 더 익숙하다. 지금은 순흥이 영주시에 속한 면에
불과하지만 조선시대에는 영주에 비해서 오히려 규모가 더 컸다. 고전에도 순흥

이라는 이름은 심심치 않게 등장하는데, 그 중 가장 인상 깊은 작품은 역시 〈덴
동어미화전가〉이다. 여인네들의 봄꽃놀이를 흔히 화전놀이라고 하는데, 이와
관련된 노래인 화전가花煎歌 중에서도 가장 유명하다. '덴동어미'라는 이름을 가
진 참 기구한 인생을 살았던 한 여인에 대한 이야기이다.

 이방의 딸로 태어나 옆 고을 이방네로 열여섯에 시집을 간 것까지는 그나마 평
범했다. 이듬해 단오에 남편이 그네를 타다 줄이 끊어져 죽었다. 열일곱 꽃다운
나이에 과부가 된 것이다. 후처로 들어간 두 번째 남편은 괴질이 돌아 죽었다. 떠
돌이 노총각이었던 세 번째 남편은 뒷산이 무너지면서 죽었다. 엿장수였던 네 번
째 남편은 엿을 고다가 불이 나서 죽었다. 늦은 나이에 얻은 외동아들도 이 화재
로 깊은 화상을 입었다. 그때부터 이 아이는 불에 데었다고 해서 '덴동이'로, 자
신은 '덴동어미'로 불렸다. 삶이 막막하여 어쩔 수 없이 덴동이를 등에 업고 인생
말년에 다시 찾은 고향이 바로 순흥이었다.

순흥이라 비봉산은 이름 좋고 놀기 좋아
골골마다 꽃빛이요 등등마다 꽃이로세

순흥 비봉산 순흥의 진산(鎭山)으로 봉이 난다는 뜻[飛鳳]을 지녔다.

소수서원으로 향하는 소백로를 달리다 보면 왼쪽에 보이는 야트막한 산이 바로 비봉산飛鳳山이다. 고향으로 내려온 덴동어미가 봄을 맞아 꽃놀이를 가자는 동네 여인네들의 청에 못 이겨서 화전놀이를 왔던 곳이다. 골짜기와 등성이 할 것 없이 흐드러지게 핀 봄꽃을 보며, 덴동어미는 만감이 교차했을 것이다. 부푼 꿈을 안고 떠났던 열여섯의 꽃다움이 네 명의 남편을 돌려세우고 못난 아들 덴동이를 업은 중년의 시들한 모습이 되어 돌아왔다. 비봉산의 봄꽃은 예나 지금이나 그대로인데.

그런데 하필이면 그때, 얼마 전에 신랑을 잃고 청상과부가 된 젊은 색시가 울고불고 난리를 피우는 것이 아닌가. 좀 하다 말겠지 했지만 북받쳐오는 설움이 만만치 않았던 모양이다. 청상과부의 울음이 그칠 줄 모르자 덴동어미가 나섰다. 청상과부의 어깨를 다독이며 조곤조곤 자신의 그 험상궂은 인생 이야기를 들려준다.

1년에 딱 한 번 있는 화전놀이는 여인네들의 신세한탄의 장이었을 것이다. 신산(辛酸 ; 세상살이가 힘들고 고생스럽다.)한 삶을 살지 않은 여인네가 얼마나 있었을까. 술이라도 한 잔씩 들어가면 여기저기에서 훌쩍거리는 소리가 들려왔을 것이다. 흔히 있을 수 있는 이런 일을 덴동어미라는 강력한 캐릭터를 만들어 일거에 평정하고자 한 것이 이 작품이 아니었을까. 때문에 덴동어미의 인생은 극강의 기구함으로 점철되었을 것이고, 이러한 덴동어미의 인생살이를 통해 여인네들은 위안을 얻을 수 있었을 것이다. '덴동어미에 비하면 나는 그래도 살 만한 거지'라고.

소수서원과 소혼대

비봉산을 빗기 지나 조금만 올라가면 소수서원이다. 비봉산이 여인네들의 놀이터였다면 소수서원은 젊은 남정네들의 배움터였다. 역사책에서는 이곳을 최초의 사액서원으로 기록하고 있다. 사액賜額이란 임금이 이름을 내려주었다는 뜻이니, '소수서원(紹修書院)'이란 이름을 임금이 직접 하사한 것이다. 이전의 이름은 백운동서원(白雲洞書院)이었다.

소수서원 현판 소수서원을 사액하면서 내린 명종의 친필 현판이다. 무너진 교학(敎學)을 다시 이어 닦게 하라는 뜻이다.

이름을 내려준 것이 뭐 대수인가라고 생각할 수 있겠지만, 설마 딱 이름만 내려주었겠는가. 이름과 더불어 토지와 노비 등도 함께 내려주었을 테니, 그야말로 국가에서 서원 운영에 필요한 경제적 기반을 마련해주었다는 의미로 이해할 수 있다. 지금으로 따지면 국가의 대규모 지원을 받는 잘나가는 사립대학인 셈이다. 자연스럽게 유생들의 관심도 높아져서, 사액서원이 된 이후 입학정원은 세 배로 늘었다고 한다. 물론 소수정예였으니 그래봐야 30명 정도였지만.

'학자수림學者樹林'이라는 근사한 이름이 붙은 입구의 소나무 숲을 지나, 죽계천竹溪川을 따라 빙 돌아 서원 북쪽 입구로 들어섰다. 기대했던 것만큼은 볼거리가 많지 않았다. 교육기관으로 있어야 할 강의실과 기숙사, 도서관이 전부였다. 규모도 작아서 기숙사가 넷, 강의실이 하나, 도서관이 하나였는데, 기숙사는 그 중 둘이 붙어 있어서 건물로 치면 셋이고, 도서관 구실을 하는 장서각은 규모가 특별히 더 작았다. 물론 서원이 교육과 함께 제향祭享도 하는 곳이니 위패를 모신 사당이 '문성공묘文成公廟'라는 이름으로 자리하고 있었지만 들여다볼 수는 없었다.

사실 소수서원을 찾은 것은 서원 안쪽이 궁금해서가 아니었다. 물론 강의실에서는 어떤 식으로 수업이 이루어졌을까, 도서관에는 어떤 책들이 꽂혀 있었을까, 저 작은 기숙사에서는 어떤 식으로 일상이 펼쳐졌을까, 이런저런 궁금증이

학구재(學求齋), 지락재(至樂齋) 유생들의 기숙사로 사용되었다.

없었던 것은 아니다. 하지만 나의 관심은 서원을 둘러싸고 펼쳐지는 감칠맛 나는 이야기들에 가 있었다. 이야기라는 것이 대개 안과 밖의 경계에서 많이 만들어지게 마련이니, 담장을 중심으로 서원의 안과 밖을 휘둘러보는 것이 나만의 서원 독법이라 하겠다.

이러한 독법에 딱 들어맞는 곳이 바로 소혼대消魂臺였다. 소혼대는 서원 남쪽 출입문에 잇닿아 있는 야트막한 언덕배기에 있었다. '대臺'라고 하니 특별할 것 같지만 실은 작은

소혼대(消魂臺) 담 안쪽이 소수서원이다. 이 바위에서 서원 안쪽을 바라보며 넋이 나갔다고 하니 무슨 사연일까.

바위 하나와 소나무 몇 그루가 전부였다. 재미있는 것은 '소혼(消魂)'이라는 이름이다. 원래 소혼은 '근심을 많이 하여 넋이 나간다'는 뜻인데, 서원 담장 가에 이런 이름이 붙은 대가 있다는 것이 의아했다. 안내책자에서는 이곳을 '서원을 방문하였다가 떠나는 사람과 작별하는 장소로 사용되었다'고 했다. 물론 작별이란 어떤 경우에나 안타깝기 마련이겠지만, 서원에서의 작별을 두고 '넋이 나간다'는 표현은 좀 과하다는 느낌이다. 여기에는 분명 다른 사연이 있을 듯했다.

청다리 이야기

어렸을 때의 일이다. 3남 2녀의 막내였던 나는 명절만 되면 친척들의 놀림을 받기 일쑤였다. 대표적인 것이 '주워온 아이'라는 놀림이었다. 읍내로 통하는 '청각다리'라는 이름의 다리가 있는데, 그 다리 밑에서 친어머니가 예쁜 옷과 맛난 음식을 해놓고 기다리고 있다는 것이 주 내용이었다. 얼굴을 붉히고 성을 내면 더욱 재미있어 하면서 말을 덧붙이기도 했다. 나중에 안 사실이지만 읍내로 통하는 '청각다리'라는 이름의 다리는 실제로 존재하지 않았다. 허무맹랑한 이야기를 만들어서 어리숙한 아이를 속였다고 생각했다.

서울로 대학진학을 한 후 우연히 동기들과 이런저런 이야기를 하다가, 전국 각지에서 많은 아이들이 '주워온 아이'라는 놀림을 받았다는 사실을 알게 되었다. 정말 흥미로웠던 것은 그 다리 이름이 거의 대부분 '청각다리' 혹은 '청다리'였다는 것이다. 물론 대부분 그 지역에는 그런 이름을 가진 다리는 없었다. 비슷한 이야기가 전국적으로 퍼져 있고, 거기에 공통적으로 비슷한 다리 이름이 등장한다면 분명 뚜렷한 연원이나 깊은 사연이 있을 것이라 생각했다.

바로 그 청다리가 소수서원에 있었다. 소수서원은 소백산에서 흘러내리는 죽계천이 휘감고 도는 형상이었다. 그 죽계천을 건너는 다리가 모두 셋이 있는데, 백운교白雲橋, 죽계교竹溪橋, 제월교霽月橋가 그것이다. 이 중에서 부석사浮石寺 방

제월교 일명 청다리이다. 소수서원과 금성대군신단 사이에 위치하고 있다.

면으로 통하는 가장 큰 다리인 제월교의 별칭이 바로 청다리였다. 그러니까 전국에 퍼져 있는 '주워온 아이'들의 이야기 속 고향이 바로 소수서원에 있는 제월교인 셈이다. 어떻게 해서 이런 일이 가능했던 것일까.

이야기로 전해지는 사연은 이렇다. 최초로 임금님께 사액을 받은 서원이라 알려지면서 소수서원은 전국 각지의 유생들이 선망하는 곳이 되었다. 빼어난 유생들이 몰려들었고 때문에 주변의 처자들이 유생들을 몰래 흠모하는 일도 잦았다고 한다. 물론 학문을 닦는 곳이니 만큼 엄격한 제한이 있기는 했겠지만 청춘남녀의 사랑을 막을 수야 있었겠는가. 죽계천의 맑은 물이 있고, 맞은편에 연화산이라는 야트막한 동산도 있으니 그야말로 연애하기 안성맞춤인 곳이다. 죽계천 건너편의 취한대翠寒臺라는 정자는 유생들의 풍류를 위해 만들어졌다고 하는데, 풍류라는 그럴싸한 이름으로 포장이 되어 있기는 하지만 사실은 사랑을 속삭이기 더 없이 좋은 공간이었다.

그러다 보면 넘지 말아야 할 선을 넘기도 하고 원치 않는 임신을 하는 경우도 있었으리라. 당황한 처자가 유생을 찾아와 사정을 이야기했더니 뜻밖에도 유생의 표정이 어둡다. 서원에 몸담고 있는 학생이다 보니 처자와 아이를 책임질 수 있는 처지가 아니었다. 더군다나 공부하라고 서원에까지 보내주었더니 공부는 하지 않고 별짓을 했다는 것이 부모님께 알려지기라도 하는 날이면. 유생의 당황스런 표정에 처자는 어찌할 바를 몰라 한다. 앞일을 생각하니 근심이 한가득이고 자신의 신세를 생각하니 '넋이 나간다.' 이런 일이 벌어진 장소가 혹 소혼대가 아니었을까. 헤어짐에 넋이 나가려면 이 정도의 사연은 있어야 하지 않았을까.

처자는 아무 말 없이 돌아서는 유생을 물끄러미 바라보고 있었다. 그리고 돌아서 어디론가 떠났다. 계절이 몇 번 바뀌고 청다리 아래에서 아이의 울음소리가 들려왔다. 처자로서도 책임질 수 없는 아이이기에 다리 밑에 두고 떠나버렸던 것이다. 서원의 명성이 높아질수록 아이 울음소리는 자주 들려왔고, 아이가 없는 사람들이 청다리 밑에 버려진 아이들을 데려다 키우는 일도 잦아졌다고 한다. 머리 좋은 유생의 피를 갖고 태어난 아이들이었으니 인기가 높았을 것이다. 이런 일이 있고부터는 이야기가 퍼져나가 '주워온 아이'들의 고향은 전국 어디서든 청다리가 되었다고 한다.

죽계천을 따라 서원을 감싸며 걸었다. 힐끔 힐끔 담 너머 안쪽을 넘겨다봤다. 탁청지濯淸池 옆을 걸으면서는 기숙사인 지락재至樂齋의 끝자락이 눈에 잡혔다. 조금 더 걸으니 붉은 색 작은 쪽문이 하나 있었다. 아까부터 찾았던 것이 바로 이것이었다. 쪽문이나 이른바 개구멍이 없는 기숙사는 없는 법, 청춘남녀의 사랑 이야기가 있는 이곳에도 반드시 있어야 하는 것이었다. 아마 유생을 사랑했던 어떤 여인도 이 길을 따라 걸으며 나와 같은 시선을 주었을 것이다. 그리고 그 시선의 끝에 있는 이 쪽문에서 유생이 나오기를 간절히 기다리고 있었을 것이다. 요행이 쪽문이 열리는 날이면, 둘은 손을 잡고 죽계천을 건넜을 것이다.

서원 쪽문(좌) 소수서원의 뒤쪽 죽계천으로 향하는 쪽문이다. 쪽문 너머에 보이는 건물이 기숙사인 지락재와 학구재이다. / 청다리쉼터(우) 소수서원 근처에서 유일하게 '청다리'라는 명칭이 남아 있는 곳이다.

    사실 순흥 사람들은 이와 같은 청다리 전설을 그리 좋아하지 않는다. 최초의 사액서원이라는 명성에 걸맞게 걸출한 유학자가 많다는 자부심이 강한 곳인데 엉뚱하게 버려진 아이들의 고향이라는 대명사가 마뜩치 않을 법도 하다. 선비의 고장이자 충절의 고장인 이곳 순흥에 흠집을 내고자 하는 일제의 간교한 음모가 만들어낸 이야기라는 말도 있다. 그래서일까. 사실 순흥 사람들은 이 청다리 전설을 많이 알고 있는 것 같지 않았다. 서원 주변에서 유일하게 '청다리'라는 이름을 걸어둔 '청다리쉼터'라는 가게의 주인장도 청다리에 얽힌 이야기를 알지 못한다고 했다.

금련이 사랑한 금성대군

    순흥 사람들에게는 또 다른 청다리 전설이 존재했다. 순흥 하면 빼놓을 수 없는 이야기인 정축지변丁丑之變에 관한 것이다. 1457년(세조 3), 순흥으로 유배를 온 세조의 동생 금성대군錦城大君이 순흥부사 이보흠李甫欽과 함께 왕위를 찬탈한 세조를 축출하고 단종을 복위시키려는 계획을 세운다. 하지만 거사를 며칠 앞두고 계획이 탄로 나면서 이 때문에 순흥 지역에는 피바람이 불었다고 한다. 순흥의 수

장인 부사가 역모를 꾀한 것이니 사실상 순흥 지역은 반역의 땅이었던 것이다. 세조에게 순흥은 본보기로 쓸어버려야 했던 희생양이었고, 이는 오히려 자신의 권력을 더욱 공고히 할 수 있는 좋은 기회이기도 했다.

　주동자인 금성대군에게는 사약이 내렸고, 부사인 이보흠에게는 참형이 내렸다. 뿐만 아니라 순흥부와 인근 30리 일대의 사람들을 역모에 가담했다는 죄목으로 죽이기 시작했다. 엄청난 양민학살이 자행되었던 것이다. 1980년 광주, 1948년 제주에서 있었던 일이, 그보다 500년쯤 전에 순흥에서 먼저 있었던 것이다. 죽계천이 핏빛으로 변해서 아무리 흘러내려도 붉은 빛이 사그라들지 않았다고 한다. 10리를 흘러가서야 겨우 맑아졌다고 해서, 그 끄트머리 마을 이름을 피끝마을이라 했다고 한다. 순흥부는 이 사건을 계기로 해체된다. 지역의 중심지였던 순흥이 영주시에 포함된 일개 면으로 전락할 수밖에 없었던 결정적인 계기가 되었던 사건이다.

　뿐만 아니다. 영월에 유배 중이던 단종端宗도 이를 계기로 죽음을 맞이하게 되었으니 역사적으로도 아주 큰 사건이었다. 금성

피끝마을 영주시 인정면 동촌1리. 건너편으로 400m 정도 내려가면 죽계천이 있다.

대군과 이보흠의 세조 축출작전은 그렇게 엄청난 상처를 남기고 실패로 돌아갔다. 그런데 여기서 흥미로운 것은, 실패의 결정적인 원인이 금성대군의 시녀 금련의 짝사랑에서 비롯되었다는 점이다. 시녀 금련은 궁에서부터 오랫동안 금성대군을 모셔왔다. 이제 스물을 갓 넘긴 앳된 금련은 그동안 몰래 금성대군을 사모하고 있었다. 멀리 순흥이라는 궁벽진 유배지까지 따라오게 된 것은 그런 자신의 마음을 표현할 기회를 엿보기 위해서였다.

순흥으로 내려온 다음부터는 아예 자신에게는 눈길도 주지 않는 금성대군이었다. 부사인 이보흠을 비롯해 드나드는 많은 지역 유사들과 밤낮 이야기를 나누느라 자신의 존재는 갈수록 잊히는 듯했다. 대군의 마음이 멀어지면 멀어질수록 금련의 마음은 더욱 간절해져갔다. 그러던 어느 날 밤 금련은 큰마음을 먹고 금성대군의 방문을 연다. 이 장면을 춘원 이광수春園李光洙는 〈단종애사(端宗哀史)〉에서 이렇게 묘사하고 있다.

　　금련은 방싯하게 문을 연다. 금성대군의 수염 좋은 옥 같은 얼굴이 보인다. 금련이 여는 문으로 들여 쏘는 바람에 등잔불이 춤을 춘다. 금련의 그림자가 벽에서 춤을 추었다. 이때에 만일 금성대군이 눈을 떠서 금련의 자태를 보았던들 그가 아무리 지사의 철석같은 간장을 가졌더라도 금련에게 혹하지 아니치 못하였으리만큼 불빛에 비추인 금련의 모양은 아름다웠다. 그러나 가슴에 한 뭉치 충성 밖에 남은 것이 없는 금성대군은 잠결에도 향락적인 마음을 아니 가지려는 사람과 같이 금련을 등지고 돌아 누워버린다.

〈단종애사〉 1929년 12월 3일자 동아일보. 금련이 문갑을 열고 간지를 집어내는 장면이 삽화로 그려져 있다.

금련은 불현듯 금성대군이 원망스러운 생각이 난다. 칠팔 년을 두고 사모하여도 거들 떠보아 주지 아니하는 야멸친 정든 임을 원망한 것이다.

"어디 견디어보아." 하고 금련은 무릎으로 걸어 금성대군 머리맡에 놓인 문갑을 열고 간 지 하나를 집어내어 날쌔게 허리춤에 끼어 버린다.

문갑에서 꺼내든 간지는 거사를 위한 격문檄文이었다. 이것이 관군으로 넘어갔고 결국 순흥은 피로 물들게 되었던 것이다. 여인의 짝사랑이 부른 참화였다. 피의 물결은 청다리에서 시작하여 피끝마을까지 이어졌다. 이런 참화 속에서도 몇몇 어린 아이들은 용케 목숨을 부지하는 경우도 있었다고 한다. 주변에서 이 아이들을 데려다 키웠는데, 나중에 아이들이 물으면 청다리 밑에서 주워왔다고 이야기했다는 것이다. 그러니까 청다리 밑에서 주워온 아이라는 이야기에는 충절의 상징인 금성대군을 품었던 순흥의 가슴 시린 몰락의 역사가 새겨져 있었던 것이다.

금성대군 신단을 보며

금성대군의 신단神壇이 청다리 바로 옆에 자리하고 있었다. 청다리쉼터에서 청다리 쪽으로 조금 걸어오면 왼쪽에 입구가 있다. 작은 문을 통해 재실齋室과 주사廚舍를 좌우로 하고 들어가면 '금성단(金城壇)'이라 쓰인 태극문양이 그려진 문이 보인다. 단은 생각보다 규모가 크지 않았다. 계단 두셋 정도 높이의 단이 널찍하게 자리하고 있고, 그 위에 위패를 모신 단이 셋, 비석이 하나 있었다. 가운데 앞쪽에 자리한 것이 금성대군 신단이고, 그 왼쪽과 오른쪽 아래에 이보흠과 지역 선비들을 위한 단이 자리하고 있었다.

금성대군의 묘는 없다고 한다. 시신을 수습하지 못했기 때문이다. 대신 신단을 만들어 제향을 올려야 했다. 신단은 당연히 사사된 지역인 순흥에 자리해야 했다. 바로 그 자리가 청다리 옆이다. 의로운 일을 도모하다가 시신도 없이 유명을 달리했으니 신단을 세워 기리는 것은 당연했을 것이다. 금성대군뿐만 아니라 일을 함께 도모했던 부사 이보흠이나 지역의 선비들을 함께 모신 것도 의미 있는 일이라 생각된다. 다만, 아쉬운 것은 이것이다. 이 사건으로 인해 무참히 죽임을 당했던 순박한 순흥부민들의 죽음은 어디에서 기려지고 위로를 받아야 할까.

그래서 생겨난 것이 또 다른 버전의 청다리 전설이 아니었을까. 전설은 대대로 가진 것 없는 민중들의 최선의 기억장치였다. 기억해야 할 것을 그럴 듯한 이야기에 실어서 널리, 그리고 오래도록 보존하려 했던 것이다. 학살당한 부민들의 죽음 뒤에 남은 어린아이들의 울음소리를 이야기에 실어서 청다리 전설을 만들었다. 비극적 이야기가 아이들을 놀리는 이야기 속에 슬그머니 자리하게 된 것이다. 주워온 아이라는 놀림이 계속되면서 이야기는 전국으로 확산되어 갔으니 이보다 더 적절하게 순흥의 비극을 기억하는 방법은 없었을 것이다.

금성대군 신단 앞쪽이 금성대군신위이고 왼쪽에 이보흠 신위가, 오른쪽에 제의사의 신위가 있다.

부석사 계단 부석사는 대표적인 석단 가람이다.

부석사 빗기 보기

　유생을 사랑했다 버려진 여인, 금성대군을 흠모했다 비극의 단초가 된 금련을 뒤로하고, 또 다른 사랑이야기를 찾아 부석사로 향했다. 벌써 시간이 꽤나 지났다. 서둘러야 저물기 전에 서울로 다시 돌아갈 수 있겠다 싶었다. 청다리를 건너 소백산의 안쪽 자락을 향해 달렸다. 부석면사무소를 지나 조금 올라가니 부석사 이정표가 보였다. 부석사 입구에서 오른쪽 길로 둘러가니 제법 큰 마을이 있었고 그 마을 뒷길에서 작은 주차장을 만날 수 있었다.

　부석사浮石寺의 첫 인상은 세 가지 점에서 좀 독특했다. 첫째, 사찰 옆에 마을이 있다는 점이 의외였다. 유명한 사찰은 항상 외따로이 있어야 한다고 생각했던 모양이다. 둘째, 주차장의 위치도 좀 특이했다. 사찰에 가장 가까운 주차장에서 부석사 경내로 접어들면 이미 천왕문은 아래쪽에 자리하고 있었다. 셋째, 경사가 아주 심했다. 아래에서 위를 올려다보는 시선이 좀 아찔하다 싶을 정도였다. 급한 마음에 허겁지겁 계단을 올랐더니 무량수전無量壽殿 앞에 도착했을 때는 숨이 턱까지 올라왔다.

무량수전 한국 목조 건축물 중 가장 오래되었고 최고의 빼어난 자태를 자랑한다.

　무량수전을 빨리 보고 싶은 마음이 아주 컸다. 그 유명한 배흘림기둥을 직접 눈으로 보고 만져보고 싶었다. 때문에 헐레벌떡 스쳐지나간 범종루梵鐘樓나 안양루安養樓에는 미안한 마음이었다. 무량수전의 건축적인 빼어남을 감식할 수는 없었지만, 그 압도적인 맵시는 충분히 느낄 수 있었다. 고즈넉하다거나 엄숙하다거나 숭고한 느낌보다는, 사찰에 대한 표현으로는 좀 그렇지만, 섹시함에 가깝다고 할 수 있는 맵시가 돋보였다. 특히 5시 방향에서 바라보는 비스듬한 모양새는 최고의 압권이었다.

　그러고 보니 무량수전은 정면에서 바라보는 것이 많이 불편한 좀 특이한 전각이다. 일단 전각 앞의 공간이 비좁다. 그나마 있는 작은 공간에는 한가운데 석등이 자리를 차지하고 있어 무량수전의 앞모습을 온전히 담기가 여간 불편한 게 아니었다. 때문에 무량수전을 찍은 대부분의 사진은 5시 방향에서 잡은 비스듬한 모습이다. 굳이 앞모습을 잡는 경우는 석등을 품을 수밖에 없다. 석등의 위쪽 열린 공간에 '無量壽殿(무량수전)'이라는 현판 글씨가 들어가도록 하는 것이 최선이었다. 그러니까 무량수전은 애초에 옆에서 비스듬히 보도록 구상된 전각처럼 느껴졌다.

무량수전뿐만이 아니었다. 부석사는 여러 면에서 '빗기 보기'에 알맞은 사찰이 었다. 무량수전을 오른쪽에 두고 뒤돌아 가면 그 유명한 '부석(浮石)'이 있는데, 역시 비스듬한 모양새다. 과연 이 돌이 공중에 떠 있는지 확인하려면 상체를 비스듬히 기울여 빗기 보아야 한다. 사찰의 전체 구도도 역시 마찬가지다. 천왕문부터 범종각에 이르는 기다란 길에서 보면 안양루와 무량수전의 자리는 왼쪽으로 기울어진 비스듬한 모양새다. 그러니까 범종각에서 안양루나 무량수전을 올려다보려면 왼쪽으로 조금 빗기 보아야만 한다.

부석사 빗기 보기의 절정은 무량수전 앞마당에서 바라보는 소백산이다. 무량수전 배흘림기둥에 기대서 바라보는 소백산은, 최순우 선생이 표현한 것처럼 눈맛이 아주 시원한 부석사 최고의 풍광이다. 그런데 여기에서도 빗기 보기는 여전하다. 사실 천왕문에서 범종각에 이르는 직선에 맞춰 무량수전이 자리하고 있었다면 거의 정면으로 소백산의 굽이굽이 산세를 볼 수 있었을 터인데, 비스듬히 자리하는 바람에 소백산을 바라보는 자세 역시 비스듬할 수밖에 없다.

무량수전에서 바라본 소백산 부석사는 이 풍광을 위해 지어졌다고 할 수 있을 만큼 시원한 눈맛을 자랑한다.

소조아미타여래좌상 국보 제45호인 소조여래좌상은 특이하게도 무량수전 내 왼쪽에 자리하고 있다.

무량수전 안에 자리한 소조아미타여래좌상의 위치도 사뭇 독특하다. 대개 대웅전 문을 열면 정면으로 불상이 보이게 마련이다. 하지만 아미타불로 알려진 무량수전의 소조여래좌상은 정면에 자리하고 있지 않았다. 특이하게도 왼쪽에 자리해서 오른쪽을 향하고 있다. 물론 그렇게 해놓은 의도야 분명히 있겠지만 무량수전 앞쪽 문을 열고 들여다보는 사람들이 이 아미타불을 보기 위해서는 고개를 왼쪽으로 비스듬히 돌려야만 한다. 아무튼 부석사는 여러 차원에서 바로 보기보다는, 빗기 보기를 지향하고 있는, 매우 독특한 사찰임에 틀림없었다.

선묘가 사랑하는 방식

일반적으로 부석사의 압권은 무량수전이라고 하는데, 여기서는 부석사에 어울리게 좀 빗기 보려고 한다. 무량수전 오른편 위쪽으로 빗기 보면 선묘각善妙閣이라는 아주 작은 전각이 시선에 들어온다. 일반적인 사찰에서는 거의 볼 수 없는 아주 작고 특별한 전각이다. 문을 열면 작은 제단과 그 위에 걸려 있는 여인의

초상이 눈에 들어온다. 착하고 아름답다는 뜻의 선묘善妙라는 이름을 가진 당나라 여인인데, 그녀는 부석사를 창건한 의상義湘과의 사랑 이야기로 아주 유명하다. 부석사에서 찾은 첫 번째 사랑이야기는 이렇다.

의상이 당나라에서 유학하던 시절의 이야기다. 의상이 배를 타고 맨 처음 도착한 곳은 산동성 등주(山東省登州, 현 산둥성 덩저우)였다. 그곳에서 어떤 불자의 집에 잠시 기거했는데, 거기에는 선묘라는 아리따운 여인이 있었다. 유학생이 잠시 하숙하고 있는 집에 아름다운 여인이 있게 된 셈이니 사랑이 싹트지 않을 수 있겠는가. 선묘는 의상을 마음에 두게 되었고, 불법을 공부하려고 유학 온 의상은 이를 받아들일 수가 없었다. 끝내 의상의 마음을 얻지 못한 선묘는, 그러나 금련과는 정반대의 선택을 한다. 의상의 제자가 되어 큰 불사를 성취할 수 있도록 끝까지 돕겠다는 것이었다.

얼마 지나지 않아 의상은 본격적으로 화엄華嚴을 공부하기 위해 수도인 장안(長安, 현 산시성山西省 시안西安)으로 떠났다. 이후 의상의 경제적인 뒷바라지는 모두 선묘의 집에서 맡았다. 10년이 지나자 의상은 공부를 마치고 다시 신라로 돌아가게 되었다. 가는 길에 다시 등주에 들러 고마움을 표시하려 하였는데, 하필이면 의상이 도착했을 때 선묘는 집에 없었다. 안타깝지만 배 시간에 맞춰 길을 나설 수밖에 없었다. 뒤늦게 도착한 선묘가 포구로 달려갔지만 이미 배는 떠나버리고 없었다. 이에 선묘는 다음과 같은 기도를 하면서 바다에 몸을 던졌다.

'용이 되어 스님의 뒤를 따르게 해주소서. 스님이 불법을 널리 알리는 데 도움을 드리고 싶습니다.'

기도의 간절함이 통한 것일까. 선묘는 용으로 변하여 의상이 타고 가는 배를 보호해서 의상 일행이 무사히 신라에 도착할 수 있게 했다. 신라에 돌아와서도 선묘는 용의 모습으로 의상을 따라다니며 불사를 성취할 수 있도록 도왔다. 의상이 소백산이 바라보이는 이곳 영주에 도량을 세우려 하자 다른 종파의 승려들이 이곳을 차지하고 위협하였다. 이때 하늘에서 용이 나타나더니 갑자기 커다란 바위로 변하여 떨어질 듯 말 듯 하면서 공중에 떠 있었다. 이에 무리들은 놀라 모두 물러났다. 이윽고 의상이 이곳에 사찰을 세우고 화엄을 강의하기 시작했고, 바위는 지상으로 내려 앉아 절을 지키는 수호신이 되었다. '부석浮石'이라는 이름은 이렇게 하여 붙여졌다고 한다.

선묘각 벽화 선묘각 양쪽 벽면에 있는 선묘 이야기를 그린 그림들이다.

부석사의 부석(浮石) 다른 종파의 승려들을 몰아낸 후 절을 지키는 수호신이 된 부석이다. 돌이지만 원래는 용이었고, 그 이전에는 선묘였다.

그러니까 의상에 대한 사랑의 마음이 선묘를 용으로 변하게 했고, 그 용이 다시 부석으로 변했으니, 부석은 곧 의상에 대한 선묘의 마음일 것이다. 사랑하는 마음이 얼마나 대단했으면 용으로 변하고 바위로 변할 수 있었을까. 이렇게 애틋한 사랑의 마음을 담고 있는 사찰이 과연 또 있을까.

우물 여인

선묘각 옆에는 신라 때 세워졌다는 삼층석탑이 있고, 그 위로 올라가면 조사당祖師堂과 자인당慈忍堂 등의 전각들이 있지만 나의 관심에서는 벗어나 있었다. 부석사에 도착해서부터 이곳저곳을 훑어보면서도 한편으로는 우물을 찾고 있었다. 부석사에는 눈에 잘 띄지 않는 우물이 둘 있다. 선묘정善妙井과 식사용정食沙龍井이라는 우물이다. 선묘정은 선묘가 있는 우물이라는 뜻이고, 식사용정은 모래를 먹는 용의 우물이라는 뜻이다. 절을 지을 때 용의 이적이 있어서 경주에서 모래를 취해와 용의 먹이로 주었다는 기록으로 미루어보면 두 우물 모두 선묘와 관련된 '용 우물'임에 틀림없다.

식사용정은 종무소 건물 사이에 있었다. 객들이 다니는 길이 아니어서 그렇지 널찍한 자리를 차지하고 있어서 금방 알아볼 수 있었다. 하지만 선묘정은 사정이 달랐다. 지장전地藏殿을 오른쪽으로 끼고 돌면 뒷모서리 부분에 도랑처럼 생긴 작은 돌 틈이 보이는데 그곳이 선묘정으로 추정되는 곳이다. 이야기가 서려 있기에는 식사용정보다는 선묘정이 더 그럴싸해 보였다. 부석사에 이야기를 담고 있는 이런 우물이 있다는 사실을 알고 있는 사람은 그렇게 많지 않다. 워낙 오래전 이야기이기도 하지만 또 워낙 엽기적인 이야기이기 때문이다. 이야기는 고려 후기 최자崔滋가 엮은 『보한집(補閑集)』이라는 이야기책에 수록되어 있다.

두루 산천에 제를 올리는 일을 맡은 이인보가 일을 마치고 저물녘에 부석사에 이르렀다. 객우에서 쓸쓸히 밤을 맞이하는데, 홀연히 어떤 여인이 행랑 마루 사이에 나타났다. 이인보는 근방의 고을 목사가 보낸 기생이려니 생각했다. 조금 있다가 그 여인이 너울너울 춤을 추면서 뜰 아래로 내려와 그에게 절을 했는데, 그 몸가짐이 전혀 기생과 같지 않았다. 맵시가 하도 고와서 옷을 떨쳐입고 문을 나섰는데, 여인은 보이지 않고 유독 오래되고 괴이한 우물만이 있었다.

때마침 주지가 찾는다는 전갈이 있어서, 주지에게로 가서 이야기를 나누다가 밤이 깊어서야 파하고 돌아왔다. 조금 있으니 아까 봤던 그 여인이 다시 찾아왔다. 이

식사용정과 선묘정 꽁꽁 숨겨져 있는 부석사의 우물들이다.

인보가 그녀에게 은근한 정을 보냈더니 그녀가 말했다. "소첩이 거처하는 곳은 여기에서 멀지 않습니다. 공의 높으신 뜻을 몰래 사모하여 찾아왔을 뿐이옵니다." 여인은 사람을 대하는 태도가 지혜롭고 영리하며 여유가 있어 보였다. 그래서 마침내 잠자리를 같이 하여 그윽하고 깊은 정을 곡진하게 나누며 사흘을 머물렀다.

여기까지는 이야기의 전개가 그리 특별할 것이 없다. 절에서 만난 여인과의 우연한 하룻밤 이야기는 낯설지 않다. 문제는 그 다음이다. 이인보가 며칠 후 한 역참에서 밤을 맞이했는데, 그 여인이 슬그머니 다시 찾아왔다. 이에 이인보가 이렇게 말했다. "그대와의 관계는 이미 지난 일인데 어찌하여 다시 찾아왔는가?" 소수서원의 유생을 찾아온 여인이 소혼대에서 들었을 법한 말이다. 이에 여인이 이렇게 대답했다. "저는 이미 낭군의 자식을 하나 잉태하였사온데, 다시 하나를 더 얻고자 찾아왔습니다."

도대체 이 말을 어떻게 해석해야 할까. 엽기적으로 보이는 이 말보다 더 재미있는 것은 이인보의 반응이다. 이 말은 들은 이인보는 그 여인을 물리치지 않고 전처럼 잠자리를 함께 했다는 것이다. 여인의 말이 전혀 엽기적이지 않았던 모양이다. 새벽에 이별을 하게 되는데, 운우의 정雲雨之情이 깊어 심히 아쉬움이 많았다고까지 했다. 난감한 일은 그 다음에도 이어진다. 길을 떠나 다음 날 흥주興州, 그러니까 지금의 순흥에서 잠을 자는데, 그 여인이 또 다시 찾아왔다. 그제야 두려움을 느낀 이인보는 그녀를 거들떠보지 않았다.

이슥토록(밤이 깊을 때까지) 똑바로 바라보고 있던 여인이 화를 발끈 내며 말했다. "좋습니다. 이후로는 다시 찾지 않겠습니다." 여인이 문을 나서자 회오리바람이 일면서 땅을 휩쓸어 사립문을 부서뜨리고 나뭇가지를 꺾어 놓으니 마치 도끼로 자른 것 같았다고 한다. 여기까지가 『보한집』에 기록되어 있는 이야기의 골자이다. 다소 엽기적인 내용도 문제지만, 특히 우물의 여인이 이인보에 의해 내쳐지는 등 부정적으로 묘사되고 있는 점이 이 이야기를 널리 알리는 데 방해가 되었다고 하겠다.

어긋난 사랑과 영주 사과

사실 이 이야기는 부석사보다는 소수서원에 더 잘 어울릴 것 같다. 몰래 흠모하던 선비를 만나 마음을 고백하고, 선비로부터 은근한 정을 받고, 관계가 더욱 깊어진다는 설정은 소수서원의 유생과 청다리 근처의 처자 사이에서 있을 법하다. 아이의 잉태를 관계의 깊음으로 이해한다면 여인은 이인보와의 관계가 더욱 깊어지기를 원했고, 이인보는 일정 정도 이상의 관계에 대해서는 두려움을 느끼고 있었다. 관계에 대한 서로 다른 생각 때문에 두 사람은 갈등이 생기고 결국 파경에 이르렀다고 하면, 이야기가 거의 비슷해 보인다.

마지막 헤어지는 장면이 순흥을 무대로 해서 펼쳐지는 것을 보면, 두 이야기의 연관성이 아주 없다고도 할 수 없을 것 같다. 어찌 보면 금성대군과 금련에게도 비슷한 사연이 숨겨져 있을 수 있다. 시비 금련이 금성대군을 흠모해서 순흥까지 따라왔고, 마지막에 서운함을 느껴 거사를 망치는 해코지를 했다고 하면 역시 이야기가 비슷해 보인다. 의상과 선묘에게도 이러한 사연이 숨겨져 있다고 하면 좀 과도할까. 어찌됐든 의상을 흠모해서 먼 타국인 신라에까지 따라온 선묘이고 보면 비슷한 면모가 있는 것도 같다. 다만 선묘는 해코지가 아닌 조력을 통해서 흠모하는 마음을 표현했기에 이야기가 비극적으로 마무리되지는 않았다.

영주에는 이렇게 비슷해 보이는 어긋난 사랑이야기들이 많다. 소수서원과 부석사를 휘감고 있는 다양한 이야기들이 대체로 어긋난 사랑을 노래하고 있다. 사랑의 마음은 어긋날수록 더 강렬해지게 마련일 테니 그 강렬함이 한편으로는 원치 않는 아이가 되어 다리 밑에 버려지기도 하고, 수없이 많은 사람의 목숨을 앗아가기도 하고, 또 한편으로는 승화되어 천년 사찰을 탄생시키기도 했다. 그리고 그 흔적들이 다리로, 바위로, 우물로 남아 있는 것은 아닐까.

벌써 날이 저물기 시작했다. 부석사를 뒤로 하고 서둘러 서울로 향하려 했다. 하지만 발걸음이 다시 마을 입구에서 멈출 수밖에 없었다. 탐스런 사과를 보았기 때문이다. 영주는 사과 산지로 유명하다. 도로 곳곳에 사과 좌판을 벌여놓고 자동차가 멈추기를 기다리고 있었다. 과일 중 사과를 제일 좋아하는 나로서는 이곳을 그냥 지나칠 수가 없었다. 산지에서 맛보는 과일이 원래 그렇지만 특히 영주 사과는 입에서 코로 전달되는 그 신선함이 일품이었다. 부사와 홍로를 골고루 섞어서 한 상자를 담아 트렁크에 신고서야 흡족한 마음으로 출발할 수 있었다.

곡식이나 과일이 잘 자라게 하기 위해 사랑이야기를 들려준다는 말이 있다. 모내기 노래에 사랑이야기가 유독 많은 것도 비슷하게 설명될 수 있다. 사랑의 마음이 전해져서 열매가 잘 영근다는 것인데, 혹 영주의 사과도 그런 효과가 있는 건 아닐까. 유독 사랑이야기가 많은 영주에서 유독 맛있는 사과가 열린다면, 여기에는 어떤 연관이 있지는 않을까. 특히 어긋난 사랑이 주는 애틋함이 사과의

영주 사과 부석사 옆 마을에 주렁주렁 열려 있는 사과, 그냥 지나칠 수 없게 한다.

당도를 더욱 높여주는 것은 아닐까. 맛좋은 사과를 싼값에 샀다는 흡족한 마음에 별별 상상을 해봤다.

그저 그뿐

차는 다시 청다리를 건너 순흥을 스쳐 지나고 있었다. 오전에 봤던 비봉산이 자리를 오른쪽으로 옮겼다. 비봉산을 바라보며 다시 한 번 〈덴동어미화전가〉를 떠올려봤다. 〈덴동어미화전가〉의 마지막은 이렇다. 울고 있는 청상과부에게 자신의 인생 이야기를 들려주었던 덴동어미가 마지막으로 위로의 말을 전한다.

내 팔자가 사는 대로 내 고생이 닿는 대로
좋은 일도 그뿐이요 그른 일도 그뿐이라

좋은 일이 있다고 해도 그뿐이고 나쁜 일이 있다고 해도 그뿐, 인생은 팔자대로 사는 것이니, 화전놀이 왔으면 꽃구경이나 실컷 하자는 말이다. 위로가 됐을까. 앉아 울던 청상과부가 벌떡 일어난다. 그리고 다함께 노래를 부르며 화전놀이를 만끽한다.

생각해보면 이 말은 꼭 청상과부에게만 해당되는 말은 아닐 것이다. 어긋난 인생 혹은 어긋난 사랑에 대한 우리의 태도는 이래야 되지 않을까. 금성대군에게 사랑을 거절당했던 금련, 유생에게 사랑의 배신을 당했던 청다리 처자, 이룰 수 없는 사랑 때문에 바다에 몸을 던져야 했던 선묘, 이인보를 더 깊이 사랑하려다 거절당했던 우물 여인에게도 이 말은 큰 위안을 줄 수 있을 것 같다. 사는 대로 닿는 대로 좋은 일도 그른 일도 그저 그뿐!

차는 벌써 풍기IC를 빠져나오고 있었다.

As a side note 돌무더기(서낭)

청다리와 소수서원 사이에서 돌무더기 하나가 눈에 들어왔다. 서낭이라고도 불리는 이 돌무더기 앞에서 잠시 옛이야기를 떠올려봤다. 주나라 강태공이 벼슬에 나아가지 못하고 불우(不遇)할 때, 그의 아내 마씨가 견디지 못하고 곁을 떠난다. 후에 강태공이 큰 벼슬을 하게 되자 마씨가 다시 찾아왔는데, 강태공은 엎질러진 물은 다시 담을 수 없다며 매정하게 마씨를 내친다. 부끄러움과 회한이 사무친 마씨가 죽어 서낭이 되었다는 이야기다. 왜 하필 소수서원과 청다리 사이에 이러한 돌무더기가 있는 것일까. 혹시….

심우장

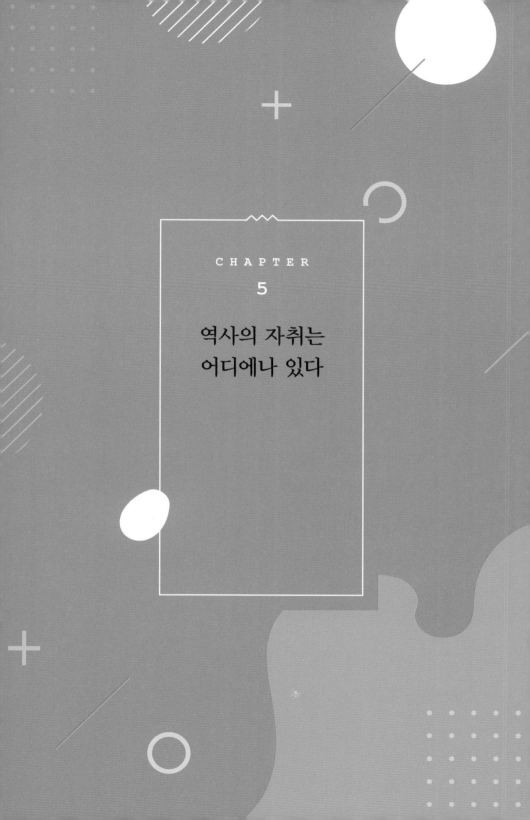

CHAPTER

5

역사의 자취는
어디에나 있다

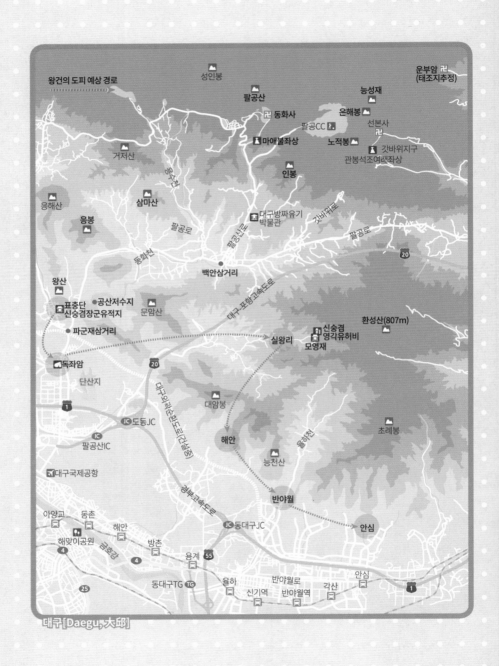

왕건의 도피 예상 경로

성인봉

운부암 卍
(태조지추정)

능성재

팔공산
은해봉
卍 동화사
선본사 卍

팔공CC
노적봉

마애불좌상
갓바위지구
거저산
관봉석조여래좌상
인봉

응해산

삼마산
대구방짜유기
박물관
응봉
팔공로
갓바위로
팔공산로
동화천
백안삼거리
대구-포항고속도로
팔공로
20

왕산
공산저수지
표충단
신숭겸장군유적지
문암산

파군재삼거리
신숭겸
영각유허비
실왕리
환성산(807m)
모영재

독좌암
20

단산지
대구외곽순환도로(건설중)

1
대암봉
JC 도동JC
초례봉

IC 팔공산IC
해안

대구국제공항
능천산
경부고속도로
반야월
안심

아양교 동촌
JC 동대구JC
해안
금호강
해맞이공원
방촌
4
4
용계
55

25
동대구TG TG
율하
각산
안심

반야월로
신기역
반야월역
1

대구[Daegu, 大邱]

Chapter 5

역사의 자취는 어디에나 있다

대구에서 만난 왕건과 신숭겸(대구광역시)

왕건을 찾아 대구로

우리나라에서 더운 곳을 꼽자면 누구라도 대구를 꼽는다. 하지만 더운 것을 빼고 대구하면 떠오르는 것이 딱히 없다. 예전에는 대구하면 사과로 유명했지만 사과 생산지가 늘어난 지금은 이마저도 모르는 사람이 많다. 역사와 관련해서는 더더욱 그렇다. 대구는 경상도의 대도시임에도 우리 역사에서 크게 부각된 적이 없다. 아마도 우리 역사가 왕조 중심이고, 수도를 중심으로 다루어지다 보니 그런 것 같다.

사람들이 아는지 모르겠지만 둘러보면 역사의 자취는 어디에나 있다. 이번에 찾는 대구에는 고려와 관련한 사적이 있다. 그것도 고려 태조 왕건太祖王建과 개국공신 신숭겸申崇謙 장군과 관련된 유적지가 자리 잡고 있다. 대구분들이나 역사를 좋아하는 사람들은 알고 있었겠지만 그렇지 않은 사람은 대구에 고려의 유적이 있다는 것이 신기하게 여겨질 수 있다. 대구에 왕건과 신숭겸과 관련한 유적지가 있는 것은 이들이 대구 팔공산 근처에서 견훤甄萱과 치열한 전쟁을 치렀기 때문이다.

왕건이 후삼국을 통일했으니 왕건과 관련한 유적이 어디든 있을 수 있다. 또한 통일과정에서 왕건이 견훤과 전쟁을 했으리라는 것도 당연하다. 그런데 왕건과 견훤의 전쟁이 두 나라의 접경지가 아닌 대구에서 치열하게 벌어졌다는 것이 조금 의아하다. 이번 대구행은 왕건과 견훤의 치열한 전투 현장을 확인하기 위함이며, 이를 배경으로 한 옛 노래 한 편을 느껴보기 위함이다.

신숭겸 영각 유허비

처음으로 찾아간 곳은 환성산(環城山, 807m) 자락에 있는 신숭겸 영각 유허비申崇謙影閣遺墟碑였다. 톨게이트를 나온 차는 내비게이션이 이끄는 대로 도로를 얼마간 달리다 마을길로 접어들어 산을 오르기 시작했다. 도로 옆 사과 과수원에는 나무들이 일정한 간격으로 심어져 있었고, 가지마다 하얀 봉지가 달려 있

신숭겸 영각 유허비각 대구광역시 동구 평광동 산36번지에 있다.

었다. 좁은 길을 따라가다 보니 어느덧 내비게이션이 도착을 알린다. 차를 공터에 주차해 놓고 근처에 계시던 어르신에게 여쭈었다.

"어르신, 여기에 신숭겸 장군 유허비가 있다던데 어디 있나요?"

"저기, 저거라네."

어르신이 가리킨 곳을 보니 산자락 야트막한 돌담 위로 작은 비각이 보인다. 어르신께 인사드리고 주변의 경치를 둘러보며 올라갔다.

올라가 보니 잘 쌓은 돌담 안에 비각이 있었다. 관리 때문인지 문이 잠겨 있었는데 담 너머로 보이는 비각에도 문이 닫혀 있었다. '아, 이것을 보러 여기까지 왔나, 담을 넘어가 볼까?' 하는 생각이 들었다. 망설이고 있는데 좀 전의 그 어르신이 지팡이를 짚고 올라오셨다.

"여까지 왔는데 보고 가소."

어르신이 주머니에서 열쇠를 꺼내 문을 열어 주시며, 비각 문도 열어 보라고 하셨다. 문을 열고 들어가 비신碑身을 보니

高麗太師壯節申公影閣遺墟之碑(고려태사장절신공영각유허지비)

라고 새겨 있었다. 이곳에 오기 전 찾아본 바에 따르면 왕건은 견훤과 전투에서 자신을 대신해 죽은 신숭겸의 명복을 빌기 위해 신숭겸이 순절한 곳에 지묘사智妙寺를 지었다고 한다. 지묘사에는 신숭겸의 영정이 모셔져 있었는데 고려말 지묘사가 폐사되면서 신숭겸 영정은 평광동에 있던 대비사大悲寺로 옮겨졌다고 한다. 그 후 투장흉계(偸葬凶計 ; 남몰래 장사를 지내는 흉측한 계략으로 조선 순조 때 대구영사 김철득金喆得이 명당이던 대비사를 불태우고 자신의 선대 묘를 무단으로 매장한 사건)로 절이 소실되면서 영정도 함께 불타버렸고 이를 안타깝게 여긴 후손들이 영정을 모셨던 영각影閣이 있던 곳에 장군의 공덕을 기리는 유허비遺墟碑를 세웠다고 한다.

평산신씨 대종회 사이트에는 이
비를 1832년 도승지였던 신정위申正
緯가 비문을 찬撰하여 세웠다고 소
개되어 있다. 사이트에서 밝힌 신정
위는 신숭겸의 후손으로 당시 도승
지였던 신위(申緯, 1769~1845)를
말한다. 신정위로 소개된 것은 이름
사이에 정삼품의 관직명인 '正'을 넣
어 기록한 것을 그대로 소개했기 때
문이다. 즉 '신정위'는 '신씨 성을 가
진 정삼품 벼슬의 위라는 사람'이라
는 의미인 것이다.

비각 아래에는 모영재慕影齋라는
건물이 있는데 신숭겸의 후손들은

고려태사장절신공영각유허지비 비석은 잘 보존되어
있었고 특별히 꾸미지 않은 수수한 모양이었다.

이곳에서 매년 음력 9월 9일에 신숭겸을 추모하는 제사를 올린다고 한다. 신숭겸의
영정이 있었던 터임을 알리는 비를 세우고 제사까지 지내는 것을 보면 신숭겸은 현
재까지 후손들에게 추앙을 받고 있음을 알 수 있다. 그리고 그 이유는 자신들의 시
조일 뿐만 아니라 왕을 대신해 죽음을 자처한 충신의 표상이었기 때문일 것이다.

평산신씨의 시조

신숭겸은 평산신씨平山申氏의 시조始祖로 처음 이름은 능산能山이었다고 한다.
신숭겸은 『신증동국여지승람(新增東國輿地勝覽)』에 따르면 전라도 곡성 사람이
고, 『고려사(高麗史)』에 따르면 강원도 춘천 사람이다. 어느 것이 정확한지는 모
르겠지만 태어나기는 곡성에서 태어났고, 묘는 춘천에 있어서 그런 것 같다. 신숭

겸이 자신이 태어난 곳도 아니고 묻힌 곳도 아닌 황해도 평산을 관향으로 갖게
된 것은 왕건과 사냥을 갔을 때 있었던 일 때문이다.

왕건이 평산으로 사냥을 갔을 때, 마침 하늘을 날아가는 기러기를 보고 수행
하는 장수들에게 말했다.

"누가 저 기러기를 쏘아 맞히겠는가?"

이때 신숭겸이 나서서 말했다.

"몇 번째 기러기를 맞히오리까?"

왕건이 세 번째 기러기의 왼쪽 날개를 쏘라고 하자 신숭겸은 활을 쏘아 정말
세 번째 기러기를 떨어뜨렸다. 땅에 떨어진 기러기를 가져와 보니 과연 화살이
왼쪽 날개에 명중되어 있었다. 왕건이 이를 보고 감탄하여 기러기가 날아가던 곳
의 땅을 신숭겸에게 하사하고 평산을 본관으로 삼게 하였다고 한다.

신숭겸은 본래 궁예 휘하에 있던 장수였다. 하지만 궁예가 군주답지 못한 모
습을 보이자 홍유洪儒, 배현경裴玄慶, 복지겸ᅡ智謙과 함께 궁예를 몰아내고 왕건
을 추대하여 고려의 개국공신이 되었다. 특히 신숭겸은
이곳 대구의 공산 동수 전투公山棟藪戰鬪에서 왕건을
살리기 위해 왕건의 옷을 대신 입고 나가 싸워 죽음
을 맞이하기도 했다. 신숭겸은 대구에서 죽었지만
묘는 강원도 춘천시에 있는데 특이한 것은 봉분
이 세 개라는 점이다. 그 이유는 신숭겸이 왕
건을 대신해서 죽었을 때 견훤의 군사들
이 신숭겸을 왕건인 줄 알고 목을 잘
라 가버려 후에 신숭겸의 시신

표충사(表忠祠)의 신숭겸장군상 기러기
를 쏘아 맞히는 모습을 형상화하였다.

신숭겸 묘비와 봉분이 세 개인 묘 신숭겸 묘는 강원도 춘천시 서면 방동리에 있다. 동남쪽으로 북한강이 내려다 보이며, 북서쪽으로 화악산이 있어 거센 북서풍을 막아준다.

을 수습한 왕건이 신숭겸의 두상을 금으로 만들어 매장했기 때문이다. 즉 혹시 모를 도굴을 대비해서 일부러 봉분을 세 개 만들었다고 한다.

왕건이 공산으로 간 이유는

신숭겸이 왕건을 대신해 죽었던 것은 왕건이 신라 경애왕(景哀王, 재위 924~927)의 요청을 받아들여 출전했기 때문이다. 경애왕 때 신라는 국운이 쇠퇴해가던 때였다. 그럼에도 경애왕은 왕건과 견훤이 전쟁을 할 때(927년 정월) 군사를 보내 왕건을 도운 적이 있다. 그래서였는지 견훤의 신라 침공 때 왕건은 경애왕의 요청(927년 9월)을 받아들여 군사를 이끌고 경주로 향했다. 그런데 이상한 것은 팔공산 아래에서 치열한 전투가 벌어졌다는 것이다. 왜냐하면 개경(지금의 개성)에서 경주로 갈 때 대구를 거치지 않기 때문이다. 지금의 경북 군위軍威에서 영천永川을 거쳐 경주로 들어가면 되는데 왕건은 왜 팔공산을 넘었던 것일까?

『고려사』에 기록된 공산 동수는 지금의 대구 팔공산 동화사桐華寺 부근이라고 한다. 하지만 동수 전투가 실제로 이곳에서 있었던 것은 아니다. 동화사는 골짜기를 따라 팔공산을 올라가는 길에 있어서 왕건과 견훤의 군사들이 그곳에서 한바탕 전투를 치르기에는 적절치 않기 때문이다. 본격적인 전투는 『고려사』에 기록된 것처럼 팔공산 아래[公山下]에서 벌어졌을 것이고, 동수에서 전투가 비롯되었기 때문에 동수 전투라 불리게 된 것으로 보인다. 왕건이 경주로 가다가 방향을 틀어 팔공산을 넘은 이유는 명확하지 않지만 견훤을 치러 갔다는 점에서 견훤 때문일 것이다.

일단 가정해 볼 수 있는 상황은 견훤이 경주를 떠나 회군하고 있었기 때문일 수 있다. 견훤이 회군 중이었다면 경주를 떠나 서쪽으로 이동 중이었을 것이다. 그래서 왕건은 경주로 향하다가 방향을 틀어 팔공산을 넘을 수밖에 없었을 것이다. 또 다른 가정은 왕건이 경주를 향해 가다가 팔공산을 넘을 수밖에 없는 상황에 처했기 때문이다. 왕건이 팔공산을 넘을 수밖에

동화사(桐華寺) 동수는 오동나무 숲을 말하는데 현재 동화사 부근에는 오동나무가 많지 않지만 신라시대에는 많았다고 한다. 동화사는 신라시대 때 창건된 사찰로 현재 대웅전은 보물로 지정되어 있으며, 30m에 달하는 통일약사대불에는 부처님 진신사리가 복장되어 있다.

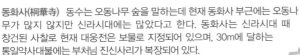

없는 상황이란 견훤의 유인책에 말려들었거나 견훤의 군사에게 쫓기는 상황이었기 때문일 것이다. 어떤 이유에서였건 왕건은 팔공산을 넘어왔는데 동수 전투에서 크게 패한 것을 보면 왕건은 견훤이 꾸민 계략에 넘어간 것은 분명해 보인다.

공산 동수 전투(公山桐藪戰鬪)

『고려사』에 보면 동수에서 견훤의 군사들이 왕건의 군사 깃발만 보고도 흩어졌다는 기록이 나온다. 이것을 견훤의 군사들이 왕건의 군사를 보고 도망한 것으로 보기도 하는데 이 전투에서 왕건을 죽음 직전까지 몰았다는 점에서 도망한 것으로 보기는 어렵다. 오히려 견훤의 군사들이 왕건의 군사들을 유인한 것으로 보인다. 그런데 조선 중종 때 간행된 『신증동국여지승람』 '영천군(永川郡)' 조를 보면 왕건이 견훤에게 패했다는 내용이 있다. 아마도 이 기록이 동수 전투의 단서인 듯싶다.

왕건의 예상 이동경로 1 왕건이 영천에서 견훤의 군사와 전투에서 패해 쫓겼다면 몸을 피하기 위해서라도 팔공산 쪽으로 이동했을 것으로 보인다.

영천군 고적 중에 태조지太祖旨라는 곳이 있는데, 고을 서쪽 30리쯤에 있으며 왕건이 견훤에게 패해 후퇴하여 몸을 보전한 곳이어서 태조지라는 이름이 붙었다고 한다. 태조지의 정확한 위치는 알 수 없지만 팔공산의 동남쪽, 지금의 경상북도 영천시 청통면 운부암雲浮庵 근처로 추정되는데 태조지가 왕건이 견훤에게 패해 피한 곳이라면, 장거리 이동으로 군사력이 떨어진 왕건의 군사들이 견훤의 군사들과 싸우다가 패해 몸을 숨기기 공산으로 들어가게 된 것일 수 있다.

왕건이 팔공산을 넘은 이유가 회군 중에 있었던 견훤을 쫓아서건, 견훤의 유인책에 속아서건, 영천에서 견훤에게 패해서건 간에 왕건에게는 최악의 결과를 낳는 원인이 되고 말았다. 왜냐하면 왕건은 공산 동수 전투에서 신숭겸, 김락金樂 두 장수를 잃었고, 견훤의 군사들을 피해 대구 앞산의 곳곳에서 피신하는 신세가 되었기 때문이다.

상상해 본 견훤의 전략

어떤 이유에서였건 왕건의 군사들은 동수 골짜기를 따라 내려오는 길을 선택할 수밖에 없었다. 영천 쪽에서 팔공산을 넘어 동화사 쪽으로 오면 동수 골짜기를 따라 내려오는 길이 최선이기 때문이다. 그런데 이것이 아마도 견훤의 전략이었던 것 같다. 동수 골짜기를 따라 내려오면 현재 백안삼거리라 불리는 곳이 있다. 이곳은 주변의 작은 산들로 둘러싸인 곳으로 견훤은 군사들을 주변에 매복시켜 놓고 왕건의 군사들을 이곳에 몰아넣었던 것으로 보인다. 이렇게 되면 왕건의 군사들은 꼼짝없이 견훤의 군사들에게 갇혀 버리게 된다.

『고려사』에는 동수 전투에서 견훤의 군사가 왕건을 포위해서 위급한 지경에 이르렀다고 했다. 왕건이 포위되었다는 것은 견훤의 군사들에게 후방이 차단되어 꼼짝할 수 없게 되었다는 것을 의미한다. 그러므로 견훤은 왕건을 포위할 수 있는 전술을 펴서 왕건을 위급한 지경에 빠뜨렸다고 보아야 한다. 이를 보면 견훤

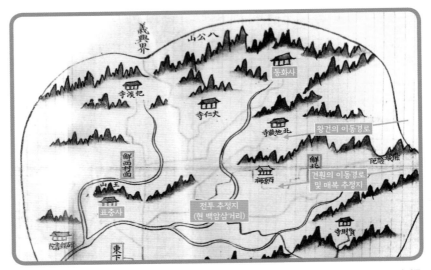

왕건의 예상 이동경로 2 오른쪽 '能城險阨(능성험애)'는 현재의 능성재이다. 영천 운부암에서 능성재를 넘어가면 동화사에 이르게 되어 능성재의 실제 위치는 그림보다 훨씬 북쪽이다.

의 군사들이 동수 골짜기 아래에 미리 도착해서 포위망을 짠 뒤 왕건의 군사들을 유인한 것으로 보는 것이 터무니없는 상상만은 아닐 것이다.

왕건의 군사들은 산길을 내려오다가 속절없이 포위망에 갇혀버렸고, 개경에서부터 장거리 이동으로 지친 상태였기 때문에 제대로 싸울 수가 없었다. 반면 견훤의 군사들은 경주에서 승리로 사기가 높았을 것이며, 계획대로 포위된 왕건의 군사들을 보고 더욱 기세가 올랐을 것이다. 결국 공산 동수 전투는 시작부터 승패가 결정된 전투였다. 즉 왕건 입장에서는 뼈아픈 패배가, 견훤 입장에서는 혁혁한 전과가 예상된 전투였던 셈이다.

넋은 이 자리에

동수 전투의 마지막 격전지는 백안삼거리에서 서쪽에 있는 공산저수지 부근이다. 왕건을 대신해 죽은 신숭겸의 죽음을 기리기 위해 세워진 표충사表忠祠가 자리한 곳도 이 부근이다. 표충사로 가다가 신호에 걸려 삼거리에 정지해 있는데 이정표 위의 작은 표지에 파군재破軍岾 삼거리라고 적혀 있었다. 파군이라면 군대가 격파되었다는 것이니 이 고개 너머가 왕건의 군대가 견훤에게 패한 곳임을 알 수 있다. 신호가 바뀌어 좌회전하여 가니 작은 다리가 있었고 거기서 우회전해 동화천변을 따라가니 왼편으로 표충사가 보였다.

왕건은 신숭겸이 순절한 이곳에 단壇과 지묘사智妙寺를 세워 명복을 빌게 했다. 세월이 흘러 절은 사라졌으나 단은 후손들에 의해 관리되어 오다가 1993년에 복원하였다. 홍살문을 지나 안으로 향했다. 건물을 향해 올라가 보니 사당祠堂으로 들어가는 문이 잠겨 있어 안을 볼 수는 없었다. 사실 표충사에서 가장 중요한 유적은 사당이라기보다 신숭겸이 순절하였다고 알려진 표충단表忠壇이다. 그래서 표충단을 찾으러 돌아다니다 보니 낮은 담 안에 묘처럼 해 놓은 것이 보였다.

표충단은 사면으로 돌을 둘러쌓고 그 안을 흙으로 채워 묘의 봉분처럼 해 놓은 작지도 크지도 않은 단이었다. 이 단은 처음부터 이런 모양은 아니었던 것 같

표충단 표충단 주위에는 배롱나무(목백일홍)가 심어져 있는데 신숭겸의 희생을 기리기 위해 심은 것으로 추정된다. 붉은 꽃이 신숭겸의 충절을 상징하는 듯하다.

다. 안내문을 보니 1607년 후손인 신흠申欽과 외후손인 유영순柳永詢이 단을 쌓았다고 되어 있다. 처음 세워졌을 때 모습이 어떠하든 왕건에게 이곳은 각별할 수밖에 없었을 것이다. 왜냐하면 자신을 대신해서 신숭겸이 죽어 목 없는 시신으로 발견된 곳이기 때문이다.

신숭겸 덕분에 목숨을 건진 왕건은 견훤의 군사들이 물러가자 돌아와 신숭겸의 시신을 찾으려 했으나 목이 없어서 구분할 수가 없었다. 그때 고려 개국공신 중 한 명인 유금필庾黔弼이 신숭겸 왼발 아래에 북두칠성 모양의 사마귀가 있다는 사실을 알려주어 신숭겸의 시신을 찾을 수 있었다고 한다. 왕건은 신숭겸의 시신에 황금으로 얼굴을 만들어 춘천에서 장사 지내어 주었고, 이곳에는 단과 절을 세워 신숭겸의 명복을 빌었던 것이다.

자신을 대신해서 죽은 부하 장수의 시신을 찾는 왕건의 심경은 어떠했을까? 더욱이 자신을 구하기 위해 죽은 수많은 병사들이 눈앞에 널려 있고, 그들에게

신숭겸장군나무 표충단 주변의 배롱나무 가운데 있는 나무는 일명 신숭겸장군나무라 일컬어지며 수령 400년이 넘는다고 한다.

서 흘러내린 피로 젖은 땅을 밟는 왕건의 심경은 참담했을 것이다. 왕건은 신숭 겸을 위해 피 묻은 옷가지와 흙을 모아 순절단을 세웠다지만 신숭겸 한 명을 위 해서 세운 것만은 아닐 것이다. 자신을 구하기 위해 나섰던 신숭겸을 비롯하여 그곳에서 죽음을 맞이한 모든 병사들을 위해 순절단을 세웠을 것이다. 마침 단 주변에 활짝 핀 배롱나무 꽃이 더 붉게 느껴지는 것은 어떤 이유에서일까?

도망가는 왕건을 따라서

표충단 주변에는 배롱나무 여러 그루가 심어져 있었고, 마침 꽃을 활짝 피우 고 있었다. 진분홍 꽃이 이곳에서 목숨을 잃은 수많은 병사들의 넋인가도 싶었 다. 왕건과 관련된 이야기를 더 듣기 위해 주차장 초입에 있는 안내센터를 가보았 다. 마침 문화해설사가 계셔서 이런저런 이야기를 들을 수 있었다. 사당은 보려 는 사람이 있으면 열어 주지만 사당 안 건물들은 신씨 문중에서 관리하는 곳이 라 문중 사람이 와야만 열 수 있다고 했다. 건물 안에 특별한 것은 없고 신숭겸 장군의 영정이 걸려 있다고도 했다.

해설사 분께서는 근처에 왕건과 관련된 지명이 있다며 소개해 주었다. 지묘동智 妙洞은 지묘사가 있었기 때문에 붙여진 이름인데 지묘사는 신숭겸이 왕을 살린 묘 한 계책을 마련했기 때문에 붙은 이름이라고 했다. 그리고 표충사가 있는 뒷산은 왕산王山인데 왕건이 견훤에게 쫓겨 이 산에 올랐기 때문에 붙여졌다고 한다. 그 외에도 파군재는 왕건의 군사들이 크게 패한 것에서 유래되었으며, 살내[전탄(箭 灘)]는 치열한 전투로 왕건과 견훤의 군사들이 쏜 화살이 내에 쌓였다하여 붙여졌 다고 한다. 또한 해안解顔은 왕건의 얼굴이 제 모습을 찾아서 붙여진 것이고, 안심 安心은 비로소 마음이 놓였기 때문에, 반야월半夜月은 반달이 왕건의 도주로를 비 춰주어서, 실왕리失王里는 왕건이 도망가다가 밥을 얻어먹고 사라졌기 때문에 붙 여졌다고 한다. 파군재 너머에 있는 독좌암獨坐巖은 왕건이 포위망을 뚫고 잠시 앉

왕산(王山) 표충사가 자리잡고 있는 뒷산으로 왕건이 올랐기 때문에 왕산이라 한다.

아서 쉬었다 하여 붙여졌다고 한다. 혹 유적들이 있냐고 물으니 독좌암은 남아 있고 나머지는 특별한 유적이 없다고 했다. 그리고 은적사隱跡寺에 가면 왕건굴이 있다고도 알려주었다. 해설사 분께 감사 인사를 드리고 표충사를 나왔다.

표충사 앞으로 동화천桐華川이 흐르고 건너편에는 아파트 단지들이 들어서 있다. 지금은 동화천도 잘 정비되어 있고, 둑을 쌓아 길을 냈지만 그날 이곳은 치열한 전투가 벌어졌던 현장이었을 것이다. 이곳에서 왕건은 신숭겸, 김락 두 장수와 수많은 병사들의 희생 덕분으로 견훤의 포위망을 뚫고 남쪽의 파군재를 넘어 몸을 피했을 것이다.

왕건의 자취를 좇기 위해 차에 올라 문화해설사 분께서 알려준 지명들을 검색해 보았다. 독좌암은 표충사에서 2㎞도 채 되지 않은 거리에 있었다. 그리고 나머지 지명들 상당수는 대구 1호선 지하철 역명이었다. 그래서 지도를 살펴보니 금호강琴湖江을 따라 붙은 지명이었다. 왕건이 몸을 피하려고 했다면 위치가 쉽게 노출되는 강변을 따라 피하지는 않았을 텐데 이상했다. 검색을 더 해보니 다행히 해안解顏이나 안심安心은 행정동 이름이라 위치를 좀 더 추정해 볼 수 있었다. 해안은 환성산(環城山, 807.2m) 서남쪽 자락이었고, 안심은 환성산 남쪽 초례봉醮禮峯 부근의 지명이었다. 그리고 실왕리失王里는 신숭겸 영각 유허비가 있는 평광동 근처 지명이었는데 평광동도 환성산 근처였다. 이로 보아 왕건은 파군재 너머 독좌암에서 잠시 쉰 후에 동쪽으로 이동해 환성산으로 숨어든 후 남쪽으로 이동을 했던 것 같다. 그 후에 금호강을 건너간 것 같다.

홀로 앉아 슬픔에 젖어

왕건이 거쳐 간 곳 중 유적이 있는 독좌암을 찾아가 보기로 했다. 독좌암은 파군재삼거리에서 남서쪽, 대구공항 쪽으로 약 1㎞ 정도 거리에 있었다. 로터리 조금 못 미쳐 우측으로 주유소가 있고, 주유소 옆 골목으로 들어가면 작은 공터가 있는데 그 뒤편에 독좌암이 있었다. 독좌암은 그리 크지 않은 평범한 바위였다. 그런데 전투가 벌어진 곳에서 그리 멀지 않은 곳이라 왕건이 여기서 쉴 겨를이 있었을까 하는 의심이 들기도 하였다.

독좌암 특별히 큰 바위는 아니고 사람 몇 명이 올라가 앉을 넓이의 바위였다.

왕건은 이 바위에 앉아 쉬면서 무슨 생각을 했을까? 죽을 곳에서 살아 나왔다는 안도의 한숨을 쉬었을까? 아니면 견훤의 맹렬한 공세 속에 남겨두고 온 부하들을 생각하며 울분에 빠져 있었을까? 그것도 아니면 왕건은 잠시 숨을 고르며 어떻게 견훤의 추격을 피할지 고민했을까? 독좌암에 앉아 왕산 쪽을 보니 제대로 보이지가 않았다. 왕산이 파군재 너머에 있어 잘 보이지 않기 때문이기도 하지만 독좌암이 산자락 옆 안쪽으로 치우쳐 있어서 시야를 확보할 수도 없기 때문이다. 아마 이곳에서는 파군재 너머에서 벌어지고 있던 치열한 전투의 함성 소리만이 아득히 들려왔을 것이다.

왕건의 선택은 독좌암 동편의 높은 산, 바로 환성산으로 들어가는 것이었다. 왕건은 환성산 자락으로 숨어 들어가 민가에서 밥을 얻어먹고 사라진[실왕리, 시랑이로 부름] 후, 전장으로부터 멀어졌을 때 비로소 '해안(解顏)'되었을 것이다. 이후 반달 빛[반야월]에 의지해서 몸을 피했고, 금호강 부근에 와서야 '안심(安心)'했을 것이다. 금호강 건너편은 공산 전투의 격전지로부터 멀어서일까, 왕건과 관련한 특별한 지명은 없는 것 같았다. 금호강 건너에는 왕건이 숨어 있었다는 왕건굴이 있다고 하니 그곳에 가서 더 알아보기로 하고 독좌암을 떠났다.

왕건의 피신처

왕건굴이 있다는 은적사로 향했다. 은적사에 도착해 보니 평범한 작은 사찰이었다. 절 입구 안내문을 보니 왕건은 이곳의 굴에서 3일간 숨어 있었는데 마침 짙은 안개가 끼고 굴 입구에 거미들이 줄을 쳐 주어 안전하게 숨어 있을 수 있었다고 한다. 그래서 그 후 왕건은 이곳에 사찰을 건립하였고, 자취를 숨긴 곳이라 하여 은적사隱跡寺라 명명했다고 한다. 왕건이 숨었다고 하는 왕건굴은 대웅전을 바라보고 왼편으로 돌아가면 바위 사이의 작은 공간이었다. 굴이라고 하기에는 깊지 않아서 안개와 거미줄의 도움이 없었다면 몸을 숨기기도 쉽지 않았을 것 같다.

은적사 왕건굴 굴 안에 불상을 모셔 놓았다. 불상이 있는 곳이 평평하여 한 사람 정도가 앉을 수 있다. 왕건도 이곳에 앉아 밖의 동태를 주시했을 것이다.

그런데 왕건은 이곳에 3일 동안 머무른 후 어디로 간 걸까? 마침 사찰 주변을 정리하시는 스님이 계셔 근처에 왕건과 관련한 유적이 또 있냐고 여쭈어 보았다. 스님께서는 앞산 정상 부근에 왕굴이라는 굴이 하나 있는데 그곳도 왕건이 머물러서 왕굴이라고 부른다고 한다. 그리고 주변의 안일사安逸寺는 왕건이 얼마간 편히 있었다고 해서 안일사라고 하며, 임휴사臨休寺는 왕건이 임시로 막을 치고 쉬어 갔다고 해서 임휴사가 되었다고 한다. 이곳 앞산에 왕건과 관련한 절이 세 곳이나 있는 것을 보니 왕건은 한 곳에 오래 머무르지는 않았던 것 같다.

왕건은 이곳 앞산에서 몸을 피신한 후 견훤의 추격이 뜸해지자 낙동강을 건너 성주星州로 넘어간 것으로 알려져 있다. 왜냐하면 성주는 왕건의 영향력이 미치는 지역이었기 때문이다. 왕건은 성주에 도착함으로써 무사히 개경으로 돌아갈 수 있는 길을 확보할 수 있었다. 하지만 견훤의 경주 침략으로 비롯된 공산 동수 전투는 왕건에게 신숭겸, 김락 두 장수와 수많은 군사들을 잃은 실패한 전투였다.

〈도이장가〉, 두 장수를 그리며

왕건은 자신을 대신해 죽은 신숭겸과 김락 두 장수를 살아있는 것처럼 대했다. 대표적인 사례가 고려의 국가적 행사인 팔관회八關會에 두 장수의 자리를 마련한 것이다. 왕건은 죽은 신숭겸, 김락 두 장수의 형상을 풀로 엮어 팔관회 자리에 앉혀 두고 생전처럼 대접했다고 한다. 사실이 아니겠지만 두 장수 형상 앞 술잔에 술을 따라 놓으면 누가 마신 것처럼 술이 사라졌고, 형상이 일어나 절을 하기도 했다고 기록은 전한다. 하여간 왕건에게 신숭겸, 김락 두 장수는 남다른 존재일 수밖에 없었을 것이다.

신숭겸, 김락은 죽은 지 70여 년이 지난 예종 15년(1120) 다시 역사에 등장한다. 『고려사』에 따르면 예종(睿宗, 재위 1105~1122)은 서경 팔관회에서 잡희雜戱

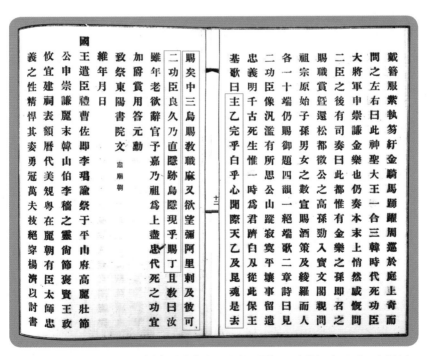

『평산신씨고려태사장절공유사』에 실린 〈도이장가〉 〈도이장가〉는 향찰로 표기되었으며, 8구체로 되어 있다.

를 보았는데 신숭겸, 김락을 본뜬 형상을 보고 감탄하여 시를 지었다고 한다. 예종이 지은 시는 『고려사』에 실려 있지는 않다. 하지만 『평산신씨고려태사장절공유사(平山申氏高麗太師壯節公遺事)』에 관련 기록과 함께 예종이 지은 〈도이장가(悼二將歌)〉가 실려 있어 예종이 지은 것이 노래였다는 것을 알 수 있다.

팔관회는 고려의 국가적 행사로 왕건이 남긴 훈요십조訓要十條를 보면 팔관회를 더하거나 줄이지 말 것을 당부하고 있다. 이처럼 왕건은 팔관회를 중시했지만 왕건의 뜻과 달리 팔관회는 성종 6년(987)에 폐지되었다가 현종 원년(1010) 다시 실시되는 우여곡절을 겪기도 하였다. 팔관회는 개경에서는 11월, 서경(지금의 평양)에서는 10월에 열렸었는데, 예종이 두 장수의 형상을 본 것은 서경의 팔관회에서였다.

主乙完乎白乎(주을완호백호)	님을 온전케 하온
心聞際天乙及昆(심문제천을급곤)	마음은 하늘 끝으로 미치니,
魂是去賜矣中(혼시거사의중)	넋이 가셨으되
三烏賜敎職麻又欲(삼오사교직마우욕)	몸 세우고 하신 말씀,
望彌阿里刺(망미아리자)	직분 맡으려 활잡는 이 마음 새로워지기를,
及彼可二功臣良(급피가이공신량)	좋다, 두 공신이여,
久乃直隱(구내직은)	오래 오래 곧은 자최는
跡烏隱現乎賜丁(적오은현호사정)	나타내신저

〈도이장가〉를 보면 두 장수의 곧은 자취가 오래도록 드러나기를 바라고 있다. 예종이 이런 내용의 노래를 지은 것을 알려면 예종이 어떤 왕인지를 조금은 알아야 할 것 같다. 우리에게 예종은 윤관尹瓘의 여진정벌과 관련된 왕 정도로 알려졌을 뿐이다. 그런데 예종은 정치개혁을 시도한 왕이었다고 한다. 예종이 어떤 정치개혁을 시도했는지는 여기서 상세히 다룰 필요는 없을 것 같다. 다만 예종이 〈도이장가〉를 지을 무렵 정치개혁을 지지하는 세력과 외척을 중심으로 한 문벌귀족門閥貴族 세력의 대립이 첨예해지기 시작했다는 점이다.

예종이 팔관회에서 신숭겸, 김락 두 장수의 가상을 보고 〈도이장가〉를 지었던 것은 이 때문이 아닐까? 신숭겸, 김락 두 장수처럼 목숨을 바쳐 왕을 구할 수 있는 신하들이 예종에게는 절실히 필요했을지 모른다. 자신이 섬기는 왕을 살릴 수 있다면 자신의 목숨을 초개와 같이 바칠 수 있는 굳은 충성심을 가진 신하들 말이다. 그래서 '여봐라, 여러 신하들아. 왕을 위해 목숨을 바친 저 두 장수들의 모습을 보고 좀 본받아라.'라고 말했던 것일 수 있다.

왕건이 공산에서 두 장수와 병사들을 잃고 앞산에서 피신하며 되새겼을 것은 그들의 충성심이었을 것이다. 그것을 잊지 않기 위해 치열한 전투가 벌어졌던 곳에 표충단과 지묘사를 세웠고, 부하들의 죽음을 뒤로하고 자신이 숨었던 곳에 은적사를 세웠을 것이다. 그리고 왕건을 위해 목숨 바친 두 장수와 병사들의 충성심은 예종의 〈도이장가〉와 함께 다시 되살아날 수 있었다.

남은 자취가 영원토록

시간이 흐르면 모든 것은 희미해지기 마련이다. 하지만 우리 주위에 그래도 옛 자취가 남아 있는 것은 그것의 의미가 불변의 가치를 지녔기 때문일 것이다. 대구에 남아 있는 고려의 자취도 두 장수의 충성심과 그것을 잊지 못하는 왕의 진심, 그리고 그 진심을 알리는 〈도이장가〉 덕분일지 모른다.

왕을 대신하여 죽은 두 장수의 충성심이 왕건을 살렸고, 덕분에 왕건이 이곳 저곳으로 피신하면서 왕건과 관련된 지명이 대구 곳곳에 생길 수 있었다. 이것은 또 두 장수의 죽음을 잊지 않도록 하는 계기가 되었을 것이다. 왕건과 관련된 지명이 왜 생겼는지 궁금해 하는 사람들에게 이 전투를 알릴 수 있었을 테니 말이다. 게다가 후대 왕이 〈도이장가〉까지 지어 두 장수의 충성심을 노래했으니 이 자취들은 사라지지 않을 것이다.

우리는 역사의 현장이 우리의 삶 근처에 있다는 것을 망각하고는 한다. 우리 삶의 현장과 조금만 떨어져도, 우리 삶의 시대와 조금만 거리를 두어도 잊고 만다. 하지만 역사의 현장은 우리가 관심을 갖고 찾아볼 때 우리의 삶 근처에 있음을 확인할 수 있다. 고려와 전혀 상관이 없을 것처럼 여겨졌던 대구에도 고려와 왕건의 자취가 남아 있는 것처럼 말이다.

고려충신 장절공 신숭겸장군동상

As a side note　동화사 마애불(磨崖佛)

동화사 입구에는 통일신라 때 것으로 추정되는 마애불이 있다. 이 마애불은 광배를 포함하여 2m 남짓한 크기인데, 동화사 경내에는 세계 최대라는 통일약사대불이 세워져 있다. 1992년에 조성된 통일약사대불은 불상 높이 17m에 좌대 13m를 포함하여 총 30m에 달한다. 약사대불은 경내에 조성되어 사람들의 관심을 끌고 있으나 마애불은 절 입구한 켠에 있어서인지 관심을 두는 이는 드물다. 마애불은 천 년이 넘는 세월 동안 그곳에 계셨으니 왕건과 견훤의 전투가 시작되는 그 날도 여기 계셨으리라, 날카로운 칼과 창으로 무장한 군사들이 무리를 지어 서로를 죽이려 했던 그 날. 이곳에서 그들을 보며 무슨 생각을 하셨을까? 인간의 한없는 욕망에 혀를 차셨으려나, 아니면 죽음을 맞이한 일개 병졸들의 극락왕생을 기원하셨으려나?

―― 박인희

CHAPTER

6

도깨비가
나타났다

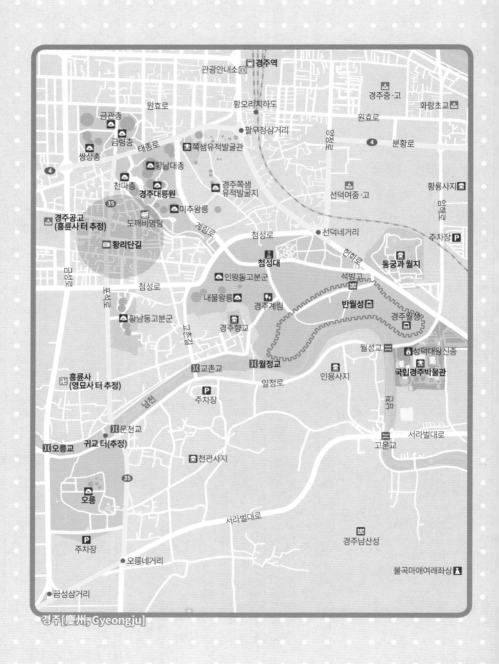

경주[慶州, Gyeongju]

⌢⌢⌢ Chapter 6

도깨비가 나타났다
경주의 또 다른 모습(경상북도 경주)

도깨비에 홀리다

첫 자동차 여행이다. 차가 있어도 여행은 기차, 버스가 좋았다. 현지 대중교통이 좋다면 차를 가지고 다니지 않는 것이 더 편했다. 하지만 경주는 차가 있어야 편하다는 말을 여기저기에서 듣고 고민이 되었다. 카메라까지 바리바리 짐을 싸고 보니 대중교통이 부담스러워지기도 했다. 고민을 하던 중, 먼저 경주를 다녀온 친구가 경주까지 가는 길이 그리 복잡하지 않고 막히지도 않아 편히 갈 수 있다며 자차 여행을 권하였다. 스마트폰을 켜 경로를 탐색해보니 과연 그리 어렵지도 막히지도 않는 길이었다. 길을 떠나는 날 운전석에 앉았다. 남은 시간은 3시간 40분, 양호하다.

경주로 가는 길은 평온했다. 하지만 도로 상황은 평온하지 않았다. 하필이면 고속도로가 공사 중이라 길을 우회해야 하거나, 사고로 길이 막혀 옴짝달싹 하지 못하는 상황이 계속 되었다. 4시간, 4시간 반, 5시간. 그러는 동안 내비게이션의 시간은 점점 늘어만 갔다. 도깨비를 만나러 가는 길부터 도깨비에 홀린 느낌이다.

152 · 153

옛 어른들이 장이 열렸을 때, 장터에서 거나하게 약주를 걸치고 집으로 돌아오는 길, 고갯마루에서 도깨비에 홀려 잠깐이면 넘을 고개를 하룻밤 내내 헤매었다던가. 도깨비에 홀려 길을 잃은 그 기분을 알 것도 같았다. 이렇게 고속도로를 빙빙 돌며 헤매다 정신을 차려보면 집으로 돌아와 있지는 않을까. 도깨비를 찾아서 떠난 여행의 시작부터 도깨비를 만난 듯했다.

경주, 비형랑 그리고 도깨비

경주에 도깨비를 찾으러 떠난다니, 번지수를 잘못 찾은 듯, 뜬금없이 들릴 수도 있겠다. 우리가 어렸을 때부터 듣고 보아왔던 경주는 신라의 수도, 천년고도이자 도시 전체가 역사유적지로 가득한 곳으로 도깨비와는 제일 거리가 멀다고 생각되는 곳이었다. 하지만 경주는 오래된 도시인만큼 전설도 많고, 도깨비와도 관련이 많은 도시이다. 신라의 유구한 역사와 유적에 가려져 있지만, 경주에는 각종 신비한 이야기들이 전해진다. 그 중 도깨비와 관련된 아주 중요한 이야기도 전한다. 옛이야기 속의 경주는 온갖 귀신과 기이한 능력을 지닌 사람들이 거리를 활보하는 환상적 공간으로 등장한다. 특히 『삼국유사(三國遺事)』〈기이편(紀異篇)〉에는 신이한 행적을 보인 사람들이 기록되어 있는데, 그 중 비형랑鼻荊郎이라는 인물이 이번 여행의 주인공이다.

비형랑은 귀신의 아들로 태어나 귀신을 부리는 재주를 가진 인물이다. 그리고 비형랑과 비형랑이 부리던 귀신의 무리가 우리가 알고 있는 도깨비의 시조라고 한다. 천년 고도 경주의 이면에는 환상의 세계가 펼쳐지고, 도깨비의 시조가 나타난 곳이라고 하니 놀랍기도 하거니와 조금은 아이러니하기도 하다.

한국사람이라면 자라면서 도깨비 이야기를 한 번쯤은 듣는다. 하지만 경주와 관련된 도깨비 이야기를 들어본 사람은 많지 않을 것이다. 고전문학을 전공한 필자도 비형랑의 이야기를 들어는 보았지만, 경주의 비형랑이 도깨비의 시조라는 사실은 이번 여행을 준비하며 처음 알게 되었다. 도깨비를 찾다가 어디선가 언뜻 들었던 비형랑이라는 이름이 갑자기 튀어나오자 조금은 반가운 생각이 들었다. 그리곤 비형랑에 대해서 조금 더 알아보고 싶어졌다. 비형랑의 이야기를 찾고 기록을 살펴보면서 필자는 비형랑의 매력에 점점 젖어들었다.

필자가 느낀 비형랑의 매력과 도깨비에 대한 이야기를 풀어내기에 앞서 조금은 생소하기도 한 비형랑의 이야기를 잠시 소개하고자 한다.

비형랑은 신라 진평왕 때의 사람이다. 비형랑의 어머니는 사량부의 시녀인 도화녀이고, 아버지는 진지왕의 귀신이다. 진지왕 생전에 도화녀의 미모가 뛰어남을 알고 궁중으로 불러들여 관계하고자 한다. 하지만 도화녀는 두 남편을 섬기지 아니한다며 거절한다. 이에 왕이 남편이 없으면 되겠냐고 묻자 가능하다고 한다.

그 후 진지왕이 폐위되어 죽고, 그 2년 만에 도화녀의 남편도 죽는다. 남편이 죽은 지 열흘 만에 진지왕의 귀신이 나타나 이제 남편이 없으니 가능하냐고 묻는다. 도화녀는 부모와 상의하여 진지왕의 귀신을 허락하고, 진지왕은 7일 동안 머물다 자취를 감춘다. 이후 도화녀는 태기가 있어 아들을 낳는데, 아들의 이름을 비형이라고 하였다.

이때의 신라왕인 진평왕이 이 이야기를 듣고 비형을 데려다 기르고, 15세가 되자 집사 벼슬에 임명하였다. 비형이 밤마다 멀리 도망쳐 놀다 오니 왕이 용사 50인으로 하여금 지키게 하였는데, 매번 월성을 날아 서쪽 황천 언덕 위에 올라 귀신들을 거느리고 놀았다. 용사들이 왕에게 사실을 아뢰자 왕이 비형을 불러 귀신을 데리고 논다는 것이 사실이냐 물었다. 비형이 그렇다고 하자 왕은 귀신을 부려 신원사 북쪽 도랑에 다리를 놓도록 하였다. 비형이 귀신을 시켜 하룻밤 사이에 돌을 다듬어 큰 다리를 놓았는데, 이를 귀교라고 불렀다.

진평왕이 인재를 추천받길 원하자, 그의 무리 중 길달이라는 자를 천거한다. 진평왕은 길달에게 집사 벼슬을 주고 나랏일을 돕게 하니 길달이 충직하게 따랐다. 하루는 길달이 여우로 변하여 도망하자 비형이 귀신을 시켜 잡아 죽였다. 그 뒤로부터 귀신들이 비형의 이름을 들으면 두려워하여 달아났다.

『신증동국여지승람(新增東國輿地勝覽)』에는 이 뒤에 '이는 동경 두두리(東京豆豆里)의 시초이다.'라고 덧붙여 기록한다. 여기에 등장하는 두두리豆豆里를 다른 말로 목랑木郎이라고 하는데, 이 두두리가 도깨비의 시초라고 한다. 또한『동국여지승

람』의 다른 기록에 보면 경주에 두두리 신앙이 성했다고 하니, 경주를 도깨비의 시
작점으로 생각하는 것도 무리는 아닐 듯하다. 답사지로 잘 알려진 경주가 도깨비라
는 판타지적인 괴물이 돌아다니던 도시였다고 생각하니, 조금 생소한 느낌이 드는
것도 사실이다. 하지만 신라는 알에서 나온 박혁거세朴赫居世가 만든 나라이고, 춤
과 노래로 역신을 물리친 처용處容도 신라시대 경주에 살았던 인물이다. 『삼국유사』
에도 신라를 배경으로 하는 기이한 이야기들이 산더미처럼 쌓여있다. 이야기 속 경
주가 낯설게 느껴지는 것은 단지 우리가 어릴 때부터 배워왔던 딱딱하기만 했던 역
사 지식 속에서 경주에 대한 고정관념이 싹트게 되었기 때문은 아니었을까. 꼬리를
무는 생각들을 뒤로 하고 도깨비와 비형랑의 이야기를 찾아 경주로 들어갔다.

오릉에서 찾은 두두리의 흔적

경주IC에서 고속도로를 빠져나와 경주로 들어선 지 얼마 지나지 않아 오릉에 도
착할 수 있었다. 오릉五陵은 이름 그대로 왕릉 5구가 모여 있는 곳이다. 5개의 능은
각각 신라의 시조 박혁거세朴赫居世와 그의 비 알영부인閼英夫人의 능, 신라 2대왕인
남해 차차웅南解次次雄, 3대왕 유리 이사금儒理尼師今, 5대왕 파사 이사금婆娑尼師今의
능이라고 전해진다. 이 오릉이 이번 여행의 베이스캠프 역할을 하게 되었다. 오릉
은 역사적으로 중요한 유적이지만 관광지와 거리가 떨어져 있기에 한적한 분위기
를 느낄 수 있었다.

사실 왕릉을 보기 위해 오릉에 온 것은 아니다. 경주 첫 여행지로 왕릉에 들어
왔지만, 필자의 관심은 왕릉보다는 다른 곳에 쏠려있었다. 그 주인공은 왕릉을
감싸고 있는 왕버들과 소나무였다. 오릉 주변에는 왕버들과 소나무가 심어져 있
는데, 이 왕버들과 소나무가 도깨비와 상당한 관련이 있다. 옛날에 왕버들이 많
은 왕가수王家藪라는 곳에 도깨비가 살았다는 기록이 전해지는데, 이 왕가수의
흔적을 오릉에서 찾을 수 있다.

경주 오릉 오릉은 신라 시조와 초대 왕들의 무덤이다.

『삼국유사』와『동국여지승람』의 기록을 보면 왕가수라는 지명이 등장한다. 이 왕가수라는 곳은 목랑을 제사지내던 곳이라고 기록되어 있다. 여기에서 목랑은 두두리를 말하는데, 비형랑 이후 경주의 백성들에게 두두리 신앙이 성행하였던 듯하다. 기록에는 경주 남쪽 10리 부근에 있었다고 하는데, 경주 배동拜洞, 탑정동塔正洞, 율동栗洞에 걸쳐있는 숲이었다고 한다. 왕가수에는 왕버들과 소나무가 많았으며, 팽나무도 뒤섞여 자랐다고 한다. 하지만 현재 왕가수의 위치는 확실하게 추정하기 힘들다고 한다. 다만 왕가수의 위치가 경주 남쪽 10리 부근에 있었다는 기록을 토대로 배동과 탑정동, 율동 일대에 있었으리라고 추정하고 있다.

현재 왕가수가 있었다고 추정되는 장소에는 이미 마을들이 자리 잡고 있어, 숲의 흔적은 찾아 볼 수 없다. 다만 그 부근인 탑정동에 오릉이 위치하고 있고, 오릉에서 왕버들 숲을 만날 수 있어 왕가수의 모습을 느껴볼 수 있다.

왕가수가 왕버들로 이루어진 숲이라는 것은 사실 꽤나 흥미로운 이야기이다. 왕버들은 한자로 귀류鬼柳라고 한다. 어두운 밤에 왕버들의 줄기 빈 곳에서 불빛

오릉의 왕버들 오릉에는 아직 왕버들이 남아있어 왕가수의 흔적을 찾아볼 수 있다. 사진은 오릉의 왕버들 중 제일 큰 왕버들나무이다.

이 비추고, 비온 날 밤에는 그 불빛이 더 도드라져 보인다고 한다. 옛 사람들은 그 불빛을 귀화鬼火, 즉 도깨비불이라고 이름 붙이고, 도깨비불이 돌아다니는 나무라 하여 왕버들을 귀류, 도깨비버들이라 불렀다.

　여름 납량특집에서 나올 법한 이야기지만, 과학적으로 설명하자면 그리 무섭지만은 않다. 왕버들은 물을 좋아하는 나무인지라, 습한 여름에 썩기 쉽고, 나무에 구멍이 생기기 쉽다고 한다. 이렇게 생긴 왕버들의 구멍에 벌레나 작은 설치류들이 들어갔다 빠져나오지 못하고 죽어 사체가 남는 일이 종종 있는데, 이 사체에서 생긴 인 성분이 빛을 내는 자연현상인 것이다. 인 성분은 비가 내리거나 습한 날씨에 더욱 빛을 발하고, 바람에 흔들리기에 마치 도깨비불로 보였을 것이다. 사실 무덤 주변에 도깨비불이 생기는 현상도 인 성분 때문이라고 설명하기도 한다. 하지만 이 사실을 알지 못했던 옛날 사람들은 왕버들 주변에 불이 피어오르는 것을 보고, 귀신이 쓰인 나무, 도깨비가 깃든 나무라고 생각했을 것이다.

왕버들 이야기를 듣고는 왕버들이 우거진 숲이기에 두두리 신앙의 제의가 행해지던 곳으로 내려오지 않았을까 하는 생각을 조심스레 해본다. 물론 지금에야 도깨비하면 도깨비 방망이와 함께 도깨비불을 제일 먼저 떠올리지만, 과거 두두리를 섬기던 신라에서는 도깨비불을 인지했을지 알 수 없다. 그렇다고 하더라도 팽나무, 왕버들 같은 거목이 우거져 그늘진 숲속, 사람의 흔적도 찾기 힘든 어두운 밤에 스스로 불이 타올라 춤을 추는 장면을 목격한다면, 귀신의 짓이라고 생각하지 않았을까. 인간이 아닌 어떤 것들이 돌아다니는 숲이라면, 도깨비를 모시는 숲으로 제격이라고 생각하지 않았을까.

꼬리를 무는 생각과 함께 오릉의 왕버들을 다시 바라보니, 왕가수의 숲속 모습과 숲속에서 타오를 도깨비불의 모습이 떠올랐다. 오릉의 버드나무는 빽빽이 우거지지도 않았고, 날도 청명하여 음산한 기운을 느낄 수 없었다. 이야기 속 도깨비불이 나오는 귀류와는 거리가 있는 평화로운 모습이다. 하지만 나무들이 오래되어 두세 아름 정도로 커다랗게 자라 있었다. 나무 한 그루 한 그루마다 우뚝 솟아 힘이 있어 보였다. 잠깐 동안 가장 큰 버드나무 옆에 서서 나무 사이로 도깨비불이 나는 상상을 해보았다. 비구름이 잔뜩 몰려와 어둑어둑한데 커다란 나무 사이로 도깨비불이 도는 모습을 상상하니 조금은 오싹해졌다. 오릉의 버드나무 사이에서 1500년 전 왕가수의 버드나무 사이로 이동한 듯했다. 그렇게 이야기 속 서라벌로 차츰차츰 젖어들고 있었다.

귀교 – 비형랑의 자취를 따라

오릉을 뒤로 하고 북쪽으로 조금 걷다보면 개천을 만나게 된다. 남천南川이다. 남천가로 내려가기 위해서는 다리 밑을 지나야 한다. 개천을 가로지르는 오릉교五陵橋를 건너 다리 밑으로 내려오다 보면 교각 부분에 거북 머리 모양 장식을 조각해 놓은 것이 눈에 들어온다. 장식을 바라보면서 경주는 콘크리트 다리 하나

오릉교의 거북 머리 모양 장식 경주의 다리에는 일반 콘크리트 다리에도 거북 모양의 장식이 있다. 역사의 도시답게 소소한 것에도 신경을 쓴 노력의 흔적이 보인다.

에도 신경을 쓰는구나 하는 감탄을 하게 된다. 역사 도시의 자부심이 마을의 다리에서도 드러나는 것이다. 다리를 지나 개천가로 내려오면 남천을 따라 걸을 수 있도록 산책로가 길게 펼쳐진다. 바로 이 남천과 산책로 일대에 비형랑의 이야기가 숨어있다. 바로 귀교와 관련된 이야기이다.

귀교는 비형랑이 귀신을 부려 하룻밤 사이에 지었다는 다리이다. 귀신을 부려 지어서 이름도 귀교라고 불린 다리는 신원사神元寺 북쪽 도랑에 놓았다고 하는데, 지금은 다리가 없어져 그 위치만 짐작할 뿐이다. 다만 오릉 북쪽 남천에서 신라시대 석교의 흔적이 발견되어 발굴이 진행되고, 귀교의 흔적으로 추정되었다. 여행을 떠나기 전 자료를 검색해보니 발굴 보고서와 남천에 남은 석교의 흔적들을 찍은 사진들을 찾을 수 있었다. 보고서와 사진에서 흔적이 발굴된 정확한 위치를 알 수 있어, 이번에는 확신을 가지고 이동할 수 있었다. 오릉교를 지나 남천을 보며 귀교를 만날 수는 없겠지만 흔적이나마 찾을 수 있을 거라는 약간의 기대감이 피어올랐다.

석교 발굴 현장 사진(2002년 보고서) 남천에서 발견된 다리 흔적들을 발굴하는 현장 사진이다.

　귀교는 비형랑 이야기에서 한 줄 정도 등장하는 간단한 화소話素이지만, 생각해보면 간단하지 않은, 흥미로운 구석이 있다. 왜 하필이면 하고 많은 건축물 중 다리였을까. 이야기 속에서는 귀신을 다루는 힘을 시험할 용도로 다리를 놓게 하기에, 조금 고개가 갸웃거려진다. 상징적인 의미로 보면 탑이나 궁궐 같은 건축물이 더 어울릴 것 같기 때문이다. 하지만 다리가 갖는 상징성을 생각해봤을 때, 역시 다리만한 것이 없다는 생각이 들었다.

　다리는 이곳과 저곳을 이어주는 매개체이다. 다리는 강이나 개천이 깊어 건너기 어려울 때, 강 너머를 이어주는 역할을 한다. 그렇기 때문에 갈 수 없는 두 공간을 이어준다는 상징성을 지닌다. 일상생활에서도 흔히 '다리를 놓아준다', '가교 역할을 하다'는 말들을 사용한다. 이러한 표현들도 다리가 갖는 상징성 속에서 나오는 표현들이다. 이야기 속에서 비형랑은 남들은 보지도 못하는 귀신과 어울리고, 귀신을 다룬다. 결국 비형랑은 인간세상과 귀신의 세상을 이어주는 매개체로서의 역할을 한다고 할 수 있다. 비형랑 자체가 이승과 저승을 이어주는 다리 역할을 하는 것이다. 그렇기 때문에 이야기 속에 등장하는 귀교가 의미를 지닌다.

　그래서일까. 도깨비 이야기에서 도깨비가 다리를 놓아준 이야기를 가끔 찾아볼 수 있다. 경주와 얼마 떨어져 있지 않은 청송에는 홍수에도 떠내려가지 않는 다리의 전설이 전한다. 이 다리는 아무리 큰 홍수에도 완전히 쓸려가지 않는다고 한다. 그리고 밤마다 도깨비가 나타나 다시 원위치로 되돌려 놓기 때문에 홍수에도 아무렇지 않게 보인다고 한다. 사람들은 이 다리를 '도깨비다리'라고 부르며 신기해했다. 혹자는 하룻밤 새 도깨비가 다리를 지어주어 사람이 지은 다리는 다 떠내려가지만 이 다리만큼은 쓸려가지 않고 남아있다고도 한다. 이 외에도 도깨비가 다리를 놓아준 이야기 또는 보를 지어 준 이야기가 전국적으로 전해진다. 물론 이러한 이야기들이 비형랑의 이야기와 관련된 것이라고 보기는 어렵겠지만, 그래도 어느 정도는 영향을 주지 않았을까 생각해본다. 괜히 비형랑의 이야기가 도깨비 이야기의 시초라고 불리는 것은 아닐 것이다.

평일 늦은 오후의 남천 문천교와 오릉교 사이의 남천 모습이다. 이 부근에 귀교가 있었을 것으로 추정된다.

오릉교에서 남천을 따라 10분 정도를 걸었다. 다리의 흔적은 오릉교에서 10분 정도 걸으면 보이는 문천교蚊川橋 일대에 있다고 했다. 과연 멀찍이 다리 하나가 보였다. 스마트폰을 열어 지도를 확인해 보니 문천교가 확실했다. 걸음을 조금 늦추고 남천을 찬찬히 살피며 걸었다. 여행을 오기 전 조사했을 때에는 분명히 석교의 흔적이 남아있었다. 그 자료와 사진들이 맞는다면 지금도 그 흔적이 남아있어야 했다.

현재 발굴지에는 귀교의 흔적이 보이지 않았다. 하지만 지도에서 확인하고 보고서에 나온 곳은 남천 문천교와 오릉교 사이인 바로 이곳이 확실했다. 석재는 이미 발굴이 완료되어 경주의 문화재연구소에서 보존하는 모양이었다. 여기에서 얼마 떨어지지 않은 곳에 신라시대 목교인 월정교月精橋가 최근 복원이 되었다. 복원의 고증과 관련해서는 논란이 조금 있었지만 요사이 여행객들 사이에서 새로운 관광명소로 이름을 올리고 있다. 월정교를 보면서 조만간 귀교 또한 복원이 되었으면 좋겠다는 바람이 들었다. 귀교가 복원되고 그 곳에 비형랑과 도깨

월정교 귀교와 함께 신라시대에 지어졌던 목재 다리로 2018년 복원되었다.

비 이야기가 깃들고 남천에 세워진 현대식 다리 사이에 또 다른 재미있는 이야기가 이어져간다면 경주 여행에 또 다른 재미가 되지 않을까.

하룻밤 사이에 세워진 절 영묘사

남천을 건너 탑동 마을 쪽으로 조금 올라가다보면 흥륜사興輪寺라는 절이 보인다. 널찍한 마당에 지어진 지 그렇게 오래 돼 보이지 않는 전각들이 비석을 가운데에 두고 빙 둘러 있다. 비석이 꽤나 크고 화려해 가까이에서 보니 이차돈순교기념비이다. 흥륜사라면 있을 수도 있겠구나 싶어 고개를 끄덕였다. 원래 흥륜사는 신라가 불교를 받아들이며 첫 번째로 창건한 사찰로 이차돈異次頓의 순교와 관련이 있는 유서 깊은 사찰이기 때문이다. 하지만 신라시대의 흥륜사는 현재 남아있지 않고, 지금의 흥륜사는 흥륜사 터라고 알려진 곳에 현대에 새로 지은 사찰이다.

사실 흥륜사를 찾아왔지만 필자가 찾고자 하는 것은 영묘사靈妙寺였다. 흥륜사를 발굴하면서 영묘사 유물이 출토되었고, 오히려 흥륜사 유물은 지금 경주공업고등학교에서 출토가 되어 이곳이 영묘사 터라는 주장이 힘을 얻고 있다고 한다.

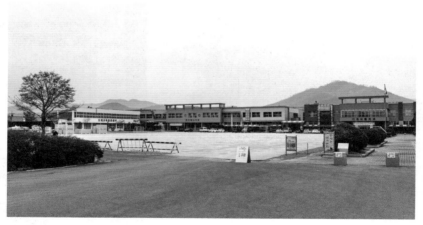

경주 공업고등학교 전경 경주 공업고등학교는 학교 부지에서 흥륜사와 관련된 유물이 발굴 되어 흥륜사 터로 알려져 있다.

영묘사는 귀교와 마찬가지로 도깨비 이야기와 얽혀있는 절이다. 영묘사는 선덕여왕 대에 창건되었는데, 영묘사가 창건될 때 두두리 무리가 하룻밤 새에 그 자리에 있던 커다란 연못을 메우고 절을 지었다는 이야기가 전해진다. 결국 시기는 다르지만 귀교와 마찬가지로 영묘사도 도깨비의 신통한 힘으로 하룻밤 사이에 지어진 건축물인 것이다.

도깨비 힘을 빌려 창건했기 때문인지 영묘사에는 기이한 이야기들이 많이 전해진다. 가장 유명한 이야기는 선덕여왕善德女王의 지기삼사(知幾三事 ; 『삼국유사』에 수록된 선덕여왕이 예측한 신비로운 일 3가지) 중 여근곡女根谷 예언 설화이겠으나, 도깨비 이야기와 그 분위기가 가까운 것은 지귀설화志鬼說話인 듯하다. 선덕여왕을 사모하다 불귀신이 되어버린 지귀라는 청년 이야기이다. 선덕여왕을 사모하던 지귀志鬼는 여왕을 사모하는 마음을 홀로 키우다 결국 미쳐버리고 만다. 그 이야기를 들은 선덕여왕은 영묘사로 기도를 드리러 가는 중에 지귀를 불러 따르게 한다. 여왕이 영묘사에서 기도를 올리는 동안 지귀는 탑 아래에서 깜빡 잠이 들었는데, 기도를 마치고 나온 여왕이 지귀의 모습을 보고 자신이 차고 온 금팔찌를 지귀 가슴에 놓고 돌아간다. 잠에서 깬 지귀는 여왕이 주고 간 팔찌를 보고 사모하는 마음이 더욱 불타올라 그 자리에서 불귀신이 되어버린다. 그런데 지귀의 불기운이 마을까지 번지면서 백성들이 피해를 입자, 여왕이 불귀신을 쫓는 주문呪文을 지어 백성에게 내렸다. 이후 이 주문을 대문에 붙이면 불귀신이 나타나지 않았다고 한다.

이 이야기는 한 남성의 지독한 상사병에 관한 이야기이기도 하지만, 한편으로는 지귀를 통해 불귀신, 즉 화귀火鬼의 유래를 설명하고 주술로 화재를 막으려 했던 민간 신앙적인 이야기이기도 하다. 실제 『삼국사기(三國史記)』 기록에 영묘사에 화재가 났다는 기록이 있어 신라 천지를 불태우고 다닌 불귀신이 탄생한 곳으로 선정된 것 같기도 하다. 하지만 한편으로는 지독한 상사병으로 결국 귀신이 된 남성의 이야기가 절에서 펼쳐지는 것이 아이러니 하게 느껴지기도 한다.

이 장소에는 지금은 희미해져 가는 많은 이야기들이 깃들어 있었다. 천년고도 경주에 이야기가 깃들지 않은 곳이 있겠냐마는 잊혀져가는 장소와 서서히 희미해져 가는 이야기가 깃든 곳이라 더 마음이 쓰였다. 지귀나 두두리 도깨비 모두 지금은 희미해져 교과서에서나 볼 법한 이야기가 되어가고 있다. 이야기가 얽힌 장소가 잊혀가며 자연스레 이야기도 색이 바래고, 희미해져가는 것만 같아 조금은 슬퍼졌다. 사라져가는 것들에 대한 애정과 아쉬움 때문이었을 것이다.

마지막으로 흥륜사를 한 바퀴 둘러보았다. 유물은 모두 박물관에 전시되어있고, 지금 이곳은 현대식 건물들로 다시 지어져 신라시대의 모습을 찾기 힘들었다. 이제는 영묘사가 아닌 흥륜사가 되어버린 절에서 영묘사의 흔적을 찾는 것이 조금 우습기도 했다. 사실 이곳이 흥륜사이던 영묘사이던 지금에서야 크게 상관은 없을지도 모르겠다. 하지만 그럼에도 불구하고 조금 슬퍼진 것은 이곳에 얽힌 흥미로운 이야기들이 희미해지는 장소와 함께 잊혀져간다는 사실 때문이었다.

흥륜사 경내 풍경과 이차돈순교비 흥륜사는 현대에 새로 지어진 사찰이다. 절에서 영묘사와 관련된 유물이 출토되어 영묘사 터라고 보기도 한다. 경내에는 새로 세운 이차돈순교비(異次頓殉教碑)가 있지만 신라시대 때 세운 이차돈순교비는 국립경주박물관에 소장되어 있다.

박물관에서 찾은 도깨비의 흔적

영묘사를 뒤로 하고, 경주박물관으로 향했다. 박물관은 오릉에서 대릉원을 지나 동궁東宮과 월지(月池 ; 예전 안압지雁鴨池가 이름이 바뀌었다.) 근처에 위치하고 있다. 박물관에서 조금 떨어진 곳에 반월성半月城과 첨성대瞻星臺, 대릉원大陵苑이 자리 잡고 있으니, 경주 유적의 중심지에 박물관이 위치하고 있는 것이다.

박물관을 찾은 까닭은 여행지에서의 습관 때문이기도 하지만, 경주에서는 큰 의미를 지니는 공간이기 때문이기도 했다. 경주 자체가 커다란 역사박물관이라고 해도 과언이 아니지만, 그 중에서도 중요한 유물은 박물관에 모여 있었다.

오랜만에 찾은 경주박물관은 어릴 적 기억보다 더 크고 복잡했다. 박물관은 지루하기만 하던 학창시절, 그저 아무생각 없이 형식적으로 한 바퀴 돌아보고, 참 별것 없다고 느꼈었다. 그리고 다시 찾은 박물관은 수많은 유적들이 곳곳에 펼쳐져 있었고, 새롭고 신기한 것들 천지였다.

유물을 둘러보다 보니 영묘사에서 출토된 유물들도 보였다. 교과서에서 많이 보았던 얼굴무늬 수막새도 전시되어 있었다. 이미 교과서나 다른 매체를 통해 익

경주박물관 영묘사지 출토 유물(좌) 경주에서는 흔히 볼 수 있는 유물이지만, 영묘사 터를 확정하는 데에 중요한 역할을 했다고 한다. / 얼굴무늬 수막새(우) 신라의 얼굴이라는 별칭으로 유명한 얼굴무늬 수막새도 영묘사에서 출토된 유물이라고 한다.

히 알고 있었던 얼굴무늬 수막새가 영묘사에서 출토된 유물이었다는 사실이 신기하게 느껴졌다. 왠지 모르게 더 정이 가고 반가운 느낌이다.

계속해서 박물관을 둘러보면서 조금 이질적인, 내가 알고 있는 것과는 다른 것들이 눈에 띄었다. 처음 한두 번은 인식하지 못하고 넘어갔지만, 박물관을 둘러볼수록 이상한 점이 눈에 띄었다. 한 종류의 유물이 내가 알고 있던 것과 명칭이 달라져 있었다. 바로 기와였다. 어릴 적 우리가 귀면와鬼面瓦, 이른바 도깨비기와라고 배웠던 무시무시한 문양을 한 기와의

용면와 우리가 흔히 도깨비 기와로 알고 있지만 최근에 용면와로 명칭이 바뀌었다고 한다.

이름이 전부 용면와龍面瓦, 용문양 기와로 바뀌어 있었던 것이다.

우리가 도깨비의 얼굴로 알고 있던 것이 사실은 용의 얼굴이었다니, 속은 느낌도 들었지만 한편으로는 고개가 끄덕여지기도 했다. 기와에 새겨진 얼굴을 자세히 보면 두 개의 뿔이 달린 얼굴과 입 주변으로 휘몰아치는 영기靈氣의 형상이 도깨비라기보다는 용의 모습에 더 가깝다. 옛 사람들은 나무로 지어진 목조 건물을 화재로부터 보호하기 위해 불과 상극인 물을 상징하는 용을 기와에 새겨 화마를 막으려고 했다고 한다. 기와 속의 용은 불을 막고, 잡귀로부터 건물을 지키는 수호신 역할을 했다.

용면와를 귀신 또는 도깨비 모습으로 착각한 이유에 대해서는 두 가지 설이 있다. 하나는 일본의 귀면와와 비슷했기 때문에 일제강점기 일본학자들이 용면와를 귀면와로 명명한 것이 지금까지 이어졌다는 설이다. 다른 하나는 기와에 새겨진 무시무시한 모습을 도깨비 형상으로 착각하여 귀면와 혹은 도깨비기와로 이름 붙였다는 설이다.

기와에 새겨진 얼굴을 들여다보면 착각할 만도 하고, 실제 뿔 달린 얼굴에 입을 크게 벌린 모습은 일본 귀신 '오니[鬼 ; 일본 불교에서 지옥에 떨어진 망자들에게 벌을 주는 괴물의 총칭]'를 연상시키기도 한다. 오니는 종종 도깨비처럼 보이므로 일본 학자들이 착각했을 수도 있고, 아니면 도깨비에 일본의 오니를 덧씌울 의도가 있었을지도 모르겠다. 생각이 여기까지 미치자 문득 근본적인 의문이 고개를 들었다. 과연 우리가 알고 있는 도깨비는 그렇게 무서운 존재였던가?

도깨비의 모습

어린 시절 도깨비 이야기를 많이 듣고 자랐지만, 도깨비 모습을 떠올려 보면 정형화된 모습으로 그려내기가 쉽지 않다. 사람마다 떠올리는 도깨비의 모습이 각각 다르다. 보통 우리가 떠올리는 짐승가죽옷을 입고, 뿔 달린 얼굴에 험상궂은 표정으로 가시달린 방망이를 든 괴물은 일본의 오니라는 것은 이미 알려진 사실이다. 우리의 도깨비 모습은 특정한 모습이 없고, 이야기마다 제각각으로 묘사된다.

이야기에서 공통적으로 나타나는 모습은 도깨비불로 변해 날아다닌다는 것과 낮에는 농기구나 빗자루 등으로 변해 있고, 인간에게 갑자기 나타나서 씨름 한판하자고 떼쓰는 모습 정도이다. 그렇기 때문에 도깨비 이야기를 들을 때 사람들은 저마다 자신이 알고 있는 도깨비 모습을 상상한다. 우리가 전해 들었던 이야기 속 도깨비는 신기한 힘을 가지

일본의 괴물 오니 흔히 도깨비의 모습으로 착각되곤 하는 일본의 괴물 오니의 모습이다. 오니는 사람에게 친근한 존재인 도깨비와는 달리 가죽옷에 방망이로 사람을 해쳐 잡아먹는 괴물로 묘사된다. 사진은 온천으로 유명한 일본 벳푸(別府)의 한 온천에 세워진 오니 조형물이다.

고 사람들을 돕기도 하고, 골탕 먹이기도 한다. 또한 공포의 대상이기도 해서 도깨비를 일본의 괴물 오니로 착각했을지도 모르겠다. 모습을 알 수 없었기에 일제 강점기를 거치며 무섭게 생긴 오니로 착각되기 쉬웠을 것이다.

하지만 도깨비는 그렇게 무서운 존재가 아니다. 이야기 속에서 도깨비는 평범한 인간과 크게 다르지 않게 묘사된다. 도깨비 이야기를 들으면 밤길을 가는데 웬 건장한 사내가 말을 걸었다는 식으로 시작되는 경우가 많다. 그래서 대부분의 이야기 속 주인공은 도깨비라고 생각하지 않은 채로 도깨비에게 홀려버리고 만다. 그리고 이야기 속 도깨비는 사람들에게 해코지를 하기 보다는 장난을 좋아하고 어리숙한 존재로 묘사된다. 몇몇 이야기에서 도깨비는 대단한 힘을 가지고 인간을 골탕 먹이려고 하지만, 결국 인간에게 속아 넘어가 오히려 인간을 돕기도 한다. 도깨비는 인간과는 다른 존재이지만 순박한 시골의 청년 같은 존재로 인간과 함께 살아가면서 공존하는 존재인 것이다.

지금도 시골 어르신들에게 도깨비를 물으면 도깨비 이야기가 쏟아져 나온다. 구비문학 답사를 다닐 무렵 이야기를 풀어나갈 때 어르신께 제일 먼저 묻는 질문이 도깨비 이야기를 듣거나 겪은 적이 있냐는 질문이었다. 가장 친숙한 이야기이자 어디에서나 들을 수 있기 때문에 거기에서부터 이야기를 이끌어내는 전략이었다. 질문을 던지면 백이면 백, 도깨비 이야기보따리를 풀어낸다. 장날 얼큰하게 술에 취해 고개를 넘어 마을로 돌아오다가 도깨비를 만나 씨름을 하고, 이겨 나무에 묶어놓았는데 다음날 가보니 도리깨가 묶여 있었다는 이야기부터 마을 뒷산에서 도깨비불을 보고 도망친 이야기, 도깨비에 홀려 밤새 헤매 다닌 이야기, 도깨비를 속여 부자가 된 이야기까지 이야기를 듣다보면 인간과 가까이에서 살아 숨 쉬던 도깨비들을 느낄 수 있었다.

생각을 하다 보니 오히려 도깨비기와라는 명칭이 변경된 것이 도깨비에게도 다행이지 않을까 하는 생각이 들었다. 인식 속에서 무서운 도깨비 이미지가 조금은 씻길 것만 같은 마음 때문이다. 어떠한 이야기도 세월이 흐르면 변화하기 마련이다. 특히나 문화가 달라지면 달라진 문화에 맞게 이야기도 변화하는 것은 당연한 일이다. 그럼에도 도깨비 이미지의 변화가 안타까운 것은 우리 사이에서 점점 사라져가는 순박함이 도깨비에게는 남아있기 때문이 아닐까.

월성과 서쪽 언덕, 그리고 비형랑

경주박물관과 얼마 떨어지지 않은 곳에 신라의 궁궐 월성月城이 위치한다. 이야기 속 진평왕이 비형랑을 데려다 키우고, 벼슬까지 주며 지내라고 했던 곳이다. 하지만 지금 성의 모습은 남아있지 않고, 그 터만 남아있다. 경주박물관에서 10분 정도 걷자 월성 궁궐터가 나왔다. 월성 터는 아직 발굴이 진행 중이었다. 월성 안내 팻말을 지나 가까이 다가가자 텔레비전에서 보던 유적 발굴 현장이 펼쳐졌다. 격자 모양으로 구획을 잡고 발굴이 진행 중이었다.

월성 발굴지 신라의 궁궐 월성은 아직도 발굴이 진행되고 있었다.

발굴지를 천천히 둘러보았다. 월성은 생각보다 상당히 넓었다. 궁궐터는 발굴지와 그 주변의 숲, 언덕까지 모두 포함하고 있었다. 사진을 찍으며 천천히 한 바퀴를 둘러보는 데 한 시간은 족히 걸렸다. 신라의 궁궐이었던 자리이니 만큼 넓은 것은 당연하겠다 싶었다.

월성을 돌아다보니 어느새 해가 뉘엿뉘엿 저물고 노을이 지고 있었다. 이야기 속 비형랑은 해가 저물면 월성을 날아 넘어 서쪽 황천가 언덕에서 귀신들과 어울렸다고 하던가. 마침 걷고 있는 곳도 월성 너머 남천이 보이는 서쪽 숲가였다. 생각이 난 김에 주위를 둘러보았다. 비형랑이 놀았을 법한 언덕과 숲이 시야에 가득 펼쳐져 있었다. 산책로를 거닐 무렵에는 마친 해가 지고 어둑어둑 해질 쯤이었다. 사람들도 점점 줄어들어 어느새 혼자 걷고 있었다. 이야기에 나오는 것처럼 귀신이 나올 법한 풍경은 아니었지만, 그래도 나름 이야기에 등장하는 월성 서쪽 언덕의 모습을 그려볼 수 있었다.

월성 산책로 해질 무렵 찾은 월성을 산책로는 해가 저물어 어둑어둑 해지고 있었다. 산책로를 걸으며 이야기에 나왔던 귀신과 어울리던 언덕의 모습을 그려보았다.

비형랑의 이야기를 곱씹으며 지금은 느끼기 힘든 당시 서라벌의 밤을 그려보았다. 생각할수록 신라의 밤은 특별한 느낌을 준다. 신라, 천년고도 경주에는 특히 수많은 이야기들이 전해진다. 그 중 기이한 이야기들은 주로 밤을 배경으로 펼쳐진다. 신라의 낮이 역사 속 인물들이 역사를 굴려 나가던 시간이었다면, 신라의 밤은 역사에 나타나지 않는 이들을 위한 시간이었다. 어둠이 내리고 밤이 찾아오면 처용^{處容}은 춤을 추고 노래를 부르며 역신을 쫓았고, 비형랑은 도깨비와 어울려 놀면서 신통력으로 다리를 뚝딱 완성해냈다. 다른 곳 다른 시간에서는 도깨비들이 모여 연못을 메우고 절을 지었다. 또한『삼국유사』이야기 중에는 관세음보살이 여인의 몸을 하고 노힐부득^{努肹夫得}과 달달박박^{怛怛朴朴}을 찾아간 시간도 해가 지고 어둠이 깔릴 무렵이었다. 밤이 되면 신라의 거리에서는 인간과 인간이 아닌 신성한 존재, 악한 존재들이 함께 어우러져 각종 이야기들을 만들어냈다.

그리고 그 중심에 비형랑과 도깨비가 있었다. 짧은 이야기 속에서도 비형랑은 매력적인 인물로 등장한다. 폐위당한 왕의 아들, 그것도 귀신의 아들로 태어나 일찍이 궁에 들어가 살면서 외로움도 많이 느꼈을 것이다. 따돌림을 당했다는 이야기는 없지만 홀로 도깨비와 어울렸다고 하니, 궁 안의 사람들과는 잘 어울리지 못했다고 추측할 수 있다. 하지만 비형랑은 외로움에 침식되지 않았다. 오히려 성인이 된 후에는 하룻밤 새 다리를 만들라는 왕의 불가능한 임무까지 신통력으로 완벽하게 수행하면서 영웅의 모습으로 다시 태어난다.

복잡한 현대를 살아가는 사람들은 누구나 삶의 그늘을 하나씩은 드리우고 있다. 비형랑도 그랬지만 오히려 그 그늘을 이용해 인정받고 한계를 극복하는 모습에서 우리는 매력을 느끼게 된다. 이는 오늘날의 영웅 이야기와도 많이 닮아있다. 비형랑은 영화나 만화에서 나오는 다크 히어로 같은 모습으로 필자에게 다가왔다. 이것이 비형랑에게 필자가 매력을 느낀 이유일지도 모르겠다.

비형랑을 따라 월성 주변을 걷다보니 어느새 해가 지고 산책로도 어둑어둑해지고 있었다. 내일은 비가 오려나, 날이 흐려 어둠이 더 빨리 내려온 듯했다. 조금 전까지만 해도 산책을 하던 사람들이 하나둘씩 사라져 홀로 걷고 있었다. 해질 녘까지만 해도 밝은 분위기였는데, 이제는 으스스해진다. 홀로 걷는 경주의 밤, 이야기가 쏟아져 내릴 것만 같은 밤이다. 홀로 걸으며 비형랑과 도깨비, 그리고 신라의 이야기들을 생각해본다. 외로움을 달래려 도깨비와 놀던 비형랑, 밤새 노닐다 집으로 들어가던 처용, 말을 타고 천관녀의 집으로 향하는 김유신이 거닐던 밤으로 들어온 듯했다.

다시 지금 경주

이야기를 따라다녔기 때문일까. 이번 여행은 유독 지금의 경주가 아닌 천오백 년 전 신라의 서라벌을 헤매었던 듯하다. 이야기에 나왔던 장소들을 찾아 헤매고 그 곳에서 이야기의 주인공들이 행했던 행적들을 상상하다보니 어느새 필자도 그 옛날 진평왕 시절의 서라벌을 걷고 있었다. 비록 천오백 년이나 지나 그 장소는 희미해지고 말았지만, 희미해진 대로 이야기의 모습을 그려보았고, 점점 과거로 빠져들었다.

이야기에 빠져든 덕이 아니라면 정말 '도깨비의 장난'일지도 모르겠다. 한참을 걷다가 숙소로 돌아와 걸음수를 확인해보니 3만 보가 훌쩍 넘어 있었다. 도깨비에 홀려 어둔 밤 산 어귀를 헤매듯 필자도 도깨비에 홀려 힘든 줄도 모르고 경주 이곳저곳을 헤매고 다녔는지도 모르겠다. 아니면 이야기에 홀리고 도깨비에 홀려 두 번이나 홀린 채로 돌아다녔을지도 모른다.

어쨌든 이번 여행은 출발부터 무언가에 홀린 듯 다녔다. 어디에 있었는지 알 수 없는 절과 다리를 찾아다니고, 그 옛날 우거졌던 숲을 찾아 왕릉을 헤맸다. 그렇게 헤매며 비형랑과 도깨비를 만나보고자 했다.

경주의 밤, 숙소가 있는 황남동皇南洞, 이른바 황리단길로 불리는 경주의 골목골목은 도깨비가 봐도 놀랄 정도로 화려했다. 이제 경주는 역사 유적 도시이면서 젊은 여행객을 잡아끄는 이른바 힙한 골목이 공존하는 매력적인 도시가 되어 있었다.

황리단길을 따라 걸으며 줄지어 들어선 가게들을 구경하는데 눈길을 잡아끄는 곳이 있었다. 기와집 담벼락에 자판기가 늘어서 있었고, 그 위에 '도깨비명당'이라는 이름과 함께 십이간지가 각 자판기 위에 한자로 쓰여 있었다. 그리고 건물 문 위에는 일본 오니를 닮은 도깨비가 올려 있었다. 도깨비라는 글자에 홀려 그 앞으로 다가가니, 삼삼오오 모여든 사람들이 무언가를 보면서 이야기를 나누고 있었다.

궁금한 마음에 좀더 가까이 다가가 보았다. 자판기의 정체는 운세를 뽑는 기계였다. 자신의 띠에 맞는 자판기에 전용코인을 넣고 돌리면 운세가 들어있는 캡슐이 나온다. 재미있는 발상이다. 도깨비라는 이름은 경주가 도깨비의 시작점이라는 것을 알고 붙인 것은 아닐 것이다. 아마도 도깨비처럼 신통방통하게 운세

도깨비명당 황남동에서 유명한 운세자판기라고 한다. 사람들이 늦은 밤에도 점괘를 뽑아보고 있었다

를 잘 맞춘다는 의미로 지었을 것이다. 물론 도깨비는 점을 보지도 않았고, 하물며 장식물의 형상은 도깨비도 아니지만, 재치 있는 이름과 기획으로 이 장소는 경주를 찾는 여행객들이 한 번쯤은 들러보는 명소가 되어 있었다.

한때 도깨비 열풍이 불었던 때가 있었다. 필자가 어린 시절에는 만화나 그림책에서 도깨비를 참 많이 볼 수 있었다. 도깨비의 이야기를 담은 만화들이 쏟아져 나왔고, 그림책에도 항상 도깨비가 등장했다. 그 당시 도깨비는 아동용 이야기로 좋은 소재였다. 그러던 사이 어느새 도깨비 이야기는 천천히 사라지고 다른 이야기들이 그 자리를 메우기 시작했다.

시간이 흘러 나이가 들면서 점점 도깨비를 잊어 갈 때쯤 다시 이야기를 공부하게 되면서 도깨비를 다시 만나게 되었다. 어린 시절처럼 순수한 마음으로 이야기를 즐길 수는 없게 되었지만 여러 도깨비 이야기를 들으면서 잊고 있었던 도깨비를 다시 생각하게 되었다.

어떠한 이야기든 계속 사람들 사이에서 회자되어야 생명력을 이어나갈 수 있다. 도깨비 이야기는 계속 사람들 사이에서 이야기 되면서 생명을 이어가고 있다. 이번 여행을 준비하면서 주위를 둘러보니 아직도 간간히 도깨비 이야기가 대중문화에서 소재로써 등장하는 모양이다.

유명한 TV드라마 〈도깨비〉부터 웹툰과 게임에 등장하는 도깨비의 모습까지. 오히려 최근에는 도깨비가 대중문화 속에서 더 자유롭게 융화되어 새로운 모습으로 생명력을 얻고 있다. 실제 요즘 이야기 속에서 그려지는 도깨비는 흥이 많다거나, 폭력을 싫어하고 피를 무서워한다거나, 장난을 좋아한다거나 하는 등 도깨비의 특징들을 제대로 부각시켜 더욱 친근하게 다가온다. 인간을 골탕 먹이기도 하고, 도와주기도 하면서 이야기 속에서 인간과 어우러져 살아가던 도깨비는 지금도 새로운 매력을 뿜어내며 사람들 사이에서 살아가고 있다.

경주 동궁과 월지

우리가 익히 알고 있던 안압지는 동궁과 월지라는 이름으로 바뀌었고, 조명을 달아 아름답게 꾸며놓았다. 많은 사람들이 밤늦은 시간에도 조명에 비친 모습을 즐기고 있다. 그 모습을 바라보며 그 옛날 경주에서 놀던 처용이 생각났다. 동경 밝은 달 아래 노닐 던 곳이 이곳은 아니었을까. 그리고 지금 모여든 사람들처럼 달에 비친 누각을 즐기며 술잔을 기울이지는 않았을까.

김종찬

CHAPTER

7

세상의
모든 아랑에게

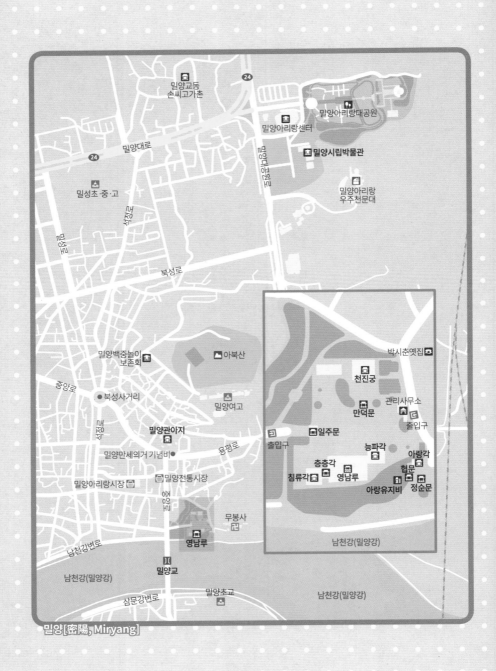

밀양교동
손씨고가촌

밀양대로

24

밀양아리랑대공원

밀양아리랑센터

밀양시립박물관

밀성초·중·고

밀양아리랑
우주천문대

북성로

밀양백중놀이
보존회

아북산

박시춘옛집

천진궁

중앙로

북성사거리

밀양여고

만덕문

관리사무소
출입구

밀양관아지

일주문

능파각

아랑각

밀양만세의거 기념비

출입구

밀양아리랑시장

밀양전통시장

용평로

충충각
침류각

영남루

협문

정순문

아랑유지비

무봉사

남천강(밀양강)

남천강변로

영남루

남천강(밀양강)

밀양교

남천강(밀양강)

삼문강변로

밀양초교

남천강(밀양강)

밀양[密陽, Miryang]

Chapter 7

세상의 모든 아랑에게

나비를 따라 밀양으로(경상북도 밀양)

아랑과 밀양

시끌벅적한 노랫소리가 공기를 가득 채우고, 다양한 먹거리를 파는 포장마차
가 줄지어 있는 5월의 밀양. 매년 5월 초, 밀양의 영남루嶺南樓가 보이는 강변에서
는 밀양아리랑대축제가 벌어진다. 내가 처음 밀양을 찾았을 때는 한창 축제가
진행되고 있었다. 익숙한 대중가요와 식욕을 자극하는 맛있는 냄새. 그때 나는
아랑의 슬픈 사연보다는 흥겨운 축제에 홀려 있었다. 그러다 금방 어둑한 밤이
찾아왔다. 옹기종기 모인 사람들을 따라 앉아 있으니, 영남루를 배경으로 레이
저쇼가 펼쳐졌다. 하늘을 화려한 불빛으로 장식할수록 사람들의 환호성이 더욱
커졌다. 그리고 밀양강 너머로 보이는 영남루 또한 화려한 색채로 물들었다. 그
순간 나는 입을 다물고 말았다. 나는 무엇을 위해 여기에 왔지?

아랑을 상징으로 내세운 밀양 축제에서 아랑의 자취는 찾을 수 없었다. 아랑
을 애도하는 취지로 거행되던 문화축제가 언제부터 아랑의 죽음을 기념하는 축

밀양교 위 밀양아리랑대축제를 알리는 각종 선전물들 본래 아랑의 부덕(婦德)과 정순(貞純)을 기리기 위한 취지의 행사로서 '밀양아랑제'라고 부른다고 한다.

제의 장이 되어버린 것일까. 축제 마지막 날에는 영남루에서 곱게 치장하고 화려한 한복을 입은 처녀들이 심사위원 앞에 앉아 있는 모습을 보다가 자리를 빠져나왔다. 대회 명칭은 바로 '아랑 규수 선발대회'였다. 선발 기준은 미모와 교양, 재예, 규수로서의 자질이라고 한다. 예나 지금이나 여성의 미에 대한 기준은 변함이 없구나. 아랑 전설에서 주기朱旗가 아랑의 아름다운 용모를 보고 성적 욕망을 품었던 것은 잊고, 현대의 아랑에게도 아름다움을 강요하고 있으니 말이다.

아랑, 너의 이름은

아랑阿娘은 예쁜 여인을 부르는 호칭이다. 그런데 여인이라고 부르기에는 그녀가 너무 어렸다. 당시 16세는 혼인을 준비할 나이였겠지만, 현대를 살아가는 나에게 아랑은 여인이 아닌 소녀로 다가왔다. 지금으로 따지면 이제 중학교를 졸업할 사춘기 소녀였던 아랑. 그래서 내가 상상한 아랑은 앳되기만 한 얼굴에 순진무구한 표정으로 마당을 뛰어다니는 모습이었다.

전설에 따르면 아랑의 이름은 동녘동 (東), 구슬옥(玉)자를 쓰는 윤동옥尹東玉 이라고 한다. 그런데 전설 속 아랑의 이름을 기억하고 있는 이는 몇이나 될까? 그녀는 '윤동옥'이라는 이름보다, 예쁜 여인을 뜻하는 '아랑'으로 더 알려져 있다.

"동옥아."

처음으로 그녀의 이름을 불러 보았다. 아랑이 아닌 이름을 부르자 소녀의 모습이 더 또렷하게 다가왔다. 전설 속 아랑은 통인(通引 : 수령의 심부름이나 명령을 전달하던 관노)의 겁탈에 항거한 강인한 여성으로, 죽음을 두려워하

아랑의 영정 밀양시립박물관에 전시되어 있는 이 영정은 친일화가 김은호(金殷鎬)가 그렸다 하여 논란이 일었다.

지 않고 자신의 정절을 지켜낸 정순의 화신으로 칭송 받아왔다. 과연 16세 소녀가 목숨까지 위협받는 순간에도 정절을 훼손당하지 않은 것에 의미를 부여하고, 이를 대단한 것이라고 상징화하는 것이 아랑에게 애도哀悼로 다가올 수 있을까?

무서웠을 거다. 유일하게 믿는 유모에게 이끌려 나갔다가 낯선 남성에게 제압당했을 때, 무서워서 도망치고 싶다는 생각이 먼저 들었을 거다. 후세에 오래 기억에 남을 수 있도록 아랑을 상징화하는 것 자체가 잘못되었다고 하는 말이 아니다. 하지만 정절을 지킨 사실에 의미를 부여하기보다 미처 못다 핀 꽃과 같은 어린 소녀의 죽음을 더 안타깝게 여겨야 하지 않을까. 나는 이번 여정에서 오로지 아랑이 하는 말에 귀를 기울이려고 했다. 아랑이 스쳐 갔을지 모르는 곳, 아니면 지금도 머무르고 있을지 모르는 곳에서 아랑의 흔적을 찾기로 했다. 나 또한 21세기를 살아가는 한 사람의 아랑으로서 진정으로 아랑을 위로하고 안아주고 싶었다.

아랑아, 아랑아

　일찍 어머니를 여읜 아랑은 밀양 부사로 부임한 아버지를 따라 유모와 함께 밀양으로 오게 된다. 아랑은 아버지를 따라 낯선 마을 밀양에 도착해서 무슨 생각을 했을까? 이전까지 아랑에게는 별당에서 내다 본 작은 세상이 전부였을 거다. 배를 타고 남천강南川江을 건너면서 쓰개치마를 쓴 아랑이 눈을 바쁘게 움직이며 조심스럽게 사방을 바라보는 모습이 상상되었다. 세상은 생각했던 것보다 더 넓고, 아름다운 곳임을 이제야 알게 되었겠지.

밀양시립박물관에 전시되어 있는 밀양십이경도 선조 때 이경홍이 부친인 금시당(今是堂) 이광진(李光軫, 1517~?)의 병을 위로하기 위해 그렸다고 구전되는 '밀양십이경도'에서 밀양 영남루의 옛 모습(위쪽 그림)을 확인할 수 있다.

밀양교를 건너 관아로 가는 도중에 영남루로 들어가는 길이 있었다. 나는 먼저 3대 명루로 꼽히는 곳이자 아랑 전설의 주 무대인 영남루로 향했다. 어쩌면 아랑이 걸었을지 모를 길을 따라 가는데 익숙하고 경쾌한 멜로디가 들려왔다.

날 좀 보소, 날 좀 보소, 날 좀 보소
동지섣달 꽃 본 듯이 날 좀 보소
아리아리랑 쓰리쓰리랑 아라리가 났네
아리랑 고개로 날 넘겨주소

영남루로 들어가는 입구에 밀양 아리랑 노래비가 세워져 있었다. 밀양아리랑 노래비가 영남루와 가까이 위치해 있다는 건, 아랑 전설과 밀양아리랑이 관계가 있다는 건가? 지금 전하는 밀양아리랑은 먼 옛날 밀양의 부녀자들이 아랑의 정

밀양아리랑비 일각에는 밀양아리랑과 아랑 설화가 연관이 있다고도 하는데 또 한편에서는 전혀 관련이 없다고도 한다.

순을 사모하여 '아랑, 아랑' 부르던 것이 아리랑이 되었다는 설이 있다. 또 전국적으로 100여 가지의 버전으로 전해져오는 밀양아리랑 중 영남루에 얽힌 아랑의 이야기가 가사로 전해져 내려오는 것도 존재한다.

"영남루 명승을 찾아가니 아랑에 애화(哀話)가 전해있네.
아리아리랑 스리스리랑 아라리가 났네. 아리랑 고개로 넘어간다.
저 건너 대숲은 의의(依依)한데 아랑의 섧은 넋이 애달프다.
아리아리랑 스리스리랑 아라리가 났네. 아리랑 고개로 넘어간다."

이 가사는 2013년 1월 MBC에서 방영된 〈우리가락 우리문화〉 프로그램에서 국악인 송소희가 부른 밀양아리랑의 가사이다. 아랑의 이야기가 밀양아리랑 가사에 존재할 수 있었던 것은 밀양 사람들이 아랑과 아랑의 이야기를 기억하고 애도하는 방법 중 하나였을 거라 생각한다. 원래 내가 기억하고 있던 노래의 가사 속에 아랑은 존재하지 않았지만 지금 생각해보니 동지섣달 꽃 본 듯이 나를 봐달라는 여인이 바로 아랑이 될 수도 있겠다는 생각이 들었다.

아랑도 반한 영남루에 오르다

노래를 흥얼거리면서 사람들을 따라 널찍한 마당으로 들어섰다. 단번에 시선을 사로잡은 것은 단연 영남루였다. 나는 그 자리에 우뚝 서서 카메라를 꺼내 들 수밖에 없었다.

영남루는 새가 날개를 펼치듯 뻗어 있는 처마의 팔작지붕이 아주 멋스러웠다. 좌측으로 능파각凌波閣, 우측으로 침류각枕流閣을 나란히 하고 있고, 침류각과 본루는 계단형 통로 층층각層層閣으로 연결되어 있다. 과거 영남루는 밀양도호부 객사의 부속 건물로 관원들이 손님을 대접하거나 휴식을 취하던 곳이었다. 이

영남루 전경 영남루가 처음 지어진 것은 고려시대이나 조선시대 화재로 훼손되기를 반복하다가 헌종 10년(1844)에 다시 세워져 오늘에 이른다.

처럼 계단식으로 연결하여 지은 것은 술을 마시되 너무 취하지 말란 뜻으로 일부러 이와 같이 만들었다는 이야기가 있다. 그래서인지 옛 문인들이 지은 시에 나타난 영남루 풍경을 보며 술을 마시고 즐기는 장소로 그려져 있다.

樓觀危臨嶺海天(루관위림영해천)　남쪽 바다 하늘 높이 영남루 서 있는데
客來佳節菊花前(객래가절국화전)　국화 필 좋은 철에 객은 찾아 올랐다오
雲收湘岸靑楓外(운수상안청풍외)　소상 언덕 푸른 숲 너머로 구름 걷히고
水落衡陽白雁邊(수락형양백안변)　형산 남쪽 흰 기러기 곁으로 강물 다하네
錦帳圍將廣寒月(금장위장광한월)　비단 장막 광한전의 달을 둘러싸고 있고
玉簫吹入太淸烟(옥소취입태청연)　옥통소 소리 태청궁의 연기 속에 들어가네
平生儘有騷人興(평생진유소인흥)　평소에 진정으로 시인의 흥이 넘쳐
猶向尊前踏綺筵(유향존전답기연)　술통 놓고 비단자리 밟고서 춤추노라

이는 퇴계 이황退溪李滉이 1535년 일본 사신을 동래東萊로 호송하고 한양으로 돌아가는 길에 영남루에 올라 지은 시이다. 절벽 끝에 지어진 영남루에 오르면 과연 하늘에 오른 것과 같았을 것이다. 그리고 아름다운 경치를 안주 삼아 마시는 술이 얼마나 달고 시원했을까. 술잔을 기울이다가 덩실 춤을 추는 옛 사람들의 모습이 보이는 듯하다. 도포 자락이 바람결에 날리며 아름다운 춤사위를 선보이는 모습이 평화로워 보이는 영남로의 풍경과 퍽 어울린다.

영남루의 웅장한 자태를 사진으로 담아내기 위해 널따란 마당을 이리저리 휘젓고 다니는데 문득 사방이 고요해졌다. 단체 관람객이 빠져나갔나 보다, 하고 마당을 가로질러 누각으로 걸어가는데 마당의 흙이 사각대는 기분 좋은 소리가 들린다. 언젠가 아랑도 이 마당을 거닐었겠지. 늦은 밤, 빠른 발걸음으로 마당을 가로지르는 아랑이 내 앞을 스쳐 지나가는 듯했다. 그리고 아버지 몰래 관저에서 빠져나오는 일탈을 시도한 아랑은 가장 먼저 영남루 누각에 먼저 뛰어올랐을 거라는 생각이 들었다. 나는 아랑의 뒤를 쫓아 누각으로 올랐고, 오르자마자 시원한 바람이 얼굴을 스쳐갔다.

신선한 바람이 불고 따뜻한 햇볕이 내리쬐는 5월의 봄날, 밀양의 영남루를 찾은 이들이 많았다. 어린 딸의 손을 잡고 영남루 계단을 오르는 젊은 부부부터 등산복을 입은 노부부, 사랑을 시작한 지 얼마 되지 않아 보이는 어린 연인까지. 연인을 보니 문득 생각이 났다. 밀양에 도착하기 전 들은 이야기인데, 바로 영남루에 젊은 연인이 함께 오르면 그 사랑은 반드시 깨진다는 것이다. 사랑을 한 번도 해보지 못하고 죽은 아랑이 다정한 연인을 시샘하여 연인의 사랑을 깨뜨린다나. 믿거나 말거나다.

세월의 흔적이 느껴지는 영남루 대들보에 기대앉았다. 그러자 잔잔한 밀양강과 푸른 하늘, 유유히 떠가는 구름이 눈에 들어왔다. 그리고 사람들의 말소리는 점점 멀어지고 나른한 졸음이 쏟아졌다.

"내 이야기 좀 들어줄래?"

문득 아랑의 목소리가 들리는 듯해서 잠에서 깨어났다. 그러다 마음 한편이 저릿해지는 것을 느꼈다. 대낮의 이 풍경을 아랑도 볼 수 있었으면 좋았을걸. 그

영남루 누각에서 본 밀양강(남천강) 풍경 현대식 건물이 늘어서 있는 반대편 풍경과 달리 왼쪽의 풍경은 고요한 밀양강과 푸릇한 나무들이 조화를 이루고 있었다.

런데 혹시 아랑의 혼은 여전히 이곳에 남아 아름다운 영남루 풍경을 보고 있지는 않을까, 주변을 둘러보았다. 내 맞은편에 누워서 낮잠을 자고 있을까, 넓은 누각을 뛰어다니며 애정행각을 하는 연인을 괴롭히고 있을까, 아니면 가족사진을 찍는 평범한 가족들을 바라보며 자신을 기다리다 지쳐 돌아가신 아버지를 떠올리고 있지는 않을까. 지금 아랑은 어디에 있을까?

못 다 핀 꽃, 아랑

사방이 어둠에 잠기고 아랑이 유모와 몰래 밖으로 빠져나올 때, 하늘에는 밝은 보름달이 떠 있었다. 오로지 달빛에 의지하여 유모를 따라 나선 아랑. 아버지 몰래 밖으로 빠져나온 아랑은 가슴이 두근거려 자신을 쫓는 음흉한 눈빛을 의식하지 못했을 것이다. 멀리 영남루가 보이기 시작하자 아랑은 발길을 재촉했다.

지금 영남루는 문화재 보호를 위해 저녁 6시 이후에는 입장이 불가하다. 입구를 막고 있는 펜스 위로 손을 뻗어 찍은 사진을 보고 나도 모르게 '와―'라는

해가 지고 난 후의 영남루 전경 펜스 너머로 손을 뻗어 사진을 찍는데. 그 광경이 너무 아름다워서 아랑의 심정을 이해할 수 있을 것 같았다.

감탄사가 나왔다. 아마 아랑도 나와 같은 마음이지 않았을까? 간밤의 외출을 들킬까 염려하던 마음이 싹 사라지고, 하룻밤의 일탈이 마냥 행복하게 느껴졌을 것 같다.

혹시 아랑이 유혹에 넘어갈 정도로 매혹적인 보름달이 뜬 영남루 풍경을 나도 볼 수 있지 않을까 기대했지만 구름에 가려진 달은 모습을 드러내지 않았다. 아랑이 늦은 밤 영남루에 올랐다고 하는 날은 음력 4월 16일, 보름달이 세상을 밝히고 있었다. 영남루에서 올려다보는 보름달 풍경이란 상상만으로도 황홀함을 느끼게 한다. 늦은 밤 영남루 구경을 가자고 꼬드기는 유모의 말에 따라나선 아랑도 내 심정과 크게 다르지 않았을 테지. 과거 아랑을 사로잡았을 풍경을 나는 밀양교에서 영남루를 바라보는 것으로 대신했다.

아랑에게 하룻밤 일탈의 달콤함은 잠시뿐이었다. 아름다운 풍경에 눈을 뺏긴 아랑은 곁에 있던 유모가 사라진 줄도 몰랐다. 대신 음침하게 접근한 괴한이 순식간에 아랑을 끌어안았다. 어둠 속으로 끌려간 아랑은 거친 손으로 옷고름을 풀어헤치는 주기朱旗에게 반항을 했다. 하지만 억센 남성의 손을 뿌리치고 도망치기란 어려운 일이었을 것이다. 아랑은 공포 가득한 눈으로 발버둥 치지만 칠흑같이 어두운 곳에서 그녀를 도와줄 사람은 없었다.

아랑이 본 마지막 하늘

원래 영남루 주변은 대숲으로 가득했다고 한다. 예전 같지는 않지만 현재도 대나무 군락이 영남루 주변 곳곳에 보인다. 처음 밀양을 찾았을 때, 아랑의 목숨이 사라져간 영남루 주변 대숲을 찾을 수 있을지 의문이었다. 그런데 내가 너무 무지했다. 보통 억울한 죽음이 발생한 곳에서 추모를 하니까 아랑각阿娘閣을 먼저 찾아봤어야 했다. 양옆으로 빼곡히 대나무가 숲을 이룬 계단 길을 올라가다 '아랑유지비阿娘遺址碑'를 발견했다면 그곳이 바로 아랑이 죽어 간 대숲이다.

잠시 대숲을 보고 있는데 순간 댓잎이 흩날리면서 서늘한 바람이 느껴졌다. 주기는 여기까지 아랑을 끌고 와 능욕하려 했지만 거센 반항에 목적을 달성하지 못하고, 아랑의 목에 칼을 찌르고 도망 가버렸다. 자신의 욕정도 채우지 못했는데 부사가 이 사실을 알게 되면 죽을 목숨이라 생각했기 때문이다. 아마 겁탈이 성공했다면 아랑이 수치심으로 입을 다물거나 자결을 하리라 기대했겠지. 하지만 주기는 아랑을 몰라도 한참 몰랐다. 그녀가 얼마나 집념 있는 여성인지. 아무튼 그렇게 주기가 도망가고, 아랑은 울창한 대숲에 버려졌다. 댓잎만 바람에 날리는 대숲에서, 홀로 죽어가던 아랑은 무엇을 떠올렸을까?

　죽기 전 아랑의 마지막 기억은 자신을 집어 삼킬 것만 같은 짙은 어둠과 대숲에 가려진 캄캄한 밤하늘이었을 것이다. 칠흑 같은 어둠 속 댓잎 부딪히는 스산한 소리를 들으며, 축축한 흙바닥에서 이승의 마지막 숨을 내쉬었을 아랑. 아랑이 마지막으로 내뱉은 숨은 죽어서도 자신의 순결을 지켰다는 안도감이었을까? 가까스로 죽음을 모면한 사람들은 그 순간 자신의 인생이 주마등처럼 스쳐지나

대숲에서 올려본 하늘 환한 대낮이었음에도 대숲 안에서 본 하늘은 어둡기만 하다.

갔다는 말을 하곤 한다. 아마 아랑도 마지막 숨을 내쉬며 짧았던 16년 인생을 되새겨보지 않았을까? 그랬다면 아랑의 마지막 기억은 무엇이었을까? 처음 아버지 몰래 영남루에 올라 바라본 아름다운 풍경이었을까? 혹시 이 순간 야밤에 집을 빠져 나온 자신을 탓하고 있던 것은 아닐까?

"너의 잘못이 아니야."

아랑이 여전히 죄책감을 느낄까 싶어 조용히 읊조렸다. 너는 아무 잘못 없이 피해를 입은 어린 소녀였고, 그런 비참한 일을 겪게 된 것은 너의 잘못이 아니라고, 절대 자책하지 말라고.

아랑은 왜?

영남루로 빠졌던 좁은 길을 다시 빠져나와 도로변을 걷다 보면 멀리 관아 앞을 지키고 선 포졸 인형을 볼 수 있다. 이곳이 경상남도 기념물 제270호로 지정된 밀양 관아지인데, 2010년 4월에 복원한 것이라 한다. 시내 한복판 차들이 쌩쌩

복원된 밀양관아 모습 본래 있던 건물은 임진왜란에 불타고 광해군 3년(1611)에 관아를 재건했다가 2010년 4월 옛 모습의 관아를 복원했다.

지나다니는 곳에 자리 잡고 있어서 낯선 광경이었다. 그래도 옛터에 예전 모습으로 복원한 것이니 옛것을 소중히 여기는 고장이라 생각이 들었다. 관광객을 유치할 의도로 뜬금없는 조형물로 고장을 홍보하는 곳들이 얼마나 많은가 생각해 보면 밀양의 영남루나 아랑각, 밀양 관아지 등은 과거의 기억을 오래 간직하고자 하는 마음이 느껴져 이러한 이질적인 모습마저 개성 있는 매력으로 받아들여질 수 있을 것 같았다.

아랑이 살해당한 후 밀양 관아 역시 수많은 사람이 죽어 나간 비극의 무대라 할 수 있다. 딸을 찾지 못한 아랑의 아버지가 죽은 후 새로 부임해 온 부사들이 연이어 죽어 나간 곳이다. 그런데 아랑은 왜 아버지가 이렇게 애타게 기다리고 있는데, 아버지 앞에 나타나 자신의 억울함을 직접 호소하지 않았던 것일까. 참혹하게 살해당한 그때 그 모습으로 아버지 앞에 나타나는 것이 죄송스러워 그랬을까. 아니면 천한 남정네에게 손목을 붙잡힌 게 죄스러워서 그랬을까. 어쩌면 아랑은 자신이 직접 나서지 않아도 아버지가 자신의 억울함을 풀어줄 수 있을 거라고 기대하고 있지는 않았을까.

어쨌든 원귀가 된 아랑은 새로 부임해 온 부사에게 자신의 원한을 풀어달라고 애원한다. 하지만 애석하게도 그녀의 말을 들어주는 사람은 없었다. 원귀를 본 부사들은 모두 하나 같이 놀라 죽어버렸고, 그때마다 아랑은 힘없이 돌아설 수밖에 없었다. 그럴 만도 하지. 피칠갑을 하고 머리를 풀어헤친 처녀귀신이 갑자기 나타나는데 제정신으로 원귀와 마주할 사람이 얼마나 될까.

아무도 부임하려 하지 않은 곳에 자원하여 온 이상사李上舍는 아랑의 사연을 들어준 유일한 사람이 된다. 이때까지 목숨을 잃은 부사가 몇이나 되려나. 아랑이 의도하지 않았더라도 원귀를 보고 놀라서 죽은 부사들은 억울해서 어쩌나. 이상사가 나타나 잘못을 바로잡게 될 때까지 흐른 오랜 세월과 무수한 부사의 희생은 곧 잘못 하나를 바로잡는 일이 쉽지 않음과 누군가의 적극적인 노력이 필요하다는 뜻이려나. 눈앞에서 죽어 나가는 부사를 보고 아무리 원한이 사무쳤어도 아랑의 마음이라고 편했을까. 이쯤이면 원수에게 직접 복수를 할만도 한데, 아랑은 끈질기게 부사에게 자기 사연을 하소연했다.

아랑이 이처럼 끈질기게 원한을 호소한 이유가 무엇일까. 나는 자신이 당한 억울한 일을 세상에 알리고 싶었기 때문이라고 생각한다. 다시는 자신과 같은 피해자가 발생하지 않는 세상이 되길 바라면서. 오로지 여자이기 때문에 성적인 대상으로 취급받지 않는 세상, 그리고 여성을 유린한 자에게는 엄벌이 따르는 것이 당연한 세상 말이다. 오늘날, 이와 같이 용기 있는 아랑이 얼마나 될까. 과거 아랑의 시대와 지금 우리가 살아가는 현대에 이르기까지 많은 세월이 지났다. 하지만 여전히 타인의 시선을 두려워하면서 죄책감을 느끼는 사람은 가해자가 아닌 피해 여성인 것만 같아 안타깝고 슬프다.

관아의 동헌에 올라가 텅 빈 마당을 내려다보았다. 그때 마당 위를 자유롭게 날고 있는 흰 나비가 보였다. 이상사가 아랑과 만난 다음 날 아침, 이상사 앞에는

밀양 관아지 안의 텅 빈 마당 널찍한 마루에서 휴식을 취하는 동네 사람들도 볼 수 있었다.

주기를 비롯한 통인들이 모여 있었다. 이상사가 날카로운 눈빛으로 그들을 지켜보고 있을 때 어디에선가 나비가 날아왔고, 이상사의 시선이 나비를 뒤쫓았다. 흰 날개를 펄럭이며 날아다니던 나비는 주기의 갓 위에 내려앉았다. 부사의 초상을 치를 준비를 하고 있던 주기는 살아있는 이상사를 보고 애초 겁을 집어먹고 있었을지도 모르겠다. 결국 주기는 어서 자백하라고 호통을 치는 이상사 앞에서 모든 것을 털어놓을 수밖에 없었을 것이다. 나비가 되어 이러한 장면을 지켜봤을 아랑의 심정은 어땠을까. 후련했겠지? 그래도 마음 한편에는 다시 과거로 돌아갈 수 없음에 슬펐을 거다. 지금 저기 멀리 관아의 담을 넘어가는 나비가 아랑의 원혼은 아닐는지.

아랑이 잠든 곳

주기를 처형한 부사는 대숲에서 아랑의 시체를 찾아 장사를 지내주고, 아랑비와 아랑각을 세워 그녀의 원혼을 위로해준다. 나의 여정은 아랑 전설을 토대로 다시 아랑의 흔적을 따라 영남루 아래 위치한 대숲으로 향했다. 대숲 사이에 난 계단을 따라 조금만 올라가면 아랑유지阿娘遺址라고 새겨진 비석이 있다.

아랑의 꿈은 무엇이었을까? 평범하게 정순한 아내가 되는 것이었을까? 아니, 아랑은 보다 넓은 세상으로 나아가고 싶었을 것이다. 그래서 한밤중에 영남루로 나가자는 유모의 유혹을 뿌리치지 못했던 것이다. 그리고 영남루에서 크고 밝은 달을 바라보며 자신의 소원을 빌었다. 하지만 아랑의 원대한 꿈이 무색하게 아랑은 16살 어린 나이에 사그라들고 말았다. 주기는 처형됐지만 아랑의 원한은 해소되지 않았을 것이다. 아랑이 미련을 떨치고 떠나기엔 이승에 머문 시간이 너무 짧았기 때문이다.

예나 지금이나 사람들은 비극적 사고로 죽은 억울한 이들을 애도하기 위한 방법을 찾는다. 이상사는 아랑을 애도하기 위해 아랑각을 짓고 제사를 지냈으며,

아랑이 주기에게 죽임을 당했다고 전해지는 대숲(좌) 울창한 대나무숲을 따라 계단을 올라가면 '아랑유지'라고 음각된 석비가 있다. / **아랑유지비(우)** 현재 석비는 사람들에 의한 훼손을 막기 위해 펜스로 보호를 하고 있어 간신히 꽃만 내려놓을 수 있었다.

사람들은 아랑을 기억하기 위해 유지비를 세웠다. 나는 아랑이 어떤 소녀였는지, 그녀의 꿈은 무엇이었는지, 아무것도 모르지만 그래도 아랑을 위해 무언가를 해 주고 싶었다. 하지만 아랑을 위로할 무슨 말이 떠오르지 않았다. 내가 할 수 있는 일이라곤 좋은 곳에서 행복하길 바라는 마음속 목소리와 국화 한 송이뿐이었다.

정순의 화신? 소녀 아랑

비석과 함께 아랑을 애도하기 위해 세웠다고 하는 아랑각^{阿娘閣}으로 발길을 돌렸다. 아랑각은 대숲으로 향하는 쪽문을 통과하기 전, 거기서 올려다보면 보이는 곳이 아랑각이다. 영남루에서 남천강을 향해 내려가다가 만나는 고목 옆에 '정순문^{貞純門}' 편액이 걸린 정문을 발견할 수 있다.

사당을 찾아 가는 길 삼문으로 이루어진 정문(正門)은 정순문(貞純門)이라 편액되어 있다.

그런데 정순문이라니? 어린 나이에 억울하게 죽은 소녀를 위로하기 위해 지은 사당이 왜 아랑이 정절을 잃지 않았음에 주목을 하고 있지? 무심코 화려한 단청으로 채색되어 있는 현판을 올려다보았다. 아랑이 기억될 수 있었던 이유는 그녀가 끝까지 정절을 지켰기 때문인 건가? 만약 주기의 힘에 제압당하여 그녀가 순결을 지키지 못했다면? 그때도 아랑 전설은 전승될 수 있었을까? 씁쓸했다. 나는 그녀의 죽음을 애도해야 할 공간에서 억울한 죽음 이후에도 계속해서 아랑에게 정절을 강요하는 것 같아 씁쓸한 기분이 들었다. 아랑의 죽음을 안타까워하는 것이 아니라 명예로 기억하는 것처럼 느껴졌다. 마치 밀양아랑제가 밀양아리랑축제로 이름을 바꾸면서 아랑은 사라지고, 화려함으로 가득한 축제로 존재하게 된 것처럼.

아랑각의 첫인상은 아름다웠다. 아랑각 앞에는 아랑이 좋아할 법한 분홍색 장미와 다양한 꽃들이 피어 있었다. 아랑각의 살짝 열린 문틈 사이로 아랑의 영

아랑사(阿娘祠)라고도 하는 아랑각(阿娘閣) 사당 안에는 아랑의 영정과 위패가 봉안되어 있다.

정 사진이 보였다. 순간 장난기 가득한 얼굴로 주변을 뛰어다니다 꽃향기를 맡는 아랑의 모습이 그려지는 듯했다. 아랑각 내부에는 아랑 영정을 중심으로 양쪽에 아랑 전설을 그린 그림이 걸려 있다. 그런데 나의 시선을 끈 것은 영정 앞 제기 그릇 사이에 놓인 천 원짜리 2장과 동전 3개였다.

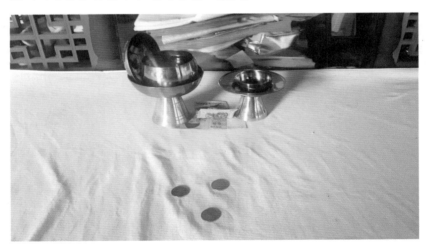

아랑의 영정 앞에 놓인 제기 그릇과 2,300원 현재를 살아가는 사람들이 여전히 아랑을 기억하고 애도하고 있다는 생각이 들어 마음이 따뜻해졌다.

무심한 듯 놓인 이 돈은 누군가 아랑을 떠올리며 그녀를 애도하려고 주머니에서 꺼낸 것일 거다. 이제 편히 이승을 떠나도 괜찮다는 의미로 챙겨주는 노잣돈일까? 이쯤에서 생각해보니 아랑이 정순의 화신이든 그저 어린 16세 소녀이든 중요한 것이 아니었다. 여전히 많은 사람들이 아랑을 기억하고, 진심으로 위로 한마디 건넨다면 아랑에게는 그것만으로도 위안이 되지 않을까? 아랑이 이미 이승을 떠나고 없을지, 아니면 여전히 이 주변을 배회하고 있을지 모를 일이다. 그래도 2,300원을 남긴 어떤 이와 오늘 하루 아랑을 따라다닌 나의 진심 어린 마음이 전해지기만을 바랐다.

아랑각에서 나오던 중에 어린 소녀의 웃음소리가 들려왔다. 순간 아랑의 웃음소리인가 착각을 했다. 고개를 들고 보니 중학생 소녀 둘이 사진을 찍다가 웃음을 터뜨린 것이었다. 그때 나도 미소를 지을 수밖에 없었다. 웃고 있는 소녀들 뒤로 펼쳐진 찬란한 남천강의 풍경이 너무나 아름다웠기 때문이다.

아랑각에서 본 밀양강의 풍경 비극적인 죽음을 맞이한 아랑을 위로하려고 자연마저 아름다운 풍광을 선물해주는 것과 같이 느껴졌다.

'이 아름다운 광경을 아랑도 보고 있을까'라는 생각에 미쳤을 때 문득 시원한 바람이 불어왔다. 그리고 처마 끝에 매달린 풍경 소리가 들려왔다. 이 풍경 소리가 바람결에 실어 보낸 아랑의 목소리는 아닐까. 그렇다면 아랑은 현대를 살아가는 아랑에게 무슨 말을 건네고 싶을까 궁금해졌다. 혹시 자신은 아름다운 세상에서 잘 지내고 있다고 오히려 나를 안심시켜주는 것은 아닐까. 유난히 풍경 소리가 따뜻하게 느껴졌다. 아랑을 위로하기 위해 떠나 온 여행에서 내가 위로를 받은 기분이었다.

21세기 아랑, 너의 이름은?

꽃이 만발한 봄, 밀양에서는 어렵지 않게 흰 나비를 발견할 수 있었다. 남천강변 활짝 핀 유채꽃 향기를 좇는 흰 나비를 따라 걸으며 생각했다. 아랑은 나비가 되어, 주기를 벌함으로써 자신의 원한을 풀고, 자유를 찾게 됐을까?

강변을 따라 핀 유채꽃 위를 날아다니는 흰 나비 나비는 유채꽃 위에 앉아 날개를 몇 번 펄럭이더니 멀리 날아가버렸다.

21세기에도 아랑은 여전히 살아있다. 미투운동Me Too movement으로 성적으로 유린당한 여성들의 목소리가 높아졌으나 여전히 성적 폭력을 당한 피해자가 자의든, 타의든 목숨을 잃는 사례가 끊임없이 발생하고 있다. 이렇게 미처 꽃피우지 못하고 사그라진 젊은 청춘들의 넋은 다 어디로 갔을까.

원귀가 되어 억울함을 호소했던 아랑과 같이 현대에도 피해자가 죽고 나서야 사건이 화제가 되는 경우가 있다. 성적 피해를 입은 여성들은 아직도 자신에게 벌어진 일을 쉬쉬하며 마음의 병을 키워간다. 왜 그럴까? 성폭력을 당한 여성들이 이야기를 털어놓을 곳이 없어서 그런 것은 아닐까? 아랑의 이야기가 전해지고 아주 오랜 세월이 흘렀음에도 여전히 피해자는 말이 없고, 그런 피해자의 사정을 진심으로 들어주려고 노력하는 이는 극히 드물다.

아랑 전설에서 아랑이 원귀로 나타날 때 많은 부사들이 죽어 나갔다. 그들은 원귀로 나타난 아랑의 겉모습을 보고 놀라서 아랑의 사연을 듣기도 전에 지레 놀라 죽어버렸다. 그때마다 아랑은 자신이 입은 피해에 대해, 자신의 심정에 대해 토로하지 못하고 돌아설 수밖에 없었다. 현대에 여성을 대상으로 한 성폭력 사건이 발생했을 때는 어떠한가. 자신이 입은 피해에 대해 알리고, 가해자에게 법적 책임을 묻고자 용기를 낸 피해자에게 일부 사람들은 이렇게 말한다.

'여자가 왜 밤늦게 돌아다녀?'

'여자가 그렇게 야한 옷을 입고 다니니까 범죄의 표적이 되지.'

'여자가 유혹한 건 아닐까?'

'남자가 그럴 수도 있지.'

바로 이와 같은 삐딱한 시선이 여성의 입을 막아버린 것은 아닐까. 옛날의 아랑과 현대의 아랑의 삶이 평행이론처럼 느껴지는 건 나뿐인 걸까. 아랑의 호소는 적극적이었으나 그녀의 원한은 쉽게 해소되지 않았다. 현대의 아랑도 미투운동으로 자신의 피해 사실을 알리지만 진실이 밝혀지기까지 많은 시간과 노력을 필요로 한다. 현대의 일부 사람들은 어떠한가. 피해자의 겉모습으로 판단하고, 피해자가 주장하는 피해 사실에 대해 먼저 의심부터 하고 있지 않은가. 객관적으로 사건을 바라본다는 핑계로 말이다.

이처럼 성폭력은 피해자를 고문하듯 계속해서 피해를 양산해낸다. 현재 발생하는 여성 성폭력 사건은 죽음이라는 극단적 사건이 발생하고 나서야 심각한 사회문제로 거론되곤 한다. 왜 일찍부터 여성이 느끼는 공포를 이해하고, 여성이 하는 말을 들어줄 수 없었던 것일까. 과거에도 현대에도 아랑은 죽어서야 모든 진실을 털어놓을 수 있게 되었다. 여전히 존재하는 우리의 폭력적인 시선과 무감각함이 피해자의 경험, 슬픔과 분노를 표출할 수 없도록 만들었기 때문이다. 피해자가 입을 다물게 된 것은 바로 우리의 책임이다.

이쯤 되니 의문이다. 우리 사회에 이상사와 같이 아무 선입견 없이 피해자의 목소리를 들어주는 사람이 존재하기는 할까? 그래도 나는 진정으로 믿고자 한다. 아랑이 이상사를 만나 원한을 해소할 수 있었듯, 현대에도 이상사와 같이 겉모습을 보고 판단하거나 피해자가 들려주는 억울한 사정을 의심하지 않는 사람이 있다고. 그리고 그런 이상사는 멀리 있지 않고, 우리가 바로 이상사가 될 수 있다는 것도. 진심으로 피해자가 들려주는 이야기에 귀를 기울이는 일은 어렵지 않다. 그리고 그 진심은 바로 세상을 바꿀 강력한 힘이 될 수 있다고 믿는다.

영남루 현판

밀양관아 앞에 있는 기념비

3 · 13 밀양면만세운동 (1919. 3. 13. 음력 2월 12일)

이곳은 일제의 무단통치에 항거하여 수천의 밀양인이 만세운동을 일으킨 곳이다. 고종의 인산에
참여하기 위해 상경한 윤치형, 윤세주는 탑골공원에서 전개된 3·1만세운동에 참여한 후 돌아와 스승인 을강
전홍표와 논의 후 밀양만세운동을 계획하였다. 밀양면과 부북면의 인쇄기를 훔쳐 아북산에서 병풍으로 빛을 가린 뒤
인쇄하고, 윤세주의 경제적 지원으로 밀양교회 여신도를 중심으로 태극기 수백 매를 만들어 김병환과 윤세주
집에 보관하였다.
시위 당일은 밀양의 장날로 윤치형 · 윤세주 · 권재호 · 김상득 · 김상이 · 김소지 · 노재석 · 박만수 · 박소종 ·
박작지 · 설만진 · 양쾌술 · 윤방우 · 윤보은 · 이장수 · 정동준 · 최종관 등과 여성 기독교인들(김시악 · 김영수 ·
이복수)이 장터의 수많은 사람들에게 독립선언서와 태극기를 나누어주고, 선언서 낭독을 마친 윤세주의 선창에
따라 '대한독립만세'를 목이 터져라 불렀다. 영남지방에서 큰 규모로는 최초로 일어난 이 만세운동은 밀양지역에
면면히 내려오고 있는 충절의 정신과 개창학교, 동화중학 등을 통한 민족교육, 그리고 일합사 등 비밀단체를
통한 항일의식이 표출된 저항이었다.

1919년 3월 1일, 전국적으로 일어난 만세운동의 흔적을 발견했다. 오로지 독립만을 꿈
꾸며 만세를 외쳤던 이들 중 얼마나 많은 사람이 희생당했을까, 하는 생각이 들었다. 밀양
곳곳을 돌아다니다 보면 당시의 현장을 벽화로 그려놓은 것들을 발견할 수 있으므로, 역
사의 흔적을 따라 여정을 계획하는 것도 좋을 것 같다.

─────── 박예원

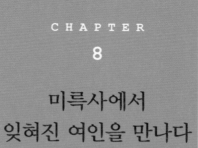

CHAPTER

8

미륵사에서
잊혀진 여인을 만나다

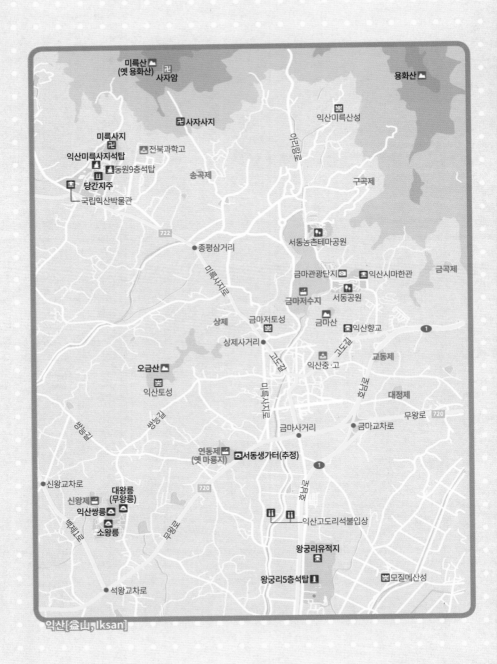

미륵산
(옛 용화산)
사자암

용화산

사자사지

익산미륵산성

미륵사지
익산미륵사지석탑
동원9층석탑
당간지주
국립익산박물관

전북과학고

송곡제

어량로

구곡제

금곡제

722

종평삼거리

미륵사지로

서동농촌테마공원

금마관광단지
금마저수지

익산시마한관

서동공원

상제

금마저토성

금마산

익산향교

1

오금산

상제사거리

고도길

익산토성

익산중·고

교동제

고도길

대정제

쌍릉길

금마천로

무왕로 720

금마사거리

금마교차로

무왕로

신왕교차로

연동제
(옛 마룡지)

서동생가터(추정)

신왕제

대왕릉
(무왕릉)

익산쌍릉

소왕릉

백제로

720

무왕로

1

익산고도리석불입상

석왕교차로

왕궁리유적지

왕궁리5층석탑

모질메산성

익산[益山, Iksan]

Chapter 8

미륵사에서 잊혀진 여인을 만나다

익산 미륵사지와 무왕 이야기(전라북도 익산)

빗속의 미륵사지

미륵사로 향하는 길은 비가 내렸다. 진작부터 짬을 내보려고 했지만 생각만큼 쉽지 않았다. 사찰로 따지면 나는 내소사를 좋아했다. 대웅전의 고색창연한 옛 빛이 좋았고 거기까지 이르기 위한 전나무숲길도 좋았다. 그래서인지 내소사는 짬이 날 때마다 여러 차례 들렀지만 미륵사와는 왠지 인연이 닿지 않았다.

서울에서 오전 10시쯤 출발했는데, 익산에 도착한 것은 오후 1시가 조금 넘은 시각이었다. 평일이어서 그런지 차는 막히지 않았지만, 빗길 조심운전과 휴게소에서의 달콤함이 시간을 재촉하지 않았다. 인근 작은 식당에서 익산의 명물이라는 멸치국수로 점심을 때우는 여유를 부리고서야 미륵사지에 다다를 수 있었다.

"그 절터 뭐 볼 게 있어요. 30분이면 훅 둘러보지."

너무 여유를 부렸다고 생각한 내가 조금 서두르는 기색을 보이자, 식당 아주머니가 내뱉은 말이다. 큰 기대를 하지는 않았지만 그래도 현지인에게 이런 말을 들으니 발걸음에 힘이 빠지는 건 어쩔 수 없었다. 예상했던 대로 첫 인상은 좀 실망스러웠다.

오랜 사찰이 그런 것처럼 깊은 산자락에 아담하게 자리해 있지도 않았고 고색창연함을 보여줄 수 있는 전각이 남아 있는 것도 아니었다. 군데군데 돌무더기와 너무 깔끔해서 어색한 동탑, 오랜 기간 보수 공사에도 여전히 한쪽이 허전한 서탑, 그리고 덩그렇게 비어 있는 전각 터는 사찰 특유의 고즈넉한 맛이 전혀 없었다.

도로 옆 펑퍼짐한 곳에 넓게 자리한 절터는 빗물에 질척이는 땅 만큼이나 부담스러웠다. 입구에 소담하게 핀 목련이 아니었다면 눈 둘 곳을 찾지 못할 정도였다. 볼 만한 경치가 없으니 상상에 빠지는 수밖에. 뚜벅이 걸음으로 경내를 거닐면서 미륵사와 함께 했던, 우리에게는 까마득히 잊힌 백제의 한 여인에 대한 이야기를 떠올려 봤다.

미륵사지 서탑 20년에 걸쳐 복원된 서탑이다. 뒤로 보이는 산이 미륵산이다.

당간지주와 석탑

열심히 사진을 찍지 않았다면 30분도 과분했을 그곳에서, 첫 번째로 눈에 들어온 것은 당간지주였다. 당幢이란 신성한 영역을 표시하는 기를 말하며, 당간幢竿이란 당을 달아두는 장대이고, 당간지주幢竿支柱는 당간을 받쳐주는 지지대이다. 당이나 당간은 천이나 나무, 쇠 등으로 만들기 때문에 오랜 시간을 견디기 어렵고, 지주는 대개 돌로 만들기 때문에 허물어진 절터에도 많이 남아 있을 수 있다.

미륵사지 당간지주 지주 사이의 빈 공간에 당간을 넣고 고정시키는데, 지주의 높이나 틈의 간격으로 보아 거대한 당간이 세워졌을 것으로 추정된다.

사찰의 입구에 당간을 세우고 거기에 당을 걸어둠으로써 그곳이 신성한 곳이라는 표시를 하는 것이다. 미륵사지의 당간지주에서 특이한 점은 4m에 이르는 그 규모이다. 절의 규모만큼이나 거대한 당간지주로 추측컨대, 매우 높은 당간이 동서탑과 나란히 배치되어 절의 신성함을 마음껏 뽐냈을 것이다. 하지만 당간이 남아 있지 않으니 당간지주인들 사람들 눈에 들어올 리가 없다. 복원된 동탑 주위에는 그래도 사람들이 모여 있지만 원형을 간직한 당간지주에는 아무도 관심을 보이지 않았다.

두 번째로 눈에 띄는 것은 단연 석탑이다. 폐허가 된 절터에 석탑만 남아 있으니 자연 도드라져 보일 수밖에 없겠지만, 그렇지 않아도 미륵사지의 석탑은 특별한 의미가 있다. 일반적인 사찰의 법당 앞에 세워져 있는 석탑과는 차원이 달랐다. 오히려 법당보다 탑이 중심이라고 할 정도로 미륵사의 석탑은 규모가 크고 웅장했다.

미륵사지 동탑 견학 온 학생들이 탑을 배경으로 사진을 찍기 위해서 요란을 떨고 있다.

알려진 대로 이 미륵사지의 석탑은 한국에 남아 있는 최고最古이자 또 최고最高의 석탑이다. 20년에 걸친 복원 기간을 자랑하는 서탑을 통해서는 최고最古의 숭고함을 느낄 수 있다면, 전문가들의 혹평을 한몸에 받았던 동탑을 통해서는 최고最高의 규모를 짐작할 수 있다. 14m가 넘는 웅장한 규모의 9층 석탑이 동서에 나란히 자리하고 있다는 것은 무척 특이한 구조이다. 뿐만이 아니다. 이 두 탑 중앙에 규모가 배는 더 큰 목탑이 있었다니, 확실히 미륵사의 핵심은 탑이었다.

미끈한 동탑 주위에 견학을 온 학생들이 요란한 포즈를 취하며 사진을 찍고 있었다. 그저 이 아이들에게는 사진을 위한 멋진 배경쯤으로 여겨졌겠지만 실제로 탑은 부처님의 사리를 모셔두는 신성한 장소이다. 그래서 그 주위를 돌면서 기원을 하면 소원이 성취될 수 있다는 믿음이 있었다. 『삼국유사(三國遺事)』에 나오는 〈김현감호(金現感虎)〉 이야기에서 김현이 아름다운 처녀를 만나 인연을 맺었던 것도 흥륜사에서의 '탑돌이' 덕분이었다. 그러니 학생들은 이곳에서 사진을 찍을 것이 아니라 시험을 잘 보게 해달라거나 이성 친구를 만나게 해달라고 빌었어야 했다.

선화공주, 미륵사를 세우다

절이 비었으니 이야기로 채우는 수밖에. 미륵사는 『삼국유사』에 창사와 관련된 이야기가 전해진다. 백제의 무왕武王이 왕후인 선화공주善花公主와 함께 사자사師子寺라는 절에 행차하려고 용화산龍華山 아래 큰 못가에 도착했다. 그런데 갑자기 미륵불彌勒佛이 못 속에서 나타나 경의를 표하고는 사라지는 것이었다. 깜짝 놀란 왕비는 왕에게 그곳에 큰 절을 세울 것을 부탁한다. 특별히 법당과 탑과 회랑을 각각 셋씩 세우고 이름을 미륵사彌勒寺라고 했다는 것이다.

언뜻 보면 무슨 이야기인지 이해하기 어렵지만, 미륵신앙을 조금만 알고 나면 쉽게 이해할 수 있다. 불교에서 미륵불은 미래의 부처이다. 석가모니의 제자였던 미륵은 석가모니로부터 미래에 부처가 되어 석가모니가 구제하지 못한 중생들을 남김없이 구제할 것이라는 예언을 받는다. 이후 천상의 도솔천兜率天으로 올라간 미륵은 그곳 사자상좌師子上座에서 수행과 설법을 하면서 때가 오기를 기다리고 있다. 미륵신앙은 바로 이 미륵불이 다시 인간 세계의 용화수龍華樹 아래로 내려와 용화삼회龍華三會라 불리는 세 번의 설법으로 중생을 구제할 것이라는 믿음에 기초한 일종의 메시아적 신앙이다.

문제는 이렇게 간절히 기다리는 미륵불이 인간 세계로 다시 내려오는 때가 너무 멀다는 것이다. 석가모니가 입멸入滅하고 56억 7,000만 년이 지난 뒤니까 그 하세월을 보통의 인내심으로는 기다리기 어려워 보인다. 여기에서 두 가지 구체적인 신앙이 갈라져 나오는데, 현세에서 부지런히 덕을 닦아 아예 미륵이 있는 도솔천에서 다시 태어나고자 하는 바람과 미륵이 시간을 앞당겨 보다 빨리 인간 세계로 내려와 구제해주었으면 하는 바람이 그것이다. 각각 미륵상생彌勒上生 신앙과 미륵하생彌勒下生 신앙이라고 한다.

미륵사지 전경 삼당 삼탑 삼회랑으로 구성된 미륵사는 미륵사상을 철저히 구현한 사찰이다.(사진 제공 익산시청)

무왕 부부가 사자사에 행차하던 중, 용화산 아래 큰 못가에 이르렀다고 했다. 용화수를 빗댄 용화산은 지금 미륵사를 품고 있는 뒷산인 미륵산의 옛 이름이다. 사자상좌를 빗댄 사자사는 지금 미륵산에 그 터가 남아 있다. 용화삼회를 빗대 법당과 탑과 회랑을 각각 셋씩 만들었다고 했는데, 앞서도 봤지만 목탑과 석탑을 합쳐 탑이 셋이고, 각각의 탑 뒤에 전각 터가 있고, 미륵사지 전경에서 볼 수 있듯 회랑이 구역을 셋으로 나누고 있는 형태이니 이야기와 정확하게 일치하는 셈이다. 이야기의 모든 내용이 미륵신앙에 기초해서 촘촘히 구성되어 있었던 것이다.

왕과 왕비의 행차에 갑자기 미륵불이 나타난 것은 미륵신앙을 갖고 있는 백성들에게는 대단한 자극이 되었을 것이다. 미륵불이 예정보다 일찍 나타나 곧 중생을 구제해줄 것이라는 믿음이 샘솟는 이야기이기 때문이다. 바로 그곳에 세 번의 설법, 즉 용화삼회를 위해 삼당 삼탑 삼회랑으로 구성한 미륵사를 짓는 것은 미륵불을 맞이하기 위한 준비이면서, 미륵불이 빨리 올 수 있게 한 왕의 치세를 드러내는 강력한 통치수단이었을 것이다. 그래서 선화공주는 미륵불을 보자마자 깜짝 놀랐고, 그곳에 미륵불의 이름을 딴 거대한 사찰을 짓겠다고 했던 것이다.

미륵신앙에 기초한 백제 최대의 사찰은 이렇게 해서 특이하게도 백제로 시집 온 신라 공주의 발원에 의해 만들어지게 되었던 것이다. 이 때문인지, 미륵사지를 둘러보면서 선화공주를 떠올리지 않을 수 없었

금동미륵보살반가사유상(金銅彌勒菩薩半跏思惟像) 미륵보살이 중생을 구제하기 위해서 사색하고 있는 모습을 형상화했다고 한다.

다. 이곳저곳에 선화공주의 자취가 남아 있을 것만 같은 묘한 긴장감이 그나마 미륵사지를 흥미롭게 감상할 수 있는 원천이 되었다.

또 하나의 왕비

2009년 1월 19일, 미륵사지에 아주 특별한 일이 있었다. 복원을 위해 미륵사 서탑을 해체하는 과정에서 특별한 기록이 발견된 것이다. 부처님의 사리와 함께 〈금제사리봉안기(金製舍利奉安記)〉라는 이름의 금으로 된 판이 나왔다. 사리를 봉안하게 된 사연을 기록한 것인데, 여기에 깜짝 놀랄 만한 이야기가 소개되어 있었다. 백제 왕후인 좌평佐平 사택적덕沙宅積德의 딸에 의해 미륵사가 창사되었다는 것이다.

우리 백제 왕후께서는 좌평(佐平) 사택적덕(沙宅積德)의 따님으로, 지극히 오랜 세월에 선인(善因)을 심어 금생(今生)에 뛰어난 과보(果報)를 받아 만민(萬民)을 어루만져 기르시고 불교의 동량(棟梁)이 되셨기에 능히 정재(淨財)를 희사하여 가람(伽藍)을 세우시고, 기해년(己亥年) 정월 29일에 사리(舍利)를 받들어 맞이했다.

❶ 서탑 해체 당시 발견된 금제사리봉안기 ❷ 금동제 사리외호 ❸ 금제 사리내호 ❹ 금제사리봉안기

앞에서 봤던 것처럼 『삼국유사』에서는 분명 선화공주에 의해 미륵사가 창사되었다고 했는데, 여기에서는 백제의 왕후인 사택적덕의 딸이 그 역할을 했다는 것이다. 좌평은 백제의 최고 관직이고 사택씨는 대귀족이니 사택적덕의 딸은 당대 최고 실권자의 딸인 셈이다. 봉안기가 쓰인 시기는 기해년(639년)으로 무왕 통치기이다. 이 점을 고려하면 사택적덕의 딸은 무왕의 비여야 맞다. 과연 어느 쪽의 말이 맞는 것일까. 『삼국유사』인가, 〈금제사리봉안기〉인가. 선화공주인가 사택적덕의 딸인가.

무왕으로부터 600년 정도의 거리가 있는, 고려 때 일연一然이 지은 『삼국유사』의 이야기와 무왕 당대에 부처님의 사리와 함께 서탑에 넣어두었던 〈금제사리봉안기〉 중 어느 쪽 기록을 더 신뢰할 수 있을까. 비교적 명확해 보이는 답지를 앞에 두고 주저하게 되는 것은 아무래도 무왕과 선화공주의 이야기가 주는 무게감 때문일 것이다. 우리 고전에서 가장 인상적인 사랑이야기로 꼽히는 서동과 선화의 사랑이야기를 가짜라고 말하기가 선뜻 내키지 않는 것이다.

과연 사택적덕의 딸은 어디로 사라진 것일까. 당대 최고 실권자의 딸이면서 왕비가 되어 미륵사 창사를 주도할 정도의 막강한 힘을 자랑했던 이 백제의 여인이 역사에서 사라져버린 것은 무슨 이유 때문일까. 사택적덕의 딸을 지워버리고 그 자리에 선화공주를 집어넣을 수밖에 없었던 사연은 또 무엇이었을까. 사실 인연이 닿지 않았던 미륵사지를 찾게 된 것은 순전히 이 여인 때문이었다. 미스터리한 이 여인의 자취를 찾고자 하는 생각이 없었다면 이 궂은 날씨에 미륵사지를 찾지는 않았을 것이다.

서동, 마를 캐는 아이

미륵사지에서 좌회전, 722번 도로를 따라 익산 시내 쪽으로 우회전하면 연동제라는 작은 연못이 나온다. 근처에 있는 금마저수지에 비하면 그 규모가 아주 작아서 주의해서 보지 않으면 지나쳐버릴 수 있는 그런 연못이다. 바로 이곳이 서동薯童의 생가로 추정되는 곳이다. 한쪽에 '서동 생가터'라는 팻말이 붙어 있다.

서동이 태어난 것이 대략 1400년 전쯤의 일이니 지금 이곳에서 생가터를 찾는 것이 가능한 일인지는 모르겠다. 다만 이곳이 생가터라는 추정에는 몇 가지 근거가 있다.『삼국유사』에서는 서동의 탄생에 대해, 과부인 어머니가 남쪽 못가에 집을 짓고 살면서 못 속의 용과 관계를 맺어 낳았다고 했다. 또한 항상 마를 캐다가

용못과 서동생가터 왼쪽이 용못이고 오른쪽 뒤 대나무 아래 공터가 서동생가터이다. 생가터는 복원을 준비하고 있었다. 위쪽 항공사진을 보면 대략적인 위치를 파악할 수 있다.(사진 제공 익산시청)

파는 것을 생업으로 삼아서 사람들이 '서동薯童'이라 불렀다고 했다. 이에 따르면 서동의 집은 연못가여야 하고, 마를 캘 수 있는 산이 근처에 있어야 한다.

연동제는 원래 이름이 마룡지馬龍池이고 우리말로는 용못이다. 서동의 어머니가 연못의 '용'과 정을 통해 아들을 낳았다고 했으니, 전래되는 연못 이름과 잘 들어맞는다. 용못 뒤에는 야트막한 오금산五金山이 있다. 지금도 야생 마가 많이 나온다고 하니 그럴 듯하다. 마룡지 동쪽에서 초석과 백제시대 기와편이 다량 수습되었다는 것까지 염두에 두면 서동의 생가터로 생각해도 큰 무리는 없어 보인다.

그런데『삼국사기(三國史記)』에서는 무왕의 출생과 관련해서 다른 기록이 보인다. 무왕은 용의 아들이 아니라 바로 앞 임금인 법왕의 아들이라는 것이다. 법왕法王이 연못의 용이 아닌 이상, 두 기록 중 하나는 맞고 하나는 틀린 것이어야 한다. 이 때문인지 일연은『삼국유사』〈무왕〉조 맨 끝에 작은 주석을 달아두었다. "『삼국사기』에는 법왕의 아들이라 했고, 여기에서는 과부의 아들이라고 했으니 알 수 없는 일이다."라고. 과연 무왕은 법왕의 아들인가, 아니면 연못 용의 아들인가.

『삼국사기』에 따르면, 무왕의 아버지는 법왕이고, 법왕의 아버지는 혜왕이다. 그런데 특이하게도 두 임금 모두 재위기간이 무척 짧다. 혜왕은 598년부터 599년까지, 그 뒤를 이어서 법왕은 599년부터 600년까지 임금의 자리에 있었다. 혜왕은 1년 남짓, 법왕은 채 6개월에도 미치지 못하는 기간 동안 재위한 것인데, 혜왕 이전의 위덕왕이 44년, 그 이전의 성왕이 31년을 재위한 것과 비교하면 무척 짧은 기간이다. 사연이야 알 수 없지만 왕권이 극히 미약했던 것만은 사실인 것 같다.

혜왕과 법왕을 이어 보위에 오른 무왕은 최우선적으로 국정을 안정시키고 왕권을 강화할 필요가 있었을 것이다. 과연 이것을 어떻게 할 수 있었을까. 구체적인 것이야 알 수 없지만, 이후 무왕은 41년을 집권했으니 왕권 강화 프로젝트는 충분히 성공했다고 하겠다.『삼국유사』에〈무왕〉조가 따로 있을 정도로 유독 이야기들이 참 많았던 무왕, 혹시 무왕과 관련된 많은 이야기들이 왕권 강화 프로젝트의 일환은 아니었을까.

지금과 다르게 이야기가 담지擔持하고 있던 정치적인 함의含意가 무척 중요했던 시기였다. 사실에 이야기를 겹쳐두고 이야기에서 풍겨나는 향기로 사실의 의미를 포장하고 강조했을 것이다. 아버지에 대한 기록이 둘인 것은 이러한 사정 때문에 생겨난 해프닝이 아니었을까.

쌍릉에서 듣는 서동요

서동 생가터에서 조금 아래로 내려오면 '익산쌍릉(益山雙陵)'이라는 표지판이 보인다. '능'이란 임금이나 왕비의 무덤을 뜻하는 것인데, 백제의 도읍이었던 공주나 부여도 아닌 익산에 쌍으로 능이 있다는 것이 특이하다. 오금산 줄기의 야트막한 야산 도로가에 능이 자리하고 있었다. 먼저 눈에 띄는 것이 도로가의 대왕릉이다. 거기에서 솔숲 길로 100m 쯤 내려가면 소왕릉이 있다. 능의 크기 때문에 이름을 대소로 나누어 부른 것인데, 느낌상으로는 왕과 왕비의 무덤이라 생각하는 것이 자연스러워 보인다.

솔숲 길에서 본 대왕릉 반대편 아래로 내려가면 소왕릉이다. 숲길을 통해 두 사람이 만날 수 있다는 구상이 재미있다.

능이라고 하니 규모만 조금 클 뿐 무덤이 다 그런 것처럼 그다지 볼거리는 없다. 다만 인상적이었던 것은 대왕릉에서 소왕릉으로 이어지는 솔숲 길이다. 대왕릉에서 출발하면 몇 번의 작은 굴곡이 이어지고 소나무 사이로 비밀스럽게 아기자기한 작은 능이 나타난다. 오작교와 같은 느낌이라고 하면 좀 과하겠지만 뭔가 애틋하고 운명적인 만남이 솔숲 길을 통해 이루어질 것만 같다. 이것이 무왕과 선화공주의 무덤일까.

익히 알고 있는 바와 같이 『삼국유사』에 기록된 무왕과 선화공주의 사랑이야기는 무척 파격적이다. 백제의 마 캐는 총각은 신라 진평왕의 셋째공주인 선화가 무척 아름답다는 말을 듣고 머리를 깎고 신라로 간다. 아름다운 선화공주를 아내로 맞겠다는 이른바 '서동 프로젝트'의 시작이다. 그곳에서 아이들을 꾀어 노래를 부르게 하는데 그것이 그 유명한 〈서동요(薯童謠)〉이다.

선화공주님은 남몰래 짝지어 두고,
서동방을 밤에 몰래 안고 간다네.

언젠가 설화 조사를 갔을 때, 익산의 한 어르신은 이 노래를 "선화공주는, 서동왕자를, 좋아한다네, 좋아한다네"로 불러주셨다. 우리가 흔히 다른 사람을 놀릴 때 부르는 소위 얼레리꼴레리류의 노래로 이해하신 것이다. 가사가 얼마나 정확한지는 모르겠으나 의미는 정확하게 꿰뚫고 계신 것 같았다. 아무튼 이런 음란한 노래가 퍼져서 궁궐에까지 이르고, 공주는 궁에서 쫓겨나 유배를 가게 된다. 이때 서동이 선화에게 다가가 둘은 정을 통하고 함께 백제로 돌아왔다는 것이 이야기의 골자다. 선화공주를 아내로 맞겠다는 서동 프로젝트가 대성공을 거둔 셈이다.

생각하면 할수록 참 파격적인 이야기다. 마를 캐던 농촌 총각과 공주의 사랑이라니. 〈평강공주와 바보온달〉 이야기에 버금간다. 거기다가 이웃나라에까지 소문이 자자할 정도로 공주가 아름답기까지 했다니. 더 파격인 것은 두 사람이

소왕릉과 종이컵 무왕 비의 무덤으로 추정되는 소왕릉이다. 누군가 일부러 다소곳이 올려놓은 것 같은 종이컵이 인상적이다.

각각 백제와 신라 사람이라는 것이다. 싸움이 치열했던 적대국의 아름다운 공주와 농촌 총각의 결연은 신분, 미모, 국경을 뛰어넘는 3중의 파격인 셈이다.

서동이 머리를 깎고 신라로 갔다는 대목도 문제적이다. 스님 행세를 하고 공주를 만나게 된 것이니 원효스님과 요석공주의 만남과 흡사하다. 과연 이 정도의 파격이 실제로 가능했을까. 이야기가 믿기지 않으면 않을수록 〈금제사리봉안기〉 속 사택적덕의 딸이 떠오를 수밖에 없다. 혹 사택적덕 딸의 흔적을 지우는 과정에서 이 엄청난 파격이 발생했던 것은 아닐까.

오금산의 황금

익산쌍릉과 서동 생가터를 품고 있는 야트막한 산이 오금산五金山이다. 『삼국유사』에 의하면 백제로 돌아온 서동과 선화의 주 생활무대가 바로 야생 마가 많이 서식한다는 이 오금산이었다. 선화공주는 가난한 살림에 앞으로 살아갈 계획을 세우다가 신라 궁을 떠날 때 어머니가 준 금을 꺼내들었다. 이를 본 서동은 껄껄 웃는다. 오금산에 지천으로 있는 것을 살림 밑천인 양 꺼내들었기 때문이었다. 선화공주의 설명을 듣고서 그것이 귀한 금이라는 것을 깨닫고 다섯 덩이를 모아 공주에게 주었다고 해서 이름이 오금산이란다.

신라에서도 금은 최고로 귀한 보물이었으니, 선화공주는 서동이 모아온 금을 아버지인 진평왕에게 보낼 생각을 한다. 하지만 그 큰 금덩이를 보내는 것은 만만치 않은 일이어서 용화산 사자사의 지명법사知命法師께 부탁을 한다. 법사의 신통력으로 하룻밤 사이에 신라의 궁궐에다 금을 날라다 놓았고 이를 본 진평왕이 기특하게 생각하면서 서동을 사위로 인정하게 되었다는 이야기가 『삼국유사』에 실려 있다.

익산이 국내 유일의 보석박물관을 갖고 있는 것이나 일제강점기 사금 생산지로 유명했다는 것을 염두에 둔다면 이야기 내용이 어느 정도 지역적인 특성을 반영하고 있다고 하겠다. 익산 일대의 황금을 모아서 바로 이곳 미륵산 사자사 앞에 모아 두고 지명법사의 신통력으로 진평왕에게 보냈다고 하니 혹 신라의 금관이 익산의 황금으로 제작되었을 수도 있겠다.

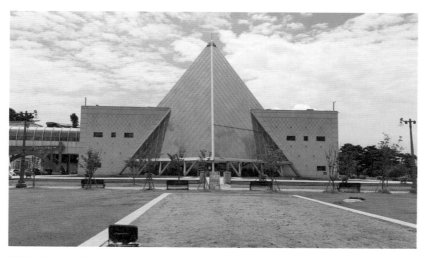

익산보석박물관 익산은 귀금속 가공업이 발달하여 국내 유일의 보석박물관을 갖추고 있다.

좀 이상한 것은 이런 이야기가 펼쳐지고 난 다음 구절이다. 『삼국유사』 〈무왕〉 조에서는 "서동은 이후로부터 인심을 얻어서 왕위에 오르게 되었다"고 적고 있다. 황금을 장인인 신라의 진평왕에게 보내니 진평왕이 서동을 인정해주었다는 것까지는 그런대로 이해할 수 있는데, 왜 이것이 백제인의 마음을 얻어 백제의 왕이 되는 데 소용이 된 것일까. 백제인의 마음을 얻어 백제의 왕이 되려면 황금을 백제의 왕이나 백제의 최고 실권자에게 보내는 것이 맞지 않을까.

미륵사 창사 이야기에서도 말미에, "진평왕이 여러 공인들을 보내 돕게 했다"는 구절이 있다. 백제에서 절을 짓는데 왜 적대국인 신라의 왕이 도움을 주는가. 무왕과 관련된 여러 이야기들에서 공통적으로 나타나는 것이 이렇듯 신라의 '간섭'이다. 절을 짓는 것도 신라 공주의 발원에 의해서고, 실제 건축할 때도 신라 공인들의 도움이 있었다. 금을 발견해도 신라의 임금에게 보내고, 신라 임금에게 잘 보인 덕으로 결국 백제의 왕이 되었다는 식이다.

사실 따지고 보면 적대적 관계가 심각했던 무왕 전후의 시기에 백제의 농촌 총각과 신라의 아름다운 공주가 인연을 맺었다는 것 자체가 무리한 설정이다. 왜 이렇게 무리한 설정을 했던 것일까. 왜 서동은 경주로 가서 신라의 공주를 유인해야 했으며, 백제 왕으로 등극하는 데 왜 진평왕의 인정이 중요했던 것일까.

무왕과 이야기들

왕권을 강화하기 위해서 제일 중요한 것은 민심을 얻는 것. 이를 위해 무왕은 세 가지를 행한다. 첫째, 잃어버린 영토를 회복하는 일이다. 무왕은 신라의 변경을 끊임없이 공격하여 영토를 확장하려는 노력을 기울였다. 이는 대외적으로 무왕의 위세를 드러내 보이는 것은 물론 대내적으로 민심을 뭉치도록 하는 효과를 거두었으리라.

둘째는 종교적 믿음을 통해서 민심을 하나로 모으는 일이다. 당대 최대의 사찰인 미륵사를 짓는 일이 여기에 해당한다. 일종의 메시아인 미륵을 맞이하기 위한 사찰은 철저하게 미륵사상에 기반을 두고 건립된다. 굳이 『삼국유사』의 〈무왕〉 조에 미륵사 창사 이야기가 등장하는 것은 의미하는 바가 크다고 하겠다.

우리가 주목해야 하는 것은 그 다음, 바로 셋째인데, 신화 즉 신성한 이야기를 통해 백성들이 자신에게 감정을 이입하도록 하는 일이다. 새로운 나라를 건국하고 굳이 신화를 엮어내는 것도 바로 이러한 이유에서였을 것이다. 역사적 사실이 이성을 움직인다면 이야기는 감성을 자극한다. 무왕은 자신의 주변에 많은 이야기를 포진시켜 사람들의 감성이 자신을 향하도록 하는 데 힘을 많이 기울였던 것 같다. 이야기를 몰고 다닌다고 할 수 있을 정도로 무왕에게는 참 많은 이야기가 따라다녔다.

그 처음이 탄생 이야기이다. 연못 근처에 사는 여인이 연못의 용과 결연을 맺어 시조가 될 아이를 낳는다는 줄거리는 흔히 〈야래자(夜來者)〉 이야기라 불리는 마한馬韓계의 신화이다. 백제는 원래 고구려 유민과 마한계 토착세력이 결합하여 세운 나라라고 한다. 대개는 주몽이야기로 대표되는 고구려계열의 신화를

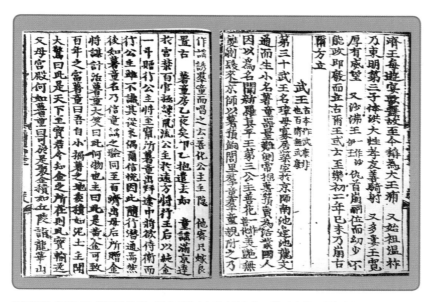

『삼국유사』 〈무왕〉 조 『삼국유사』에는 백제 이야기가 많지 않은데, 무왕 이야기는 견훤 이야기와 함께 백제를 대표할 수 있는 이야기이다.

신봉하고 있었는데, 무왕은 과감하게 마한계 토착신화를 자신의 이야기로 가지고 왔던 것이다. 사비泗沘를 근거지로 한 귀족세력을 견제하기 위해서 마한계의 지지가 필요했던 것은 아니었을까.

하지만 이것만으로는 부족했을 것이다. 백성들의 로망이 담긴 사랑이야기나 드라마틱하게 왕위에 오르는 과정을 담은 이야기가 있다면 효과는 배가됐을 것이다. 비천한 신분에 찢어지게 가난한 남자 주인공이, 아버지와의 갈등으로 집을 뛰쳐나온 명문가의 여인과 인연

당산나무와 새끼줄 당산나무는 토착 여신을 뜻하고 새끼줄은 용신을 뜻한다. 당산나무에 새끼줄을 동여맸으니 여신과 용신의 결합을 상징한다. 무왕탄생신화를 포함한 백제권의 마한계 신화와 관련시켜볼 수 있는 민속이다.

을 맺게 된다는 〈바보온달〉류의 사랑이야기는, 불경인 『잡보장경(雜寶藏經)』 속의 〈선광공주(善光公主)〉 이야기로부터 시작하여 당시 꽤 유행했던 것으로 보인다. 무왕은 이 이야기를 받아들여 자신의 사랑이야기로 만든다. 여기에 특별한 사건을 계기로 지체 높은 여인의 아버지로부터 사위로 인정을 받고 결국 왕위에까지 오르게 된다는 왕위 등극 이야기까지 덧붙여 자신의 이야기를 완성시켰다.

무왕의 주위에 많은 이야기들이 남아 있는 것은 결국 무왕의 왕권 강화 프로젝트 때문이었을 것이다. 선대왕이 일찍 죽고, 지지 기반도 시원치 않았던 무왕은 다양한 이야기를 통해서 지지 기반도 확보하고 민심도 얻으려 했던 것이다. 이야기를 통해 왕이 되고, 이야기를 통해 권한을 강화하고, 이야기를 통해 통치를 했던 보기 드문 왕이었다고 하겠다.

선운사 창사 이야기

여기서 잠깐 역시 백제권의 사찰인 고창 선운사禪雲寺의 창사 이야기를 보자. 특이하게도 선운사의 창사 이야기는 여럿이다. 먼저 백제 위덕왕威德王 24년(577)에 검단(檢旦, 黔丹)선사가 창건했다는 이야기가 있다. 원래는 용이 살던 못이었는데, 검단선사가 못을 메워 절을 창건했다는 것이다. 백제의 고승이 토착신인 용을 몰아내고 그곳에 불교 신앙을 뿌리내렸다고 생각하면 무척 자연스러운 이야기다. 다른 하나는 뜻밖에도 신라 진흥왕眞興王이 창건했다는 이야기다. 시기는 역시 위덕왕 시절이다. 진흥왕이 왕위에서 물러나 이곳 백제로 와서 미륵삼존불彌勒三尊佛이 바위를 가르고 나오는 꿈을 꾸고 크게 감응하여 절을 창건했다는 것이다.

백제의 사찰을 적대국이었던 신라의 왕이 굳이 왕위를 내려놓고 와서 지었다는 것은 쉽게 납득하기 어렵다. 의문에 답을 찾기 위해서는 고찰古刹을 바라보는

도솔산선운사 백제의 사찰임에도 신라 진흥왕이 창건했다는 아리송한 이야기가 전해진다.

우리의 시선을 좀 바꿔볼 필요가 있다. 선운사는 백제 위덕왕 시절 지은 것이기는 하지만 백제의 사찰만은 아니다. 통일신라 시절에도 중요한 사찰이었고, 고려 때도, 조선에서도 많은 불자들이 찾던 사찰이었다. 그러니 지금 남아 있는 선운사에는 백제의 것과 신라의 것, 고려의 것과 조선의 것이 함께 어우러져 있을 것이라는 점을 이해하는 것이 중요하다. 창사 이야기라고 다를 수 없다. 그 이야기 속에는 다른 왕조를 통과하는 긴 여정의 흔적들이 곳곳에 묻어 있을 것이다.

신라가 삼국을 통일한 이후 300년 정도를 통치했다. 말이 300년이지 세대로 따지면 열 세대가 넘게 지속된 것이다. 백제의 통치기간을 대략 600년 정도로 보면, 그것의 절반에 해당하는 기간을 다시 신라의 백성으로 보낸 것이다. 후세대로 내려오면서 통일 이전의 백제 의식은 점점 줄어들었을 것이고 그 빈자리에 신라적인 요소가 채워졌을 것이다. 그러면서 이야기들이 조금씩 변모되었을 것이다. 모든 시대에 있었던 무척 자연스런 이야기의 동화同化 현상이다. 300년이 지난 시점에서 고창이나 익산 사람들은 백제가 아닌 신라 사람이었을 것이다. 때문에 사찰도 신라 임금의 도움으로 완성될 수 있었다고 해야 좀 더 신라스러워질 수 있지 않았을까.

선화공주 이야기도 백제 사람들이 통일 이후 신라 사람이 되어 신라와의 연결고리를 만들기 위해서 개변한 내용이 아닐까 싶다. 이야기 원래 주인공은 잊혀진 여인인 사택적덕의 딸이었을 것이다. 그녀를 주인공으로 당대 유행했던 이런저런 이야기들을 모아서 드라마틱한 사랑 이야기를 엮었을 것이다. 서동이 우연히 발견한 금을 사택적덕에게 보냄으로써 당대 최고 실권자로부터 인정을 받아 백제의 임금으로 등극할 수 있었다고 하면 이야기가 아주 자연스럽다.

백제의 사찰을 짓는데 신라 임금의 도움이 필요하지 않았던 것처럼, 백제의 인심을 얻어 백제의 임금이 되는데 굳이 신라 진평왕의 인정이 필요하지는 않았을 것이다. 백제에서 발견한 금을 굳이 지명법사의 술법까지 이용하면서 신라로 보낼 필요도 없었을 것이다. 만약 보냈다면 당대 백제 최고의 실권자였던 좌평 사택적덕에게로 향해야 하지 않았을까. 어머니의 땅인 익산을 중심으로 하는 마한계 토착세력의 힘을 업고 좌평 사택적덕으로 대표되는 귀족세력으로부터 인정을 받아 백제의 임금이 되는 과정을 이야기하고 있다고 해야 아귀가 맞는다.

만약 이렇다면 무왕과 선화공주의 이야기도 통일 이후 신라스럽고자 했던 백제 이야기들이 걸렸던 자연스런 모습이 아니었을까 싶다. 사택적덕의 딸 자리에 존재하지도 않았던 진평왕의 딸 선화공주를 집어넣고, 왕으로의 등극도 사택적덕의 도움이 아닌 진평왕의 도움으로 바꾸고, 미륵사를 건립한 것도 사택적덕의 딸이 아닌 선화공주의 청에 의한 것으로 바꾸어 놓았다면 말이 될까. 유홍준 교수의 말처럼 그래야 신라에서 권위를 내세울 수 있고 보호를 받을 수 있었던 것은 아닐까.

왕궁리 유적과 익산 프로젝트

미륵사와 쌍릉, 그러니까 불교 사찰과 임금의 무덤이라는 어색한 조합을 메워줄 수 있는 또 하나의 장소가 익산에 있었다. 쌍릉에서 자동차로 10여 분 거리에 있는 왕궁리 유적지王宮里遺跡地이다. '왕궁'이라는 명칭이 있으니 이곳에 궁이 있었다는 말인데, 만약 그렇다면 그것은 무왕의 궁일 가능성이 높다. 무왕을 제외하고 이곳 익산에 궁을 지을 임금이 또 누가 있겠는가.

왕궁리 유적과 관련해서 주목해야 하는 기록은 7세기 후반 중국의 『관세음응험기(觀世音應驗記)』이다. 그 말미에 보면, "(정관 13년) 백제 무강왕(武康王)이 지모밀지(枳慕密地)로 천도(遷都)하였다."고 했다. 무강왕은 무왕을 뜻하고 지모밀지는 금마지金馬只 혹은 금마저金馬渚라 불렸던 익산시 금마면과 왕궁면 일대이다. 정관 13년[貞觀; 당태종 때의 연호]은 639년으로 앞서 미륵사에서 서탑에 사리를 받들어 봉안했다는 바로 그 해이다. 만약 이 기록이 사실이라면 무왕은 집권 후반에 미륵사와 왕궁을 익산지역에 동시에 건설하여 수도를 사비에서 익산으로 옮기려했다는 말이 된다.

고대 도성都城의 요건으로는 크게 넷을 든다. 궁성과 국가 사찰, 왕릉과 관방유적關防遺蹟인 성이다. 미륵사와 쌍릉, 왕궁리 유적을 보면 셋은 갖추어진 셈이고 마지막 관방유적으로는 익산 토성益山土城을 들 수 있다. 토성은 서동 생가터와 쌍릉을 품고 있었던 오금산 정상에 있다. 최초 건립 연대가 백제 말이니 역시 무왕시절이라고 보면 될 것 같다. 그러니 미륵산(미륵사)과 오금산(토성과 왕릉)과 왕궁리(궁궐)를 잇는 커다란 삼각지가 고대 도성인 익산의 핵심이라 할 수 있겠다.

이 지점에서 익산과 무왕의 인연에 대해 마음껏 상상력을 발휘해보자. 어머니는 과부로 연못가에 집을 짓고 살았다고 했으니 익산에 터를 두고 있었던 마한 세력을 그렇게 표현했을 것이고, 아버지는 용이라고 했으니 백제의 왕족이었다고 하면 말이 될까. 혜왕과 법왕이 연달아 일찍 죽고 새로운 왕을 찾던 중 익산

오금산 익산토성 오금산에 자리한 익산토성은 익산이 고대 도성이었다는 증거이다.

지역에서 별 볼 일 없이 지내는 왕족을 끌어올려 왕으로 삼았던 것이 무왕이 아니었을까. 그 중추 역할을 했던 것이 좌평인 사택적덕이었고, 그의 딸은 서동과 결혼해서 백제의 왕비가 되었던 것이다.

보위에 오른 무왕은 익산을 중심으로 하는 마한 세력을 등에 업고 왕권을 강화하면서 백제의 중흥을 모색했을 것이다. 사비를 근거지로 하는 귀족세력의 힘을 그대로 두고는 왕권이 유지될 수는 없었기 때문이다. 신화를 통해 어머니의 땅인 마한과의 인연을 강조한 무왕은 메시아인 미륵불과의 인연을 내세우며 미륵사를 익산에 건설한다. 모든 것이 백성들의 마음을 얻기 위한 노력이었을 것이다. 바로 여기에서 핵심적인 역할을 했던 것이 왕비인 사택적덕의 딸이었다.

익산 프로젝트는 반은 성공했고 반은 실패했다. 궁궐까지 갖추기는 했지만 수도 자체를 익산으로 온전히 옮기지는 못했다. 집권 41년 동안 백제가 중흥을 맞이하기는 했지만 아들인 의자왕義慈王 대에 신라에 의해 백제는 멸하고 말았다. 신라에 흡수된 백제는 300년에 걸쳐 동화의 길을 걷게 되었고 그 과정에서 익산은 신라의 색과 향기로 덧칠되었으며, 사택적덕의 딸은 흔적을 남기지 않은 채 사라져 버렸던 것이다. 세월의 흐름에서 비교적 자유로웠던 〈금제사리봉안기〉가 나오기 전까지는 말이다.

궁궐터라고 해서 그런지 평지보다 조금 높은 곳에 초석들이 어지럽게 널려 있었다. 미륵사지에 준하는 넓은 평지에 유일하게 볼거리는 5층 석탑이다. 궁궐터에 사찰에나 있을 법한 석탑이라니. 겉모습만 보면 이곳이 궁궐터가 아니라 미륵사지와 같은 사찰터라고 해야 맞을 것 같았다. 하지만 그리 어색해 보이지는 않았다. 뭔가 어울리지 않으면서도 그리 낯설지 않은 이 느낌을 어떻게 설명해야 할까.

사실 이곳은 궁궐터이면서 사찰터이기도 하다. 왕궁이 왕궁으로서의 역할을 하지 못하게 되면서, 그러니까 백제가 멸망하고 난 후 터만 남은 이곳에 사찰이 건립되었다고 한다. 그러니 지금 남아 있는 유적들에는 궁궐의 유적과 사찰의

왕궁리 유적지와 오층석탑 궁터에 석탑이 어울리지는 않았지만 그래도 오층석탑이 없었다면 더욱 쓸쓸했을 것 같다.

유적이 섞여 있는 셈이다. 또한 시대적으로도 백제, 신라, 고려의 양식이 섞여 있었으니 그 대표적인 표상이 5층 석탑이다. 마치 사택적덕의 이야기에 신라의 향기를 덧댄 것과 마찬가지로 왕궁터에 사찰을 덧댔다고 하면 이해가 될까.

익산을 떠나며

담대했던 무왕의 꿈은 사찰터, 궁궐터, 생가터 등 갖가지 터로만 남아 있다. 세월의 무게에 무너지고 덧칠되고 덧대어지면서 이제는 흔적으로만 자리하고 있다. 그리고 그런 담대한 꿈을 담아냈던 이야기들도 마찬가지의 길을 걸었다. 백제의 중흥을 이끌었던 무왕은 신라의 공주와 파격적인 사랑을 나눈 로맨티스트가 되었고, 미륵사상으로 백제의 꿈을 담으려했던 사택적덕의 딸은 존재도 알 수 없는 신라 공주에게 자리를 내주고 허물어진 사찰의 한 편에 숨어 있게 되었다.

아침이 되자 날은 갰지만 여전히 흐린 날씨였다. 서울로 올라가는 길에 다시 미륵사를 스쳐지나갔다. 목련꽃 사이로 미륵사를 한 번 흘낏 쳐다보고는 다시 상념에 젖었다. 차라리 이런 날씨에 찾은 것이 다행이었다고 생각했다. 뿌연 물안개에 휩싸인 미륵사에서 쓸쓸하고 안타까운 무왕 이야기를, 잊혀진 백제의 여인을 떠올리는 것은 무척 흥미로운 일이었기 때문이다. 오히려 미륵사를 감상하는 방법은 이래야 했다. 초석들만 남아 있는 미륵사를 상상을 통해서 복원하고 잊혀진 이야기 속에서 백제의 향수를 짙게 느껴보는 것.

미륵사지 목련 꽃 사이로 흐릿하게 미륵사지의 모습이 보인다.

As a side note   결코 무너질 수 없는

이야기 속 그 연못인지는 알 수 없지만, 미륵사지 안에는 여전히 작은 연못이 있다. 연못에 비친 나무의 멋진 모습을 감상하면서, 정양 시인의 〈결코 무너질 수 없는 - 미륵사지에서〉라는 시를 떠올렸다.

감자 캐던 마동이가 참말로
감자로 민요로 덫을 놓아 어여쁜
공주님 마음을 사로잡았는지
금덩이를 돌덩이로 여기던 마동이가
참말로 서슬 퍼런 백제왕이 되었는지
그런 걸 다 딱 부러지게 알 길은 없지만
이 연못에 미륵님을 모시고 싶다는
아내의 택도 없는 소원을 듣고
아내를 위해서라면 그까짓 금덩이쯤
맘 놓고 돌덩이로 여긴 지애비가 이곳에
엄청난 연못을 메우고 엄청난 절을 세웠더란다

선화공주든, 사택적덕의 딸이든, 아내는 항상 옳다. 결코 무너질 수 없는 진리다.

— 심우장

역사의 상흔과
슬픈 사랑의 노래

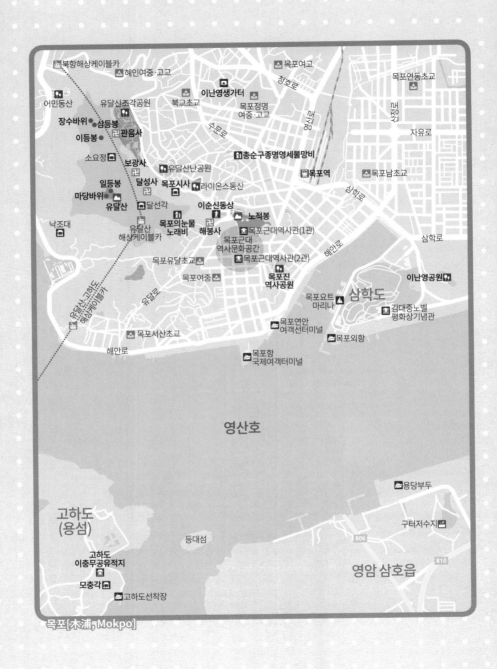

🚠북항해상케이블카
　　　🏫혜인여중·고교
　　　　　　　　　　　　　　　　🏫목포여고
　　　　　　　　　　　　　　　목포연동초교
어민동산🏠
유달산조각공원
　🏛이난영생가터
북교초교
청호로
　　　　　　　　　　　목포연동초교
장수바위●●삼등봉
이등봉●　🙏관음사
　　　　　　　　　　목포정명
　　　　　　　　　　여중·고교
　　　　　　　　　　　　　　　🏫목포남초교
소요정
　🙏보광사
　　　　　　🙏유달산난공원
자유로
일등봉
마당바위●　🙏달성사　🏛목포시사
유달산　🙏달선각
　　　🏛목포의눈물
　　　　　노래비　　해봉사
　　　　　　　　　이순신동상
　　　　　　　　　　　노적봉
낙조대
　　　　유달산
　　　해상케이블카
　　　　　　　　　🏛목포근대역사관(1관)
　　　　　　목포근대
　　　　　역사문화공간🏛목포근대역사관(2관)
목포유달초교
　　　목포여중🏫
　　　　　　　　　목포진
　　　　　　　　　역사공원
　　　　　　　　　　　　　　　🏛이난영공원
유달산·고하도
해상케이블카
　　　　　　　　　목포요트
　　　　　　　　　마리나　　삼학도
　　　　　　　　　　　　🏛김대중노벨
　　　　　　　　　　　　평화상기념관
🏫목포서산초교
해안로
　　　　　　목포연안
　　　　　여객선터미널
　　　　　　　　　🚢목포외항
　　　　🚢목포항
　　　국제여객터미널

영산호

　　　　　　　　　　　　　　　🚢용당부두

고하도
(용섬)
　　　　　　　　　　　　　　구터저수지
등대섬
고하도
이충무공유적지
모충각
　　🚢고하도선착장
　　　　　　　　　　　영암 삼호읍

목포[木浦, Mokpo]

역사의 상흔과 슬픈 사랑의 노래

목포의 눈물(전라남도 목포)

익숙한 곳으로 떠나는 여행

전라남도 남서쪽에 위치하고 있는 항구도시 목포. 이곳은 필자의 고향이고, 유년시절의 추억이 여기저기 남아 있는 곳이다. 또한 부모님을 뵈러 지금도 두세 달에 한 번씩 찾는, 아주 익숙한 도시이다. 유달산에 올랐을 때 초입에 위치한 이순신 동상 앞에서 사진을 찍었고, 유달산의 세 봉우리까지 올라가 목포 시내와 바다를 한참 바라보다가 내려오기도 했다. 또한 아직까지 남아 있는 적산가옥敵産家屋과 당시 일제의 만행을 전시해 놓은 사진들을 보며 뼈아픈 역사를 되새겨 본 적도 있다.

그렇다면 나는 나의 발자취가 닿았던 목포 곳곳에 전해져 오는 이야기에 대해서 잘 알고 있었던가. 전혀 아니었다. 나는 고향 목포를 사랑하지만, 목포가 들려주는 이야기에 대해서는 관심이 없었다. 눈길만 돌리면 볼 수 있는 곳에 존재하고 있던 이야기를 이제야 발견했다니. 왠지 부끄럽고 미안했다. 평생에 수십 번

목포근대역사관 목포근대역사관은 2개의 별도 건물로 1관과 2관으로 나눠 운영된다. 역사와 문화가 공존하는 목포의 근대사를 한눈에 살펴볼 수 있도록 전시되어 있다.

은 오갔을 그곳에 서서 이제라도 바람결에 들려주는 목포의 이야기에 귀를 기울여보기로 했다.

목포는 『조선왕조실록(朝鮮王朝實錄)』 태종 7년(1407)에 왜구가 목포에 침입했다는 기록으로 처음 사서에 등장한다. 목포木浦라고 부르게 된 지명 유래 중 가장 근거가 있는 것은, 목포가 영산강 유역의 주민들이 바다로 나아가는 '목'이자 도서주민들이 내륙으로 들어오는 '목'이었으며, 왜구 등 외적의 침탈에서 고장을 방어하는 '목'이었던 데서 '목개'라 불리고, 이것이 한자로 바뀌면서 지금의 '목포'로 부르게 된 것이라 한다. 다시 말해 '목'은 '목(木)'으로 음차音借되고, '개'는 '포(浦)'로 훈차訓借되어 지금의 목포(木浦)가 된 것이다. 그런데 일제강점기 때 일본인이 〈목포부사〉를 이용해 나무가 많은 포구 또는 목화가 많이 난다고 하여 그렇게 불렀다는 설을 퍼뜨려 이후 자료에도 인용되고 있다고 한다.

이렇게 목포는 지명 자체에도 일제강점기의 역사적 상흔이 존재한다. "고향이 어디냐?"고 물었을 때, 자랑스럽게 목포라고 대답했지만, 정작 나는 목포에 대해 얼마나 알고 있었던 걸까. 대부분의 여행은 지금까지 가보지 못한 곳, 평생 한 번쯤 가고 싶었던 곳으로 떠나기 마련이다. 하지만 이번 나의 여행은 내가 나고 자란 익숙한 곳으로 떠나는 여행이다. 동시에 나의 고향에 대해 그동안 마주하지 못했던 모습을 발견하는 탐방의 여정이 될 것이다.

원한 품은 노적봉과 다산목의 전설

목포를 처음 찾는 많은 사람들이 가장 먼저 들르는 곳은 아마 유달산일 것이다. 유달산儒達山은 228m로 그다지 크고 높은 산이라 볼 수 없지만 웅장한 기세만큼은 대단하다. 산 전체가 기암괴석으로 이루어진 형세는 유달산의 특징이라 할 수 있다. 유달산 입구에 도착하면 보통 '유달산(儒達山)'이라고 새겨진 비석을 따라 오른쪽에 난 계단을 먼저 오르게 된다. 하지만 무작정 오른다면 목포 역사의 한 장면을 놓치게 된다. 이왕 걸음을 옮겼다면, 뒤부터 돌아봐야 한다. 그러면 유달산과 마주하고 있는 커다란 암석을 볼 수 있다. 이 암석이 바로 유달산 노적봉露積峯, 큰 바위 얼굴이다.

유달산에서 본 노적봉 노적봉은 해발 60미터의 바위로 생김새 때문에 큰바위 얼굴이라고도 불린다.

노적봉은 하늘을 보고 누운 채 인자한 웃음을 띤 사람의 얼굴 형상이다. 이 노적봉에는 이순신의 기지奇智로 왜적을 몰아낸 이야기도 전해져온다. 명량대첩鳴梁大捷에서 승리하고 유달산 앞바다에서 전열을 재정비하던 이순신李舜臣 장군은 왜적의 배가 진을 치고 우리 군의 정세를 살피는 상황에서 적은 수의 아군과 턱없이 부족한 군량미를 걱정하고 있었다. 이에 장군은 노적봉에 거적을 쌓아 마치 아군과 군량미가 많은 것처럼 왜적들을 속여 스스로 물러나게 한다. 이러한 일이 있고 난 후 이 암석은 노적봉이라고 불리게 되었다고 한다.

실제 전투를 이어가기에는 턱없이 부족했던 군량과 많지 않은 군사였지만, 장군의 기지로 목포는 위기를 모면한 셈이다. 적의 입장에서는 하늘에 맞닿을 듯 쌓인 군량을 보고 지레 겁을 먹을 만했다. 전투를 승리로 이끌려면 군사의 전투력과 무기의 파괴력이 중요한 요소지만, 무엇보다 수장의 전략이 결정적인 역할을 한다. 그래서 후대의 사람들은 전쟁 영웅을 드높은 의기와 용맹함뿐 아니라 그의 전략과 기지를 이야기로 만들어 기억하는 경향이 있는 것 같다. 왜군과 직접적인 전투를 하지 않고도 승리한 이순신 장군의 기지가 노적봉에 얽혀 전해 내려오는 것처럼 말이다.

또 하나, 노적봉 뒤 완만한 오르막길에 위치한 여인목女人木과 다산목多産木에도 임진왜란 당시의 이야기가 전해진다. 임진왜란 때 장군의 명으로 아낙네들이 노적봉에 거적을 덮어놓은 후 생리현상을 급히 해결하려고 바위 밑에서 볼일을 봤는데 이곳을 염탐하던 왜군이 여인의 자태에 눈이 팔려 정작 정보는 수집하지 못하고 되돌아갔다는 이야기가 있다.

다산목의 형태가 여인이 다리를 벌리고 누운 형상이라 자연스럽게 소변을 누는 모습을 상상하고, 이를 노적봉에 깃든 이순신 장군의 전설과 결합시키지 않았을까? 사람들의 기억에 오래 남을 수 있는 방법 중 하나가 자극적이면서 흥미로운 이야기이니까 말이다.

여인목과 다산목 여인목은 노적봉 뒤편의 암석에 뿌리를 둔 팽나무이고, 다산목은 여인목에서 갈라져 나온 나무를 말한다.

다산목이라는 이름은 여인이 출산을 하는 모습과도 닮아서 다산을 상징하는 나무라고 부르게 된 것으로 보인다. 고기잡이로 생계를 꾸려 나가던 목포 사람들에게 다산은 최대의 축복이었다. 그래서 바위에 뿌리를 내리고 나타난 이 나무에 상징을 부여하고, 나무의 영험을 기대했을 것이다. 속설로는 이 나무의 영향으로 인근 지역 출산율이 유난히 높았다고도 한다. 진짜 나무의 영험이 존재하려나. 다산목을 찾아와서 자식의 탄생을 기원하는 부모의 간절한 바람과 희망이 잉태의 씨앗이지 않았을까.

목포가 기억하는 충무공

옛날부터 유달산은 이처럼 특별한 기운을 내뿜는 곳으로 존재한 것 같다. 그래서 일제강점기 일본 입장에서는 도리어 두려운 명산으로 여겨 어떻게든 해코지를 하고 싶었을 것이다. 이순신 장군 동상이 서있는 유달산과 맞은편 노적봉은 원래 하나의 유달산으로 이어져 있었다고 한다. 그런데 일제강점기 유달산에 흐르는 맥을 끊고자 유달산의 주맥과 노적봉 사이 큰길을 냈다고 전해진다. 만약 당시 일본의 그와 같은 만행이 없었다면 유달산은 지금보다 더 웅장한 모습으로 자리하고 있었을 것이다. 유달산에 위치한 이순신 동상이 자신의 업적과 관련된 이야기가 스며든 노적봉을 맞은편에서 바라보고 있다. 노적봉과 유달산이 본래 하나였다는 것을 이야기하고, 과거에 끊긴 유달산 주맥을 다시 잇고자 하는 목포 시민들의 의도 때문은 아니었을까 추측해보았다.

유달산에 있는 이순신 동상은 특이하게도 한쪽으로 기울어진 모습이다. 광화문 한복판에 자리한 이순신 장군의 모습과는 확연히 다르다. 당장이라도 뛰쳐나갈 태세를 취한 것일까. 이순신 장군 동상이 기울어져 있는 이유는 확실히 밝혀져 있지 않다. 한편에서는 이순신 장군이 일본을 바라보고 있고, 이는 죽어서도 일본의 기운을 누르려는 뜻이 담긴 것이라고 한다. 하지만 목포시청 문화관광과에서 밝힌 바로는 제작자가 왜 이와 같은 모습으로 제작했는지 알 수 없다고 했다. 장군의 동상이 일본을 바라본다는 이야기는 누군가의 상상력에서 시작되었을 것이다. 일본과의 과거사 청산이 완전히 이루어지지 않은 지금, 역사적 상흔을 기억하는 누군가의 바람이 이와 같은 유래를 만들어 낸 것이다.

이렇게 노적봉은 이순신 장군과 아주 밀접한 장소로 남아 있다. 목포의 이야기에서 이순신은 전투 역량과 더불어 그의 기지로 일본군을 물러나게 한 영웅으로 기억되고 있었다. 바다와 맞닿아 있는 목포는 일제가 본국

유달산의 이순신 동상 동상은 칼을 잡고 정자세를 취하는 모습이 전형적인데 이곳의 동상은 오른손을 올리고 오른발을 앞으로 내밀어 살짝 기울어진 자세로 세워져 있다.

으로 수탈하기에 좋은 도시였을 것이다. 실제 목포 구석구석에는 그 흔적이 남아 있어 당시 얼마나 애통했을지 미루어 짐작하기도 힘들다. 그 와중에 이순신 장군은 목포 시민의 희망을 상징하는 존재로 지금까지 기억되고 있다.

용섬에서 107일 동안의 기억

목포가 기억하는 이순신 장군은 유달산과 마주하고 있는 고하도에서도 찾아볼 수 있다. 고하도高下島는 그 모습이 용의 머리와 닮았다 하여 용섬이라고도 부른다. 이곳은 임진왜란 이후 일본이 재침하였던 명량대첩에서 대승을 거둔 그해 이순신 장군이 진을 설치했던 곳이다. 소나무가 울창한 이곳에는 이충무공기념비가 세워져 있다. 산기슭 초입에 서 있는 홍살문을 지나면 모충문慕忠門이라는 현판이 걸린 삼문三門이 있고, 이를 들어서면 모충각慕忠閣이 있다.

고하도 이충무공유적지 모충각 1597년 명량대첩 이후 10월 이순신 장군이 진을 설치하고, 이듬해 2월 진을 옮길 때까지 107일 동안 머물렀던 곳이다. / **고하도 이충무공기념비(高下島李忠武公記念碑)** 비문은 17행 48자로, 남구만이 찬(撰)하고, 조태구의 글씨를 이광좌가 새긴 것이다. 비의 높이는 227cm나 된다.

이순신 장군의 충성을 추모하고 그리워한다니. '그리움'이라는 단어가 이렇게 진정으로 다가올 줄 몰랐다. 그런데 모충각은 자물쇠로 굳게 잠겨 있었는데, 다행히 창살 사이로 안을 들여다볼 수는 있었다. 내부에는 '고하도이충무공기념비(高下島李忠武公記念碑)'가 있었다.

일제강점기 당시 일본인들은 이 비석에 총을 난사하고, 야산에 버렸다고 한다. 그래서 비석에는 지금도 총탄 자국이 남아 있다는 말을 들은 적이 있다. 그런데 창살 사이로 넘어 본 비석에서는 제법 거리가 있어 육안으로 그 흔적을 찾기 어려웠다. 그나마 비석의 모습이라도 확인할 수 있었다는 것에 안도감을 느꼈다. 해방 이후 이곳 사람들이 비석을 찾아 지금의 자리에 세워 놓은 덕분이다. 창살 사이로 본 거대한 비석은 이순신 장군의 위엄과 기개가 느껴질 정도로 위압감이 있었다. 그런데 한편으로는 굳게 닫힌 모충각 안에 홀로 우뚝 선 모습이 어쩐지 쓸쓸해 보였다. 일제의 만행과 세월의 풍파로 마모된 흔적 때문인지, 보호를 명목으로 좁고 어두운 공간에 갇혀 있어서인지, 주변을 둘러봐도 이곳을 찾아온 이는 나밖에 없어서인지, 잘 모르겠다. 잠시 묵념을 하고 돌아 나오는 길, 불어오는 바람이 너무 차가웠다.

삼문을 벗어났을 때 잔잔한 바다를 내려다볼 수 있는 정자가 보였다. 자연스럽게 발길은 운치가 있는 정자로 향했다. 그리고 한곳에 서서 잔잔한 바다를 바라보았다.

문득 과거의 이순신 장군도 이곳에 서 있었을 것 같다는 생각이 스쳤다. 밤낮을 가리지 않고, 촉각을 곤두세우며 왜군의 재침을 걱정했을 장군의 모습이 잠시 눈에 보이는 듯했다. 어쩌면 그는 고하도에 머무른 107일 동안 내내 여기에 서서 잔잔한 바다를 바라보고 있었던 것은 아닐까. 차가운 바닷바람을 맞으며 끝을 알 수 없는 전투에 대비를 해야 했던 그는 지금 어디에 있을까? 여기에 서서 평화로운 풍경을 감상할 수 있게 해준 것에 대해 장군에게 감사의 인사를 바람결에 실어 보냈다.

chapter 9

정자에서 바라본 목포 앞바다 평화롭기만 한 이 바다가 당시 이순신 장군에게는 긴장과 고심을 가져다주는 전쟁터였을 것이다.

신선들이 노니는 곳, 영달산

고하도에서 멀찌감치 보이는 유달산으로 다시 시선을 옮겨보려고 한다. 유달산에는 이순신의 지략에 대한 이야기 못지않은 유명한 전설이 하나 더 있다. 본격적으로 이야기를 들려주기 전, 사람이 죽으면 어디로 가게 될 것인지에 상상을 해본 적이 있는지 묻고 싶다. 나는 그와 같은 상상을 수십 번은 해본 것 같다. 특히 소중한 사람의 죽음을 목격했을 때, 이와 같은 생각은 오랫동안 나의 머릿속을 지배하곤 한다. 사람이 죽으면 어떻게 될까? 죽음과 동시에 소멸하게 되는 것일까, 죄질에 따라 천국 또는 지옥에 가게 되는 것일까? 나뿐 아니라 많은 사람들이 죽음 이후의 세계에 대한 호기심을 가지고 있을 것이다. 이렇게 서두가 길었던 것은 유달산이 들려주는 또 하나의 이야기가 바로 사후의 삶에 대한 것이기 때문이다.

유달산에 전해지는 전설은 죽음을 맞이하고 영혼이 되면 일등바위에서 심판을 받고, 이등바위에서 대기를 하다가 학, 용, 거북이를 타고 극락세계나 용궁으로 떠난다는 이야기이다. 유달산은 영달산靈達山이라고도 부르는데 이는 영혼이 잠시 머물다갈 정도로 신비한 매력을 품은 곳이다 하여 붙은 이름이라고 한다. 유달산이 다양한 모습의 바위들이 하나의 산을 이루고 있어 그 형상이 역동적으로 보이기 때문에 그렇게 얘기했나 보다.

　실제로 유달산을 등반하면서 살펴보면, 조물주가 유달산에 특별한 애착을 가지고 있었던 것은 아닐까 하는 생각이 든다. 독특한 모양의 바위들과 인위적으로 깎아 만들기도 어려울 것 같은 신비한 모습의 기암들이 쉽게 발견된다. 그리고 유달산의 계곡과 능선을 따라 달성사達聖寺, 관음사觀音寺, 해봉사海達寺, 보광사普光寺 등 사찰도 적지 않고, 유달산 산신을 모시는 제당 같은 민속신앙 유적들도 산재되어 있다. 이쯤이면 영혼이 머무르는 곳으로 참 적합한 공간이 아닌가 싶다.

목포진(木浦鎭) 역사공원에서 본 유달산의 산세 그리 높지 않은 산인데도 하늘의 구름과 맞닿아 있는 모습은 신비로운 분위기를 풍긴다.

그런데 문득 지금 유달산은 왜 영달산靈達山이 아니라 유달산儒達山으로 불리게 됐을까, 의문이 들었다. 유달산은 다양한 이름으로 불리다가 지금의 '선비유(儒)'자를 쓰는 유달산이 되었는데, 옛 기록에서 가장 많이 보이는 이름은 '놋쇠유(鍮)'자를 쓰고 있다. 해가 뜨거나 질 때쯤에는 그 햇빛을 받는 봉우리가 마치 쇠가 녹아내리는 듯한 색으로 변한다 하여 그렇게 부른 것이다. 왠지 노적봉이 붉게 보인다 싶었는데 같은 이유였을 것이다. 유달산 암석들은 전체가 화강암이라 기본적으로 약간 붉은 기를 띄는데, 여기에 해 질 녘 황혼까지 비치면 마치 쇳물이 흘러내리는 것처럼 보였던 것이다. 그리고 지금의 유달산儒達山으로 이름이 바뀌게 된 계기는 무정 정만조茂亭鄭萬朝가 1896년 경복궁 화재사건으로 모함을 받아 진도로 유배 온 후 목포의 시사詩社 건립을 발의하여 유학발전에 큰 영향을 끼치면서부터였다.

이렇게 유달산 이름의 변천사를 흥미롭게 보던 중 또다시 일제의 불순한 의도가 개입된 흔적을 발견할 수 있었다. 1914년 일본인이 발행한 〈목포지(木浦誌)〉에 유달산의 이름을 '깨우칠유(諭)'로 기록하였다. 식민정책의 하나로, 산 이름을 의도적으로 바꿔 일제의 식민지침탈이 조선인들을 깨우치기 위함이라는 생각을 주입하고자 했다는 것이다. 헛웃음이 나왔다. 이렇게 사소한 것에서 뼈아픈 일제강점기의 흔적을 찾게 될 줄은 몰랐다. 아니, 사소한 것이 아니다. 존재하는 모든 것의 이름은 곧 그것이 정신을 상징하기 때문이다. 그래서 당시 우리 선조들은 창씨개명을 거부하고, 본래 불리던 이름을 지키려고 했다. 그런데 사람뿐 아니라 산 이름까지 바꾸고자 했다니. 그리고 그들의 목적이 조선인을 깨우치려는 것에 있다고 거짓을 늘어놓다니. 참으로 치밀하고 불순하다는 생각밖에 들지 않았다.

목포의 노래

유달산 등산로 계단을 따라 올라가다 보면 귀에 익숙한 노랫소리가 들려온다. 그리고 그 노랫소리를 따라가다 보면 이난영의 '목포의 눈물 노래비'를 발견할 수 있다.

이난영의 목포의 눈물 노래비 노래비에는 1935년 취입 당시 가사와 현재(2001년) 불리는 가사가 함께 새겨져 있다.

"사공의 뱃노래 가물거리면 삼학도 파도깊이 스며드는데
부두의 새악씨 아롱 젖은 옷자락 이별의 눈물이냐 목포의 설움
삼백년 원한품은 노적봉 밑에 님 자취 완연하다 애달픈 정조
유달산 바람도 영산강을 안으니 님 그려 우는 마음 목포의 노래
깊은 밤 조각달은 흘러가는데 어찌타 옛 상처가 새로워진다
못 오는 님이면 이 마음도 보낼 것을 항구에 맺은 절개 목포의 사랑"

노래비 정면에는 당시 공식적으로 알려져 있던 노래 가사와 본래의 노래 가사가 같이 새겨져 있다. 노적봉에 대해 노래하던 '삼백년 원앙풍'이라는 가사는 본래 '삼백년 원한 품은'이었다. 원앙풍이라니? 도대체 무슨 뜻인지 알 수 없는 가사로 노래를 부르게 된 것은 일제의 검열 때문이었다. 음반을 취입할 당시 그것이 임진왜란 때 이순신 장군 전설이 전해지는 노적봉에 빗대어 나라 잃은 설움을 노래한 것이 아니냐는 이유로 검열에 걸려 발음이 비슷한 다른 말로 대체한 것이다.

목포가 이렇게 사연이 많은 도시였다니. 노래 하나에도 일본의 감시를 피할 수밖에 없었던 당시 분위기가 고스란히 남아 있었다. 가사를 몰라도 구슬프게 느

껴졌던 '목포의 눈물' 곡조와 이난영의 목소리가 더더욱 아릿하게 들려왔다. 이렇게 노래 하나에도 목포의 한(恨)이 느껴질 줄이야. 이 노래가 당시에는 많은 목포 사람들의 마음을 어루만져주었겠지. 비록 노래 가사가 뜻을 알 수 없는 단어로 바뀌었지만, 노래를 듣고 즐겨 부른 목포의 사람들은 노래 안에 숨은 진짜 의도를 알고 있었을 것이다. 가사도 중요하지만, 듣는 이의 마음을 사로잡는 것은 노래를 통해 느껴지는 감정이니 말이다.

전해오는 이야기나 목포를 대표하는 노래가 이렇게 서럽고 애달플 수 있을까. 암흑의 시대라 일컫는 일제 강점기에 어느 도시든 고생스럽지 않았겠느냐만 노래와 이야기, 그리고 곳곳에 남아 있는 일제강점기의 흔적이 유독 마음을 괴롭혔다. 세월이 흘러 지금은 살기 좋은 목포에서 숨 쉬는 나도 이렇게 가슴이 아픈데, 당시 일제의 눈치를 보며 살아야 했던 사람들의 심정이야 어떠했으랴. '목포의 눈물'이라는 제목으로 설움을 노래하고자 했던 이난영이 본래 가사를 마음에 품고, 의미를 파악할 수도 없는 가사로 변형해 불러야 했던 가

이난영 공원 삼학도의 이난영 공원. 배롱나무 아래 수목장을 한 이난영의 묘가 묻혀 있다.

슴 아픈 사연 덕에 그녀의 목소리가 더 구슬프게 들렸다.

목포 시민들과 애환을 함께 했던 가수 이난영도 지금은 이 세상에 존재하지 않는다. 하지만 목포는 그녀를 기억하고 그리워하고 있다. 목포 시민들은 자발적

이난영 생가터 이난영 생가터는 양동에 위치해 있는데, 흔한 표지판 하나 없어서 찾기란 쉽지 않다. 동네 사람들에게 물어 겨우 찾을 수 있었다.

으로 이난영 기념사업회를 조직하고, 파주시 공동묘지에 안장되었던 이난영의 묘를 2006년, 그녀의 고향 목포로 이장하였다. 41년 만에 고향의 품으로 돌아오게 된 것이다. 그리고 그녀의 묘가 묻힌 곳을 공원으로 조성하였다. 이뿐 아니라 그녀가 어릴 때 살았던 목포시 양동, 그녀의 생가터에 소공원을 조성하였다. 화려하다고 할 수 없으나, 그녀를 기념하고 오래도록 기억하려 노력하고 있었다. 어쩌면 이난영은 죽지 않고 여전히 목포에 살아 있다고 볼 수 있지 않을까.

바위에 남은 애환

이렇게 이난영의 노래까지 감상했으니, 다시 마음을 추스르고 일등봉을 향해 발을 내딛었다. 암석으로 이루어진 산이지만 그리 가파르지 않아서 이내 콧노래가 나올 정도로 여유가 생겼다. 유달산은 암석 봉우리들로 이루어져 있어서 여러 가지 형상의 기암을 만날 수 있는 것이 특징이다. 그래서 유달산 일등봉을 향해 가는 길에는 조물주의 창조물들을 감상하는 재미가 있다. 이름이 붙은 기암 중

일등봉 아래 위치한 마당바위 어른 10여 명이 앉아서 쉴 정도의 마당같이 넓은 바위라고 하여 붙여진 이름이다.

에는 손가락바위, 나막신바위, 장미바위, 애기바위 등 셀 수 없이 많다. 기암들을 즐기다 보면 어느새 널찍하고 평평한 곳에 다다르는데, 마당바위라고 불리는 이 바위는 전망대 역할도 같이 하고 있다.

속상한 마음이 앞섰다. 2018년 가을만 해도 나무로 된 계단이 없었는데 2019년 2월 다시 찾아오니 이처럼 변해 있어 내가 알던 마당바위가 맞나 한참을 의심했다. 당시 고하도와 유달산을 잇는 해상케이블카를 건설하는 중이라 곳곳에 공사의 흔적이 남아 있었는데, 불과 몇 개월 만에 이렇게까지 변해 있을 줄은 상상도 못했다. 마당바위가 이렇게 변한 이유는 아마 케이블카 완공과 더불어 찾아올 많은 관광객을 의식한 것으로 보인다. 또한 갑자기 생겨난 나무계단 역시 관광객의 안전에 신경을 쓴 배려일 것이다.

하지만 유달산의 묘미는 자연석을 깎아 만든 돌계단일 텐데 인위적인 목재 전망대와 계단은 이질적인 느낌이 아주 강했다. 2018년 가을 등산을 하던 사람이 누워서 휴식을 취하던 곳이 현재는 설치된 망원경을 통해 전망을 구경하거나 바다를 배경으로 사진을 찍고 지나가는 곳으로 전락해버렸다. 널찍해 보이던 공간도 협소해졌고, 앉아서는 목재 전망대에 가려 다도해 풍경을 감상할 수도 없다. 괜히 마음의 여유조차 없어지는 듯했다. 괜히 마당바위를 한참 서성여봤지만, 별다른 감흥이 느껴지지 않아 발길을 돌렸다. 일등봉까지 얼마나 남았는지 확인하기 위해 마당바위 옆에 자리하고 있는 일등바위를 올려다보았다.

암석이 층층이 쌓여 병풍처럼 자리하고 있는 이 높다란 바위가 일등봉으로, 측면의 모습을 사진으로 담아 보았다. 일부러 깎아 만든 듯한 모습이 우람하고 멋스러워 보인다. 자세히 보면 하나의 바위가 아니라, 크고 작은 바위들이 켜켜이 쌓여 있는 모습이다. 이와 같은 모습은 무너질까 불안할 만도 한데, 일등봉은 도리어 단단하게, 안정적으로 느껴졌다. 그렇게 찬찬히 쳐다보다가 일등봉 벽면에 그려진 낯선 그림이 눈에 들어왔다.

마당바위에서 본 일등봉 일등봉은 유달산에서 제일 높은 봉우리이다. 자세히 보면 하나의 바위가 아니라 조각난 바위들이 뒤엉켜 하나의 봉우리를 만들고 있어서 웅장한 느낌이 더해진다.

이 그림은 바로 일제강점기 일본이 그려 넣은 것이다. 철퇴를 들고 있는 위압적인 모습의 부조상과 부동명왕不動明王이라는 글씨가 새겨져 있는데, 이는 불교의 한 종파인 밀교密敎의 법신 대일여래大日如來의 사자使子라고 한다. 일본 진언종眞言宗의 창시자 홍법대사弘法大師가 중국에서 유학하고 일본으로 돌아갈 때 큰 풍랑을 만났는데, 그때 부동명왕이 대사의 안전을 지켜주었다고 한다. 그래서 유달산의 가장 높은 봉우리인 일등봉에 항로의 안전을 기원하는 일본인들의 신앙적 의도로 이와 같이 조각해 놓은 것으로 보인다. 이 또한 일본인들이 우리의 정기를 말살하려는 의도 중 하나로, 이러한 것들이 유달산 일대에만 88개에 달했다고 한다. 당시 일본인들의 불교가 목포에 성행하자, 그들이 숭배하는 승려의 모습을 유달산 곳곳에 새겨 놓았다. 목포 유달산을 일본 불교의 성지로 조성하고자 했던 그들의 야욕 앞에 우리나라의 자연 따위 중요치 않았던 것이다. 지금은 대부분 없어졌는데, 아직도 유달산 일등봉에는 그 흔적이 남아 있다. 그 자체로 아름다운 자연에 덧씌운 인위적 흔적은 마치 우리 역사의 아픈 상처와 흉터를 상징하는 것 같아 가슴이 아렸다.

님이 그리워 학이 된 처녀들

쓸쓸한 심정으로 일등봉에 올랐다. 그런데 정상에 올라 바라본 경관은 그야말로 장관이다. 그래서 죽은 이의 영혼이 이후 어디로 갈지 심판 받는 곳이라고 상상했던 것일까. 일등봉에서는 목포 시내와 다도해를 한눈에 조망할 수 있다. 육지와 바다를 내려다보고 있자니 내가 마치 조물주라도 된 느낌이랄까, 과연 목포의 영산靈山이라는 생각이 들었다.

시원한 바람을 느끼며 천천히 주위를 둘러보니 잔잔한 바다에 둘러싸인 작은 섬들이 눈에 들어왔다. 서남해안 다도해라는 이름에 걸맞게 용의 머리와 닮은 고하도와 신안의 크고 작은 여러 섬들이 푸른 바다에 촘촘히 박혀 있다. 그리고 시선을 돌리면 목포 시내가 펼쳐지는데, 목포 시내가 바다와 맞닿아 있는 곳, 그 곳에 옹기종기 모여 있는 세 개의 섬이 함께 보인다. 유달산에서 삼학도三鶴島가 내려다보임은 우연이 아닐 것이다. 삼학도와 유달산에는 유달산에서 무예를 수련하던 청년과 유달산 아랫마을에 살던 세 처녀의 슬픈 사랑 이야기가 전해져오기 때문이다.

　유달산 아랫마을에 살던 세 처녀는 유달산에서 무예를 수련하는 젊은 장수를 보고 첫눈에 반해 사랑을 고백했다. 끊임없는 세 처녀의 애정 공세에 청년은 마음이 흔들려 수련에 집중할 수 없었다. 하여 수련을 마칠 때까지 멀리 떨어진 섬에서 기다려 달라고 부탁했다. 그의 말에 세 처녀는 배를 타고 먼 섬으로 향했고, 청년은 유달산에서 이 모습을 지켜보다가 세 처녀가 탄 배를 향해 화살을 날렸다. 청년의 화살을 맞은 배는 두 동강이 나며 목포 앞바다에 가라앉고 말았다. 청년은 세 처녀가 존재하는 한 수련에 집중할 수 없다고 여겨 그녀들을 바다에 수장해버린 것이었다. 잠시 후 배가 가라앉은 자리에 세 마리의 학이 솟아오르면서 슬프게 울며 하늘 높이 날아갔다. 그리고 곧 바다에서 세 개의 바위가 솟아오르면서 섬이 되었고, 사람들은 이것을 삼학도라고 부르기 시작했다.

일등봉에서 본 삼학도 목포 시내와 가까운 곳에 우뚝 자리하고 있는 세 개의 섬을 삼학도라고 부른다.

결말이 다른 또 다른 이야기도 이루어지지 않은 사랑의 슬픔에 대해 얘기하고 있다. 청년에게 사랑을 거부당한 세 처녀가 병이 들어 죽고, 세 처녀는 학이 되어 유달산 주위를 날며 슬피 울기 시작한다. 이에 청년은 수련의 성과를 확인하기 위해 학을 향해 활시위를 당겼고, 화살을 맞은 세 마리의 학은 유달산 앞바다에 떨어지고 말았다. 그 후 학이 떨어진 자리에 세 개의 섬이 솟아올랐다고 한다.

두 이야기 모두 청년을 사랑한 세 처녀가 청년이 쏜 화살로 인해 죽게 되는 결말이기 때문에 비극적이다. 사랑을 이루지 못한 것만으로도 슬픈데 왜 사랑하는 사람의 목숨까지 빼앗는 비극적 상황을 덧붙여야만 했을까. 눈물에 눈물을 더해 슬픔의 극한으로 향해 가는 이야기가 곧 목포라는 도시를 대변하는 이미지인 걸까?

지금까지도 삼학도와 유달산은 가까운 곳에서 서로를 마주보고 있다. 사랑을 이루지 못한 세 처녀의 영혼은 학이 되었고, 원한을 품은 영혼의 일부는 바다 위로 존재를 드러내어 유달산을 올려다보고 있다고 하면 과한 상상일까. 청년은 자신의 학업에 방해가 되기 때문에 세 처녀의 사랑을 거부했다. 그렇다면 청년이 애정보다 더 우선했던 것이 무엇이기에 세 처녀를 외로운 영혼으로 만들었던 것일까?

세 처녀의 원한 때문인지, 유달산에서 무예를 수련하던 장수들은 끝내 비참한 최후를 맞는다. 나주가 본관인 나승대는 고하도의 용머리가 내려다보이는 명당인 군왕지지君王之地에 부모를 묻고 자기가 군왕이 되려고 반란을 일으켰다가 실패한다. 그리고 자기 집 대들보 위에 숨어 있다가 옷고름이 삐져나와 관군에 발각되어 잡혀 죽었다고 전해진다. 그리고 이름 모를 한 장수는 무술이 뛰어났으나 조정의 일들이 그릇되는 것을 보고 역적모의를 하였다가 결국 잡혀 죽었다. 그리고 이들의 역적모의로 인해 그의 존속과 어머니까지 처참處斬을 당한다. 이쯤 되니 이런 생각이 들었다. 목포는 비극적인 삶과 죽음에 대해 무감각한 도시이다. 그 어떤 이야기도 그들이 살아가는 현실의 삶보다 비극적일 수 없다고 생각했기 때문인 걸까.

죽음 이후의 삶에 대해서

목포의 이야기에서 주인공의 삶은 비극으로 끝나지만, 정작 죽음 이후는 지극히 낭만적이다. 유달산 전설에 따르면, 일등봉에서 심판을 마친 영혼은 이등봉으로 옮겨져 자기가 갈 곳으로 떠나기 전 대기를 하게 된다. 그리고 극락세계로 갈 때는 세 마리의 학 또는 용머리를 타고 가고, 용궁으로 갈 때는 거북이를 타고 간다. 아마 세 마리의 학은 삼학도를, 용머리는 고하도를, 거북이는 거북섬(목포와 압해도 사이에 있는 섬)을 상징하는 것이리라. 그런데 극락세계든 용궁이든 우리의 상식에서는 둘 다 아름답고 평온한 곳이지 않나? 목포 사람들이 상상하는 저 세상에는 지옥이 없었나 보다. 죽어서 만큼은 현실의 괴롭고 팍팍한 삶에 대한 보상을 얻고자 했던 바람이 이와 같은 전설을 만들어낸 것이려나. 아니면 지금의 삶을 버티면 언젠가는, 급기야 죽어서라도 그 보상을 얻게 되리라는 낙관적인 생각이 투영된 것이려나.

삼등봉에서 본 이등봉 깎아낸 듯한 암석이 하나의 봉우리를 만들었던 일등봉과 비교했을 때 이등봉은 더 부드러운 느낌을 준다.

일등봉에서 심판을 받은 이들이 바위 위에 옹기종기 모여 있는 모습을 상상해 보았다. 내가 본 그들의 표정은 편안해 보였다. 치열하게 살아온 삶에 대한 미련이야 누군들 없겠냐만 새로운 삶에 대한 희망으로 충만해 보였다. 또 일찍 사별하게 된 부모님 또는 친구와 정인을 다시 만날 수 있다는 기대도 해볼 수 있을 것 같았다.

그런데 진짜 사람이 죽어서 갈 곳이 극락세계와 용궁밖에 없을까. 내가 처음 유달산 전설을 접하게 되었을 때, 처음 든 생각은 '그래서 삼등봉은?'이었다. 일등봉에서 죽은 사람을 심판하고, 이등봉에서 대기를 한 다음 각자 삼학도, 고하도, 거북섬으로 이동해서 이승을 떠나게 된다는데 삼등봉으로 옮겨지는 이들은 없었을까?

이등봉과 삼등봉은 아주 가까이 붙어 있어서 찾기도 쉽고, 삼등봉은 세 봉우리 중 가장 낮기 때문에 수월하게 오를 수 있다. 이등봉과 삼등봉이 가까이 위치해 있기 때문에 둘을 굳이 구분하지 않았던 걸까? 솔직히 일등봉과 이등봉 그리고 삼등봉에서 볼 수 있는 풍광은 크게 다르지 않다. 그리고 최고의 풍경은 단연

이등봉에서 본 삼등봉 삼등봉도 암석들이 모여 하나의 봉우리를 이룬 형세이다.

가장 높은 곳에서 내려다볼 수 있는 일등봉이라 할 수 있다. 그래도 세 봉우리의 형세는 눈에 띄게 달라 각각의 매력을 품고 있다. 왜 유달산 전설에서 삼등봉만 소외되었는지 궁금해졌다. 삼등봉에 오른다고 해서 그 답이 불쑥 튀어나오지 않겠지만 나름의 상상은 해볼 수 있지 않겠나. 삼등봉에 올라 무작정 자리를 잡고 앉았다가 나는 삼등봉은 용궁, 극락세계가 아니라 인간세상으로 환생하여 되돌아가는 이들이 잠시 머무르는 곳이 아닐까 상상했다.

삼등봉 큰 바위에 기대고 앉은 곳에서는 인간 군상들이 다사다난한 삶을 이어가고 있는 목포 시내가 훤히 내려다보인다. 내 상상에 따르면 바위에 기대앉은 이 순간이 지금까지 살아온 나의 과거를 회상할 수 있는 마지막 순간이 될 것이다. 그리고 다시 인간세상으로 돌아간다면 후회 없는 삶을 살 것이라고 다짐하지 않을까. 개똥밭에 굴러도 이승이 낫다고 하지 않나. 아직 이승에 미련이 많은 나는 편안한 극락세계나 용궁보다 다시 이승으로 보내달라고 부탁할 것 같다.

삼등봉에서 본 목포 시내 전경 높고 낮은 건물이 옹기종기 모여 있는 광경을 볼 수 있다.

죽음도 갈라놓을 수 없어서

날이 저물기 시작하여 산을 내려가려고 하다가 삼등봉 바로 옆에 남녀의 형상처럼 보이는 바위를 발견했다. 내려가기에만 급급했다면 이 장수바위를 못 보고 내려갈 뻔했다. 일전에 왔을 때 발견하지 못하고 돌아갔던 터라 순간 기쁨이 더 컸다. 유달산에 오르기 전, 사전 조사 단계에서 장수바위 사진을 보았는데 남녀 두 사람이 어깨를 기대고 앉아 두 손을 맞잡고 있는 형상의 이 바위가 마치 누군가 인위적으로 깎아 만든 것처럼 정교해 보여서 꼭 보고 싶었던 것이었다.

장수바위 삼등봉 근처의 언덕에 있다. 그런데 이 바위가 왜 장수바위라는 이름으로 불리게 되었을까.

장수바위는 조자룡 박사(전 에밀레박물관장) 말에 의하면 동양 최대의 장수바위로서 여건을 고루 갖추었으며 음양오행의 조화까지 이루고 있어서 유달산의 보배바위라고 한다. 하지만 장수바위가 목포 시민들에게 유명세를 떨치진 못했나 보다. 내가 일전에 발견하지 못하고 지나쳤던 것처럼, 이 장수바위는 유달산 입구에서 멀리 떨어져 있어서 아는 사람들만 찾아온다고 한다.

장수바위라는 이름이 무색하게, 내가 본 장수바위는 어쩐지 슬퍼 보였다. 서로 어깨를 기대고 앉아서 두 손을 마주 잡은 연인의 모습이 다정하게 여겨질 만도 하지만, 멀리 어딘가를 응시하고 있는 그들의 시선 때문인지 이유 모를 애잔한 마음이 들었다. 사랑을 속삭이는 보통의 연인보다는 무언가를 기다리는 듯, 당신들의 소원이 이루어지기를 기도하는 모습처럼 보였다. 내가 이미 목포가 들려주는 구슬픈 사연에 중독되어 있었던 탓일까.

내게는 인간세계로의 환생을 약속받고, 삼등봉에서 마지막 이별을 앞둔 연인의 모습으로 보였다. 어쩔 수 없는 사정에 함께 죽음을 맞이한 연인. 그들은 이승에서 못다 이룬 사랑을 다음 생에 마저 이루게 해달라고 기도하고 있는 것은 아닐까. 아니면 죽어도 헤어질 수 없다며 꼭 붙어 앉아서 그들의 간절한 마음을 호소하고 있는 것일까. 이제 떠날 시간이 다 되었다는 조물주의 말에도 도통 움직이지 않자, 이에 조물주가 두 사람을 가엾이 여겨 그들이 평생 함께 있을 수 있도록 바위로 만들어 버린 것인지도 모르겠다. 어쩌다 나까지 장수바위를 앞에 두고 비극적인 사연 하나를 만들어내고 있는 것인지. 피식 웃음이 새어 나왔다.

호남선의 종착역, 목포

종착역이 주는 어감은 참 중의적重義的이라는 생각이 든다. 더 나아갈 곳이 없는 쓸쓸함으로 다가오기도 하고, 고되고 힘들었던 여정이 드디어 끝났다는 안도감을 자아내기도 한다. 이렇듯 종착역은 목포라는 도시를 잘 표현해주는 단어가 아닐까 한다. 일제가 강제 수탈의 근거지로 삼은 도시, 목포에서 살았던 사람들의 고생은 말로 할 수 없었을 것이다. 일제 침탈로 가난한 삶을 겨우 연명했을 그들에게 일제강점기는 그야말로 세상의 끝으로 여겨지지 않았을까. 하지만 그 와중에도 언젠가 이 힘든 고난의 끝이 오리라는 희망의 불씨는 살아 있었다. 이순신 장군의 기지와 백성들의 단합으로 전투를 벌이지 않고도 왜적을 물러나게 했던 노적봉의 유래, 일제의 검열을 알 수 없는 단어로 피해서 부른 노래 '목포의 눈물', 이 모두가 희망을 품고 있었기 때문에 가능했을 것이다. 1919년 전국에서 일어난 독립만세운동이 목포에서도 4월 8일 전개되었다. 이렇듯 목포는 아픈 역사의 흔적이 남아 있지만, 더불어 위기를 타개하고자 했던 항일정신 또한 목포 곳곳에서 발견할 수 있다.

슬픈 사랑 이야기도 마찬가지다. 목포에는 사랑을 이루지 못하고 학이 된 세 처녀의 이야기뿐 아니라, 갓바위에 얽힌 부자父子 이야기도 사람들의 눈물샘을 자극

목포역의 호남선종착역 비석 비석은 대합실로 나가는 길에 있다.

갓바위 갓바위산으로 더 알려진 입암산(笠岩山) 절벽에 있다.

한다. 이야기 속 아들은 아버지의 병을 고치려고 집을 나섰지만 홀로 남은 아버지는 결국 외롭게 돌아가시고, 이를 알게 된 아들은 양지바른 곳에 묻어드리려 산에 오르다가 그만 관을 바다에 빠뜨리고 만다. 이에 아들은 그 자리를 지키고 있다가 돌이 되고, 머지않아 아들의 옆에 또 하나의 바위가 솟아났다는 전설이 전해진다.

세 처녀가 사랑을 이루지 못하고, 오히려 사랑하는 이로 인해 죽음에 이른 것처럼, 홀로 죽어간 아버지의 죽음 자체로도 슬픈데 아버지 관마저 바다에 빠뜨리고 아들이 그 자리에서 돌이 돼 버린다. 이처럼 목포에 전해오는 이야기는 눈물과 눈물이 모여 극한 슬픔을 자아낸다. 바다를 삶의 터전으로 생활하는 항구도시 특성상 이별과 죽음 또한 멀리 있는 것이 아니라서 이와 같은 슬픈 이야기가 전해지는 걸까. 일제강점기 당시 일제 수탈의 본거지였던 항구도시에서의 기억이 이처럼 슬픈 이야기를 만들어냈던 것일까. 하지만 목포의 전설에 따르면 인간의 죽음 이후 사후세계에 대해서는 낭만적이었다. 어쩌면 그 반대로 죽음이 끝이 아니기에 이승에서의 삶을 비극적으로 그려낼 수 있었던 것은 아닐까.

나는 이제야 목포의 진짜 얼굴을 대면하게 되었다. 어느 도시에나 슬픈 역사가 있고, 슬픈 이야기가 전해진다. 하지만 내 고향 목포가 그토록 아픈 사연을 품고 있을 줄은 상상도 못했다. 목포가 들려주는 이야기는 아직도 계속되고 있다. 슬픔과 희망이 공존하는 도시, 목포로 떠난 이번 여행에서 나를 지배한 감정은 씁쓸하고 먹먹함이었다. 그리고 한편에서는 꾸역꾸역 자신의 존재를 드러내려고 하는 희망을 볼 수 있었다. 그래서 나도 비통한 심정으로 희망을 기대하며 목포의 눈물을 불렀던 당시의 사람들처럼 노래나 부르며 풀어보려고 한다.

"사공의 뱃노래 가물거리면…"

목포의 새로운 명물 유달산케이블카

구종명(具鐘鳴)은 대한제국의 마지막 경찰로, 일본인과 조선인과의 분쟁이 일어날 때마다 조선인을 위해 앞장선 인물로 기억된다. 필자는 이 이야기를 많은 사람들이 기억해주었으면 하는 바람에 여담에 소개하려고 한다. 구종명과 관련된 대표적인 사건은 '후지끼 살인사건'이다. 1906년 고리대금업자 일본인 후지끼 히로스케(藤木弘助)는 자신의 빚을 갚지 않는다는 이유로 조선인 오경오를 구타하고, 고문하여 죽게 만든 사건이 발생한다. 이에 오경오의 친척들이 후지끼를 구타하고, 오경오의 아들 오수민이 아버지의 원수를 갚게 된다. 그러자 일본 영사는 후지끼를 구타한 조선인을 엄벌에 처하도록 요구했으나, 구종명이 구완하여 오경오의 일가족이 별다른 처벌을 받지 않았다고 한다. 조선인이 구종명의 영세불망비를 세우게 된 직접적인 사건이라 할 수 있다. 이렇게 목포는 여러 방면에서 일본의 수탈 대상이 되고 핍박을 받았지만, 조선과 조선인을 사랑하는 많은 사람들이 있어서 희망적이었다고 생각한다.

———————————————————————————————— 박예원

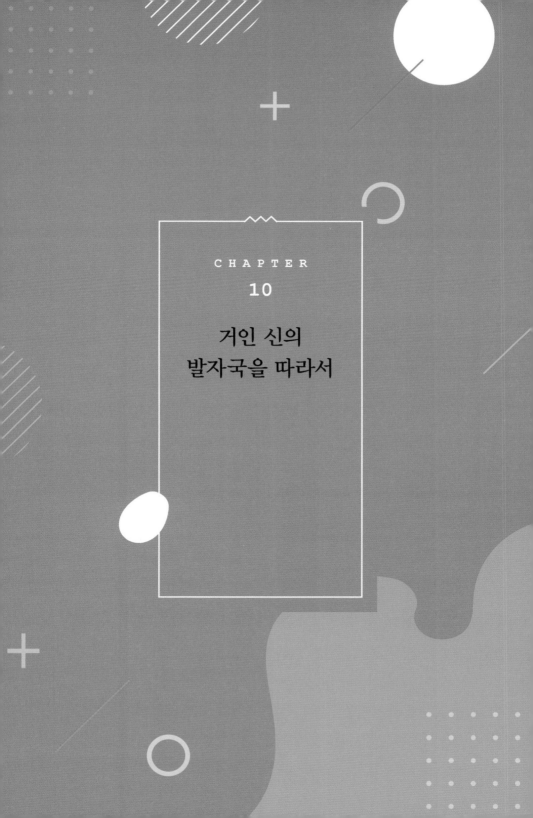

CHAPTER
10

거인 신의
발자국을 따라서

추자도

관탈섬
(대관탈도)

제주항-
여객터미

용두암
용연
제주국제공항 ✈   삼성함

민오름(오라)
바굼지오름(파군봉)
한라수목원   제주

신비의도로

과오름

극락오름

어도오름

노꼬메오름   산세미오름
(큰노꼬메오름)   천아오름
협재굴
갯거리오름   큰바리메오름   붉은오름   한라산

판포(널개)오름   새별오름   백록
                  괴오름
                          삼형제샛오름   오백장군바위
금오름   (오백나한)
저지오름   정물오름   돌오름
방림원   당오름   민머루오름

차귀도   개오름   시(솟)오름
장군바위   남송이오름   골른오름
          새신오름   족은오름
                                                엉또폭포   홍리
          넙게오름   개오름(구산봉)

                논오름   더데오름
가시오름   추사관   중문관광단지   외돌개

          바굼지오름   산방산   군산오름   용연
              용머리해안   갯깍주상절리   범섬
모슬포항

          섯알오름   형제섬

가파도

마라도

제주도[濟州島, Jeju Island]

엉장메코지

원당오름

만장굴

우도

구그네오름

알밤오름

어대오름

비자림

지미오름

우도봉
(소머리오름)

안세미오름

당오름

체오름

다랑쉬오름

아끈다랑쉬오름

알오름

식산봉
(바오름)

제주대학교

거문오름

아부오름

용눈이오름

성산일출봉
등경돌

제주돌문화공원

세미오름

민오름(봉개)

백약이오름

좌보미오름

섭지코지

산굼부리

성불오름

살손장오리오름

물장오리오름

새끼오름

모지오름

모구리오름

어후오름

따라비오름

통오름

흙붉은오름

성널오름

오름

큰거린오름

병곳오름

설오름

갑선이오름

민오름

제석오름

물오름

쇠오름

사랭이오름

가세오름

원앙폭포

제주민속촌

넋이오름

도청오름

정오름

췬오름

서귀포시

정방폭포

서귀포항
여객터미널

섶섬

지귀도

설문대할망
설화 속 여행지

∼∼∼ Chapter 10

거인 신의 발자국을 따라서

설문대할망과 제주(제주특별자치도)

홀로 훌쩍 떠나온 제주

비행기가 공항에 착륙했다. 게이트를 나서자마자 야자수가 여행객을 반긴다. 이국적인 풍경이다. 여행 시작으로 들 뜬 마음과 막 비행기에서 내린 묘한 즐거움이 섞여 잠시 외국에 온 것만 같은 묘한 착각에 빠진다. 전에 왔을 때는 이렇게까지 설레지는 않았는데…. 처음으로 홀로 제주에 왔기 때문인지, 오랜만에 제주를 찾았기 때문인지 이전에 제주를 찾았을 때와는 또 다른 즐거움에 발걸음이 경쾌하다.

필자는 제주여행을 즐기는 편이다. 일상에 치여서 훌쩍 떠나고 싶을 때, 제주의 아름다운 자연 경관을 보면서 잠시 마음에 여유를 주고 돌아오면 일상을 살아갈 힘을 얻고는 한다. 물론 어떤 여행인들 그러지 않겠냐마는 제주는 특히 이국적이고 아름다운 자연이 주는 매력 때문인지 다른 국내 여행지보다 더 즐겨 찾게 된다.

제주공항 공항에 내리자마자 보이는 야자수는 제주의 이국적인 모습과 함께 여행의 설렘을 느끼게 한다.

그러다보니 가끔 이런 아름다운 자연 경관은 과학의 힘이 아닌 예술적 의지를 가진 누군가가 만들어낸 작품이 아닐까 하는 상상도 해본다. 그 옛날 송강 정철 松江鄭澈은 금강산을 유람하면서 금강의 절경을 보고 조물주가 야단스레 솜씨를 부렸다고 표현했다. 제주를 둘러보면 가끔은 송강의 관동팔경關東八景 구절이 생각난다. 이런 아름다운 경치를 보고 화산 활동의 융기 현상으로 만들어졌다고 하는 것보다는 조물주의 예술적 솜씨로 만들어냈다고 하는 것이 낭만적이지 않을까. 조금은 결이 다르긴 하지만 제주에는 태곳적 제주 섬을 만들어낸 창조주의 설화가 전한다. 바로 설문대할망이다.

설문대할망과 창조 신화

설문대할망은 제주에 전해지는 신화 속 여성 거인신이다. 설문대할망은 우리 신화 속 대부분의 주인공들이 그렇듯, 우리에게 잘 알려지지 않은 생소한 신화 속 주인공이다. 어릴 적 읽었던 전래동화에서 이름을 보았던 기억이 가물가물 떠오르는 사람도 있을 테지만 설문대할망이 어떤 이야기에서, 어떤 활약을 벌였는지 알고 있는 사람은 많지 않을 것이다.

신화에서는 할망이 붙어있던 하늘과 땅을 손으로 갈라 세상을 열고, 사람들이 살 수 있도록 물속에서 흙을 퍼 올려 쌓았다고 한다. 할망이 퍼 올려서 쌓은 흙은 커다란 섬이 되었다고 하는데, 이 섬이 바로 지금의 제주도이다.

손으로 하늘과 땅을 갈라 세상을 창조하고, 흙을 떠 제주를 만들어낸 신답게 할망은 인간과는 다른 거대한 신체와 어마어마한 힘을 지니고 있었다. 할망의 모습은 키가 매우 큰 거인이라고 하는데, 그 키가 어찌나 큰지 한라산이 겨우 무릎께에 닿을 정도였다고 한다. 한라산(漢拏山, 1,947m)이 거의 2,000미터에 육박하니, 할망의 키가 어느 정도였을지 가히 상상하기 어려울 정도이다. 아마 인간으로서는 우러러보기도 힘든 높이였을 것이다. 또한 큰 키와 함께 엄청난 힘도 지녔는데, 그 힘 하나로 하늘과 땅을 갈라내고 흙을 퍼 올려 제주도를 만들어 냈다고 전한다.

우도봉 정상 설문대할망의 석상 우도봉 정상에 제주도를 들고 있는 할망의 석상이 세워져 있다.

할망은 제주도를 만들어냈을 뿐만 아니라, 제주도 곳곳의 자연 경관도 세심하게 만들었다. 지금도 제주 곳곳에는 할망이 빚었다고 전해지는 곳이 남아있다. 이야기 속 할망은 제주를 만들어 내고도 오랫동안 사람들과 함께 제주에 살았다고 전해지는데, 그 흔적들이 아직도 설문대할망의 신화와 전설로 제주에 전해진다. 필자는 이번 여행에서 제주 곳곳에 남아있는 할망의 흔적들을 찾아보기로 했다.

한라산과 삼백오름 탄생기

할망은 제주섬을 만들고 난 후, 제주 이곳저곳을 손수 꾸민다. 제주의 자연 경관 중 큰 곳부터 작은 곳까지 할망의 손이 닿지 않은 곳이 없다고 해도 과언이 아닐 정도로 꼼꼼하게 제주를 예술 작품으로 만들어갔다. 할망은 어지간히 제주를 사랑했던 모양이다. 어찌나 꼼꼼히 만드셨던지 할망의 손길이 닿은 곳만 돌아보려고 해도 3박 4일로는 어림도 없었다. 갑자기 눈앞이 캄캄해진다. 그래도 최대한 돌아봐야지, 정신을 차리고 일정을 조정해간다.

제주를 대표하는 곳을 꼽는다면 역시 한라산이다. 제주 섬 한가운데에 우뚝 솟은 한라산은 그 자체로 제주의 상징과도 같다. 제주의 상징이니 당연히 할망의 손길이 닿았을 터, 사실 한라산은 제주의 삼백오름과 더불어 할망이 꽤나 공을 들여 만들어낸 최고의 예술작품이다. 하지만 그 창조 과정이 지금 우리가 생각하는 예술가의 그것과는 같지 않다. 오히려 우리의 생각을 뛰어넘어 기상천외한 모습으로 창조했다.

할망이 흙을 퍼 올려 제주를 만들 때, 제주에는 아무것도 없었다. 그저 흙을 퍼 올려 만들어낸 광활한 섬만이 바다 한 가운데 덩그러니 있었을 뿐이었다. 할망은 그런 제주를 바라보고는 직접 이곳저곳을 손으로 빚어내기 시작한다. 특히 제주의 한 가운데 자리에는 치마에 흙을 잔뜩 퍼 담아 날라 거대한 산을 만든다. 세상을 열어낸 거인 여신이 직접 공 들여 만든 산인만큼 제주에서, 아니 육지에서도 비할 곳이 없을만한 크고 아름다운 산이 만들어졌다. 그리고 그 산이 지금의 한라산이다.

할망이 처음 한라산을 만들었을 때, 백록담도 없고 여느 산들과 마찬가지로 뾰족한 봉우리를 가지고 있었다. 하지만 한라산을 만들고 얼마 지나지 않아 할망은 한라산 정상의 뾰족한 봉우리를 손으로 뜯어 던져버린다. 그 때 할망이 던져버린 봉우리가 서귀포 서쪽 끝에 떨어져 산방산이 되었고, 뾰족한 봉우리가 떨어져 평평해진 곳에 차츰 물이 고여 지금의 백록담이 되었다고 한다.

할망은 한라산을 만들기 위해 모두 일곱 번 치마에 흙을 담아 날랐다고 하는데, 치마로 옮겨 나르던 흙이 사이사이로 떨어져 제주 곳곳에 흙덩이들이 쌓였다고 한다. 할망이 한라산을 다 만들고 난 다음에 제주를 돌아보았을 때는 이미 떨어뜨린 흙덩이들이 굳어 크고 작은 봉우리가 되어있었다. 할망이 실수로 만들어낸 봉우리는 제주 전역에 모두 360여 개가 있다고 하는데, 이 봉우리들이 지금 우리가 오름이라고 부르는 것들이다.

한라산 백록담 한라산의 백록담은 처음에는 뾰족한 봉우리였지만 할망의 손짓 한 번에 호수가 되었다.

또 다른 이야기에서 할망은 더욱 황당한 방법으로 오름을 만들어낸다. 이야기 속에서 할망은 수수범벅을 먹고 배가 아파 설사를 한다. 할망이 배에 힘을 주자 똥 덩어리들이 사방으로 튀기 시작했다. 크고 작은 똥 덩어리들이 제주 사방에 떨어졌고, 그것들이 굳어 제주의 삼백오름이 된다.

할망의 창조신화는 현대의 시선으로 봤을 때 조금은 창조의 신비로움이나 엄숙함이 부족해보이기도 한다. 그나마 하늘과 땅을 갈라내고, 흙을 떠올려 제주섬을 만들어 낸 부분은 거대한 할망의 위대함이 드러나지만 이후 한라산을 창조하고 오름을 만들어 내는 과정은 우리가 알던 창조 신화들과는 조금 차이가 있었다. 창조 과정에서 드러난 인간적인 모습은 우리가 익히 알고 있던 신화와는 너무 달라 당혹감마저 느껴진다.

신화에서는 현실에서 금기시되거나 터부시되는 것들이 오히려 신성한 것으로 묘사되는 경향이 있다. 현실에서 할 수 없는 것들이기 때문에 오히려 신성한 것으로 치부된다. 오줌, 똥과 같은 배설물에 대한 이야기도 이와 같은 맥락에서 신화의 단골 소재로 등장한다. 거인신의 창조 신화에서 거인이 흩뿌린 오줌이 강이 되었다거나 배설물이 동물이 되었다는 등의 이야기는 세계 여러 신화에서 나타난다. 특히 똥과 관련된 창조 신화는 그 행위가 무언가를 낳는 것과 연결되기도 하고, 금기를 어기는 행위가 오히려 신성성을 획득하기 때문에 세계 각지에서 두루 전해진다.

그럼에도 할망의 이야기는 조금 황당한 구석이 있다. 설사를 흩뿌려 오름을 창조해낸다니, 아무래도 조금 과하다는 생각이 지워지지 않는다. 우리가 어릴 적부터 들어왔던 신성한 분위기를 풍기던 창조신화와는 전혀 다른 분위기의 이야기이기 때문일까. 아니면 아무리 고전을 공부한다고 해도 현대의 기준에서 생각할 수밖에 없기 때문일까.

신화와 전설에는 옛 사람들이 자연과 세상을 바라보는 시선이 그대로 녹아있다. 할망의 제주 창조 이야기도 마찬가지이다. 지금의 우리들이야 한라산과 오름이 화산 활동의 흔적이며 제주 또한 화산 폭발로 생겨난 화산섬이라는 사실을 잠깐의 인터넷 검색만으로도 알 수 있지만, 옛 사람들에게는 생겨난 원인을 알 수 없는 신비로운 자연이었을 것이다. 그렇기에 거대한 신이 빚어낸 자연물로 설명하려 했을 것이다.

할망의 창조 이야기는 모두 어린아이가 흙장난을 하는 것 같은 천진난만한 분위기가 흐른다. 그리고 이런 분위기가 제주의 자연 경관과 분위기와 잘 어울린다. 관광지와 그 주변은 이미 상업화가 되어 거창한 모습으로 사람들을 맞이하고 있지만, 관광지를 조금만 벗어나면 소소한 듯 아름다운 자연이 펼쳐진다. 그리고 여유롭고 느긋한 듯 순박한 분위기가 풍긴다. 그래서일까 제주를 둘러보면 할망의 소박하며 순박한 성품을 느낄 수 있다.

오름의 왕, 다랑쉬오름

다랑쉬오름(382.4m)은 오름 중에서도 할망의 관심을 듬뿍 받은 오름이다. 이야기에서 할망은 오름을 다 만들고 주위를 둘러보다 유난히 뾰족한 봉우리를 가진 오름을 발견한다. 뾰족한 봉우리가 그리 마음에 들지 않았던지 할망은 그 오름을 주먹으로 '탁!' 눌러 다진다. 할망의 손길을 받은 오름은 뾰족했던 첫 모습을 잃어버리고 움푹 들어간 모습으로 바뀌게 된다. 이 오름이 다랑쉬오름이며 아직도 정상 한 가운데가 움푹 들어가 있다.

'목적지까지 1km 남았습니다.' 내비게이션의 안내 목소리가 들려왔지만 다랑쉬의 모습은 눈앞에 보이지 않았다. 게스트하우스에서 다랑쉬오름을 간다고 하자 너무 높아서 힘들 거라며 아끈다랑쉬오름(198m)을 오르는 게 어떻겠냐는 추천을 받았다. 아끈은 제주 사투리로 '작은'이라는 뜻이다. 결국 아끈다랑쉬오름은 작은 다랑쉬라는 이름이다. 실제로도 아끈다랑쉬오름은 다랑쉬오름보다 한참이나 작다. 제주에 오기 전 조사했을 때에도 다랑쉬오름은 제주 동부에서 두 번째로 큰 오름이고 오름의 여왕이라고 불리기도 한다고 했었다. 그럼에도 보여야 할 오름이 보이지 않으니 조금은 당황스러웠다. 혹시 길을 잘못 든 것이 아닐까 조심스레 운전하며 한 굽이 코너를 돌 때 눈앞에 오름이 모습을 드러냈다. 언제 모습을 숨겼냐는 듯 앞 유리를 가득 채운 오름의 모습은 멀리서 보아도 장관이었다.

눈앞에 가득히 보이는 다랑쉬오름은 봉우리도 예쁘게 솟아올라 아름다운 선을 자랑하고 있었다. 그런데 조금 이상하다. 이야기에서는 할망의 손길에 봉우리가 움푹 패었다고 했는데, 멀리서 바라본 봉우리의 모습은 움푹 들어간 흔적이 없이 오뚝하게 솟아올라 있다. 과연 이곳이 신화에서 말하는 다랑쉬오름이 맞는지 고개가 갸웃거려진다.

다랑쉬 중턱에서 내려다 본 아끈다랑쉬오름 아끈다랑쉬라는 이름은 작은 다랑쉬오름이라는 뜻이다. 다랑쉬 중턱에 올랐을 뿐인데 많은 오름들이 펼쳐져 있다.

다랑쉬오름에 도착해 차에서 내리니 마치 산길 같은 등산로가 눈에 들어온다. 나무가 우거진 산길을 굽이굽이 한참을 오른다. 숨이 가빠질 때쯤 나무가 천천히 걷히고 아래가 내려다보인다. 아직 오름 중턱에 올랐을 뿐인데도 주위 풍경이 훤히 펼쳐진다. 저 아래에 아끈다랑쉬오름이 내려다보이고 용눈이오름(247.8m)이 멀리서 나란히 서있다. 더 올라가면 용눈이오름도 내려다 볼 수 있을 듯했다.

20분쯤 올랐을까 숨이 턱에 차오를 때쯤 정상이 보인다. 정상에 오르니 아래에서 올려다 본 모습과는 다르게 한가운데가 움푹 파여 있었다. 오르기 전 멀리서 본 오름의 모습이 오뚝하여 구덩이가 그리 크지 않겠구나 지레 짐작했는데, 막상 오르고 보니 구덩이는 정상을 가득 채우고 있었다. 정상에 올라 그 커다란 모습을 한참이나 바라보았다. 정상에 올라서야 겨우 볼 수 있는 모습에 감탄이 저절로 나왔다.

할망은 이야기 속에서 다랑쉬오름을 흙덩이 한 번 떨구고, 주먹으로 한 번 꾹 눌러 쉽게 만들어냈지만, 직접 올라서 본 다랑쉬오름은 결코 쉽게 만들어진 모

다랑쉬오름 정상의 구덩이 사실 화산활동의 증거인 분화구이지만 어찌나 큰지 카메라 한 프레임에 다 담기지 않았다. 정상을 걸으며 할망의 거대함을 다시 한 번 느끼게 된다.

습이 아니었다. 멀리서 바라본 모습과 중턱의 풍경, 그리고 정상의 모습이 제각기 다른 멋을 드러내고 있었다. 제주 어디인들 그렇지 않을 곳이 있으랴마는 다랑쉬도 할망이 만들어 낸 예술 작품이었다.

구덩이 안으로는 들어갈 수 없어, 그 둘레를 따라 한 바퀴 걸어보았다. 한 바퀴 돌아보는 데 10분 이상이 걸렸다. 새삼스레 할망의 거대함이 느껴진다. 한참을 걸은 것 같은데 겨우 반 바퀴를 돌았다. 카메라를 들어 파인더에 담아보니, 한 프레임에 다 담기지 않고 한참을 넘쳐흐른다. 주먹으로 다진 구덩이가 이정도 라면 대체 주먹은 얼마나 크단 건지 짐작도 되지 않는다.

한편으로는 그 커다란 덩치(?)로 흙을 조물거리며 제주를 만들고, 흙장난을 하듯 오름을 만드는 모습을 상상하니 할망이 귀엽다는 생각이 든다. 할망의 창조 이야기는 다른 창조 신화들과는 다르게 아이와 같은 천진난만함이 녹아있다.

성산일출봉에서 바느질을 하다

할망이 한라산과 오름을 창조한 이야기 뒤에는 에필로그 격의 이야기가 하나 더 붙는다. 한라산과 오름을 창조한 바로 뒤에 할망은 흙을 나르느라 해진 치마를 기우기 위해 치마를 들고 성산일출봉을 찾았다고 한다. 일출봉 중턱에 있는 등경돌에 불을 밝히고 치마를 기워 입었다. 이후에도 성산일출봉 등경돌바위는 할망이 길쌈하던 곳으로 알려졌다.

등경돌이라고 하니 조금은 생소한 느낌이 든다. 등경燈檠이라는 것은 등잔대(걸이)를 말한다. 제주에는 예로부터 돌이 많아 등잔대도 돌로 만들어 사용하였다고 한다. 결국 등경돌은 육지의 등잔과 같은 도구이면서 제주다운 도구라고 할 수 있다.

할망은 한라산과 오름을 다 만들고 제주 동쪽 끝 성산일출봉까지 가서 바느질을 한다. 바느질은 사실 장소가 중요치 않다. 바늘만 있다면 어디서든 할 수 있는 것인데, 굳이 동쪽 끝으로 가서 바느질을 한다는 게 어떤 의미가 있을 듯했다. 생각해보면 할망이 굳이 자리를 옮긴 이유는 성산일출봉이라는 지명과 관계가 있다.

성산일출봉城山日出峰은 이름 그대로 해가 떠오르는 봉우리로 제주 동쪽 끝에 위치한 오름이다. 그래서 제주에서 제일 먼저 해를 맞이할 수 있다. 해는 일출봉에서 내려다보이는 제주 동쪽 바다에서 솟아 일출봉을 지나 하늘 한 가운데로 달린다. 해가 솟아오를 때 항상 일출봉을 거치므로 새벽부터 일출을 보기 위해 사람들이 몰려든다. 일출봉에서 솟아오르는 해를 바라보는 것은 제주에서 꼭 한 번은 봐야하는 절경이라고 한다. 사실 일출봉에 오를 때마다 일출 보기에 실패하여 상상으로 그려볼 수밖에 없지만, 해가 바다에서 떠올라 일출봉에 걸리는 모습은 상상만으로도 가슴이 설렌다.

성산일출봉 필자는 일출봉에서 일출을 맞이한 적이 없다. 이날도 게으른 탓에 해가 환하게 밝은 뒤에야 일출봉을 만날 수 있었다.

성산일출봉에서 내려다 본 마을풍경 일출봉 정상은 해발 182m로 그리 높지 않으므로 조성된 목재데크를 따라 얼마 오르지 않아도 된다. 정상에 서면 바다를 낀 마을 모습이 한눈에 들어온다.

 이번에도 새벽에 일출봉을 올라 꼭 일출을 보리라 마음먹고 제주로 날아왔지만, 일출 보기에 또 실패하고 말았다. 전날 성산 근처 게스트하우스에 짐을 풀고, 처음 만난 인연들과 술잔을 기울이다 깜빡 잠이 들었는데, 일어나보니 이미 해는 솟아있었다. 그렇게 일출은 포기하고 일출봉으로 향했다.

 일출봉 중턱쯤 올랐을까 등경돌바위가 모습을 드러낸다. 주위의 다른 바위들과는 다르게 높고 길쭉하게 솟아 있다. 잠시 멈춰서 바위 위에 해가 걸리는 모습을 상상해본다. 어스름 속에서 저 멀리 불그스름한 기운이 올라와 하늘을 물들이고, 기다란 바위 위에 해가 걸릴 때쯤이면 세상이 환하게 밝아지는 모습이 머릿속에 그려진다. 등잔 위에 촛불이 일렁이는 듯 바위 위에 태양이 일렁이며 세상을 밝히는 모습, 태양을 등불 삼은 거대한 등경돌의 모습이 겹쳐 보이니 할망이 왜 일출봉까지 와서 바느질을 했는지 알 것 같았다.

 사실 바느질이라는 행위도 의미심장하다. 이야기에서 할망은 해진 치마를 기우기 위해 바느질을 했다. 하지만 제주 창조의 마지막 장면이 할망의 바느질로 마무리 되는 것은 할망이 갈라놓은 하늘과 땅 그리고 흙을 모아 만든 제주의 자연을 그 자리에 고정시킨다는 의미를 바느질로 상징한 것이라고 볼 수 있지 않을까. 할망의 바느질은 단순히 해진 치마를 기우는 것만이 아니라 하늘과 땅을 갈라 세상을 만들어 내느라 생겨난 틈을 기우는 작업이었다. 결국 성산일출봉은 창조를 마무리하는 곳으로 선택된 것이다. 제일 먼저 일출을 바라보는 곳, 하늘과 바다의 경계가 시작되는 곳인 일출봉은 세상의 경계를 바느질로 고정시키기에 알맞은 장소였을 것이다.

평범한 사람들과 다를 바 없이 길쌈을 하고 바느질하는 할망의 모습은 위대한 창조를 마무리 짓는 것으로 보기에는 너무도 소박한 모습이다. 하지만 바느질 속에 담겨있는 세계를 봉합하고 창조를 마무리 짓는다는 의미는 결코 소박하지 않다. 참 아이러니한 일이다. 가장 평범한 행동으로 그 어떠한 것과도 비교할 수 없는 위대한 일을 해낸다. 설문대 할망이 매력적인 것은 대단한 의미

등경돌바위 생김새가 마치 등잔대처럼 생겨서 등경돌바위라는 이름이 붙었다.

를 갖는 일들을 소박하게 이루어내는 모습 때문이 아닐까 생각해본다.

엉장메코지에 남은 소원

제주공항에서 동쪽 해안도로를 달리다보면 조천에서 신흥 방향으로 난 해안
도로 옆으로 대략 2km 남짓 검은 돌무더기 줄기가 펼쳐진다. 엉장메코지이다.
제주에서 육지와 제일 가깝다는 곳, 설문대할망이 육지로 이어지는 다리를 놓다
돌아간 곳, 옛 제주 사람들의 바램이 묻어있는 곳이다.

할망과 함께 살아가던 옛 제주 사람들은 언제나 팍팍한 섬 생활에 지쳐 항상 육
지를 바랬다고 한다. 하루는 할망에게 육지로 통하는 다리를 놓아달라고 소원을
비는데, 할망은 명주 백 통으로 자신이 입을 치마와 속곳을 지어 바치면 다리를 놓
아주겠다고 약속한다. 그때부터 모든 제주 사람들이 명주를 모으지만 결국 아흔아
홉 통 밖에 모으지 못하고, 결국 할망은 놓다 만 다리를 남겨둔 채 돌아가게 된다.

할망이 놓다 만 다리가 있다고 전해지는 곳은 사실 엉장메코지 말고도 여러
곳이 있다. 모슬포 항 근처 산방산 옆 자락에도 할망이 다리를 놓다만 흔적 있다
고 전해지고, 제주에서 육지가 가깝다고 알려진 바닷가 곳곳에 할망이 놓다 만

엉장메코지 이름의 코지는 곶이라는 의미이다. 검은 바위 자갈들이 해안도로를 따라 죽 펼쳐진 모습이 마치
육지를 향해 놓다 만 다리처럼 보인다.

다리의 흔적이 전해진다. 제주 곳곳에 똑같은 흔적들이 전하는 것을 보면 옛 제주 사람들은 무던히도 육지를 바랬던 것 같다. 엉장메코지는 할망이 놓다만 다리가 있다고 전해지는 곳들 중에서 가장 널리 알려진 곳이다. 그리고 예부터 제주에서 육지와 제일 가깝다고 알려진 곳이다.

해안도로를 달리다 한적한 곳에 차를 세우고 바닷가로 다가가 본다. 도로와 바닷가 사이에 검은 바위들이 끝없이 늘어서 있다. 그냥 보아도 멋진 경치인데, 놓다 만 다리의 흔적이라고 생각하니 조금 더 특별하게 느껴진다.

엉장메코지는 할망이 인간들과 어우러져 살아간 흔적이다. 창조신이 자신이 창조한 세상에서 인간과 어우러져 살아가며 인간의 사사로운 염원이 담긴 바람을 들어주는 이야기는 사실 흔치 않다. 할망의 이야기가 거의 유일하지 않을까 싶은데, 그렇기 때문에 이 이야기는 따뜻하고 정이 많은 할망의 성격을 알 수 있게 한다. 비록 인간의 실수로 다리는 놓지 못하고 흔적만 남았지만, 할망은 인간을 위해서 다리를 놓아주려고 노력했다. 심지어 바라던 치마와 속곳이 아직 완성되지도 않았는데 다리부터 놓기 시작하는 친절함마저 보인다.

옛 제주 사람들에게 다리는 육지로 통하는 통로이자 오랜 바램이었다. 물자가 한정되어 있고, 힘든 어로생활을 해야만 했던 섬사람들이 육지를 바라는 것은 풍족한 삶의 바람이었을 것이다. 이러한 염원을 할망의 이야기 속에 녹여냈지만, 결국 현실에서 다리가 놓일 수 없으니 이야기 속에서도 다리는 언제나 이어지지 못한 채로 남겨지게 된다.

이야기에서 다리가 완성되지 못한 채로 존재하게 된 것은 할망의 능력이 부족해서가 아니다. 결국 명주 한 통을 모으지 못하여 치마와 속곳을 완성하지 못한 인간의 한계가 다리를 미완성으로 두게 만들었다. 이야기에서 제주도민의 간절한 소망이 드러남과 동시에 인간이라는 한계로 인해 실패하는 모습 또한 그려지는 것은 결국 우리는 인간이기에 우리가 소망하는 바를 모두 이룰 수 없다는 것을 말하고자 한 것은 아닐까.

바다 바람을 맞으며 엉장메코지를 따라 걷다 보니 저 멀리서 군인들이 보였다. 아마 대민지원을 나온 것이겠지. 인솔하는 간부를 따라 병사들이 줄줄이 걸어오다 내가 있는 곳 근처 정자에 앉아서 잠시 휴식을 취한다. 휴식을 취하는 몇몇 병사들은 서로 이야기를 나누다가 가끔 고단한 눈으로 바다를 바라보고 있었다. 바다를 바라보는 모습이 육지를 바라던 옛 제주 사람들의 모습과 겹쳐보였다. 갈 수 없는 육지를 바라는 마음은 지금 저 군인의 모습이나 옛 제주 사람들의 모습이나 같지 않았을까. 사실 군인은 1년 반만 버티면 돌아갈 수 있지만, 제주 사람들은 제주가 삶의 터전이니 그 마음은 더 컸을 것이다. 그래서 설문대할망을 통해 이루어질 수 없지만 간절한 마음을 담아 소망을 이야기했는지도 모르겠다.

섭지코지에서 고기를 낚다

"저는 서울에서 일을 하고 있고, 제주에는 여행 겸 답사를 왔습니다. 일이랑 관련된 건 아니고, 글을 써볼까 해서 오게 되었습니다."

제주도 여행 중 묵었던 한 게스트하우스에서 했던 자기소개이다. 고전 문학을 테마로 여행을 하고 글을 쓴다는 말에 다들 신기해하는 분위기이다. 설문대할망과 관련된 곳을 둘러본다고 하니 다들 고개를 갸웃거린다. 분위기를 살피며 할망의 이야기를 꺼내어 본다. 몇몇은 어디서 들어본 적이 있다는 표정이고, 또 몇몇은 처음 들어보는 이야기라는 표정이다. 다음날 길을 나설 준비를 하는데 유난히 바람이 세차게 몰아쳤다. 일정상 일찍부터 섭지코지로 향해야 했다. 주방으로 나가보니 벌써 몇몇이 커피를 마시고 있다. 어제 나눴던 이야기 때문인지, 오늘은 어디로 가는지, 어떤 이야기를 따라가는지 물어온다. 섭지코지라고 하니, 그렇게 유명한 곳에 알려지지 않은 이야기가 있는지 신기해하는 눈치다. 궁금해 하는 시선들에 이야기를 조금

망설이니 이야기를 재촉한다. 하지만 망설일 수밖에 없었다. 조금은 야릇한 이야기가 펼쳐지기 때문이다.

이야기에서 설문대할망은 제주를 창조하고 설문대할아방과 연을 맺어 살아간다. 제주에는 해산물이 풍부해 배가 고프면 바다에 나가 고기를 낚아 끼니를 때웠다. 주로 섭지코지 앞바다에서 고기를 잡았다고 하는데, 고기를 잡는 방식이 아주 독특하다. 바다 한 가운데에서 할아방이 자신의 남근을 꺼내어 바다를 휘휘 저으면, 바다가 진동하고 파도가 높아졌다고 한다. 그러면 바다 속 물고기들이 놀라서 반대 방향으로 바삐 도망가는데, 반대 방향에서는 할망이 다리를 벌리고 음문으로 도망쳐오는 고기를 빨아들여 섬으로 돌아왔다고 한다.

조금은 야릇한 이야기이다. 이야기는 할망과 할아방이 제주에서 고기를 잡고 생계를 꾸려가는 이야기이지만 그 이면에는 민망한 상징들이 녹아 있다. 남근에서 물고기가 음문으로 향하는 모습은 성적 결합과 임신을 상징한다. 하지만 신화에서 이러한 묘사는 자주 등장하고 생각보다 야릇하거나 민망한 의미를 갖지는 않는다.

섭지코지 풍경 지금은 관광지로 유명하지만 섭지코지 앞바다는 고기가 많은 바다로 고기 잡는 할망의 이야기가 전해진다.

남근에서 출발해 자궁으로 향하는 물고기는 생명이 씨앗이 잉태되는 과정을 상징적으로 보여준다. 물고기가 한두 마리도 아니고 떼로 할망의 음문으로 숨어 드는 것은 농경사회에서 중요시 여기는 다산을 상징한다. 일반적으로 다산의 상 징은 농경사회에서 풍요와 연결된다. 결국 이 이야기는 성적인 이야기라기보다 풍어, 풍년 기원이 이야기에서 상징으로 표현된 것이다.

다른 이야기에서는 할망이 산으로 먹을 것을 구하러 간다. 할망은 산에서 음 문으로 사슴과 멧돼지를 수십 마리 잡아먹는다. 이 또한 장소만 섭지코지 앞바 다에서 산으로 바뀌었을 뿐 다산과 풍요를 상징하는 이야기다.

문득 궁금증이 든다. 우리가 잘 알고 있는 섭지코지는 관광지로 유명한데 하 필 섭지코지에서 낚시를 한 이유는 무엇이었을까. 사실 섭지코지는 지금은 관광 지로 유명하지만 옛날에는 물고기가 많은 바다였다고 한다. 바위가 많고 물살이 빨라 물고기들이 많이 모여드는 어장 역할을 톡톡히 했던 것이다. 그렇기 때문 에 풍요를 이야기하는 배경으로 선택된 것이 아니었을까.

섭지코지에서 바라 본 우도 풍경 멀리 우도가 한눈에 들어오는 이 바다는 옛날에는 물고기가 많이 모여드는 어장이었다고 한다.

섭지코지에 도착했을 때는 바람이 강해지고 있어 바다는 점점 일렁임이 심해지고 파도도 거세지고 있었다. 문득 할망과 하르방이 낚시를 하던 날의 바다가 지금과 같지 않았을까 생각해본다. 하르방이 남근으로 휘저어 파도가 일렁이던 바다의 모습이 그려졌다. 그러고 나니 저 멀리 바위들 사이에서 치마를 걷어붙인 할망이 바다를 누비며 고기를 잡는 모습이 그려진다.

섭지코지 산책로를 따라 걷다보니 바위 사이사이에 사람들이 삼삼오오 모여 낚시 삼매경에 빠져있다. 바람이 세차게 부는데도 고기를 낚는 재미에 푹 빠져있다. 해안을 따라 산책로의 끝에 다다를 때쯤 바다에서 무언가가 쑥하고 올라왔다 사라진다. 까만 오리발이다. 저 멀리 바다 가운데에서 해녀 한두 분이 자맥질을 하고 계셨다. 머리를 물속에 담그고 잠수를 하면 발이 허공으로 쑥 솟았다가 머리가 수면으로 올라오면 다시 사라진다. 몇 차례고 자맥질을 계속하며 해산물을 망태에 담는 데 열중이다. 파도가 심한데도 아랑곳하지 않고 열심이다.

좀 전에 보았던 낚시꾼 무리와 대비되면서 할망의 모습이 겹쳐진다. 물에 들어갔다 한참 있다 나오길 수차례 반복하는 고된 노동을 하며 생활을 이어가는 해녀의 모습이 제주에 정착해 물고기를 잡으며 살아가는 할망의 모습과 닮아 있었다.

할망이 사라진 곳으로

차를 몰아 중산간을 지나 한라산으로 향한다. 목적지는 물장오리오름(937m)이다. 물장오리오름은 할망이 죽음을 맞이한 장소다. 제주에서 살아가던 할망은 갑자기 자신의 키보다 큰 물웅덩이가 있을까 궁금해진다. 그래서 제주 안에 깊다고 하는 웅덩이에 직접 들어가 자신의 키를 시험해본다. 몇몇 웅덩이에 들어가 봤지만 자신의 키보다 한참 못 미칠 뿐이었다. 할망은 마지막으로 한라산 동쪽 물장오리오름으로 들어간다. 할망이 물장오리로 들어가는 순간 물속으로 깊이 빠져 들어가더니, 다시는 나오지 못하고 그대로 죽음을 맞이한다. 한라산 물

장오리는 밑이 터져 있어 한없이 깊었기 때문이다. 그 사실을 미처 알지 못했던 할망은 결국 물장오리에서 나오지 못하고 그대로 빠져 죽고 만다.

생각해보면 할망다운 죽음이다. 세상을 만들 때도 어린아이 같이 천진난만하고, 돌발적으로 오름 구덩이(분화구)와 백록담을 만들더니, 마지막에도 어린아이 같은 호기심 때문에 죽고 만다. 마치 세상 모든 것이 신기한 어린아이처럼 천진난만한 모습으로 자신이 만든 창조물 속에서 사라진다. 일반적으로 세상을 창조한 신들은 자신의 창조물과 합일을 이루며 마무리 되지만, 이런 식으로 세상과 조화를 이루는 신은 할망이 유일할 것이다.

이야기의 배경이 되는 물장오리오름은 제주 여러 오름 중에서도 쉽게 들어보지 못한 생소한 오름이다. 『신증동국여지승람』과 같은 과거 기록을 살펴보면 '장올악(長兀岳)', '수장올(水長兀)' 등으로 기록되어 있다. 이들 모두 밑 터진 물이 있는 오름이라는 의미를 갖는다. 이곳은 아무리 가물어도 물이 마르지 않고 비가 내려도 물이 넘치지 않으며, 수심을 헤아릴 수 없어 밑 터진 물이라고 부른다고 한다.

현재 물장오리는 람사르협약 등록습지로 지정된 생태보호구역이라 일반인은 출입할 수 없고, 연구를 목적으로 한 방문만 허가하고 있다. 그래도 할망이 최후를 맞이한 곳의 근처나마 둘러보고 싶어 무작정 한라산 중턱으로 차를 몰았다. 굽이굽이 넘어갈 때마다 우거진 숲이 좌우로 펼쳐진다. 한참을 들어가니 나무가 우거져 도로를 침범한다. 마치 거대한 터널에 들어온 느낌이다. 문득 할망 같은 거대한 신이 죽음을 맞이할 만한 곳이라는 생각이 든다.

오름 입구는 내비게이션으로도 쉽게 검색이 되지 않았다. 결국 인터넷 이곳저곳을 뒤져가며 입구를 찾아 헤맸다. 한라산 중턱 한적한 곳까지 한참을 들어가서야 결국 물장오리오름 근처에 도착할 수 있었다. 간신히 찾아낸 물장오리오름으로 올라가는 입구는 출입금지 안내판과 함께 풀만 무성히 자라 있었다. 안내판 위에는 까마귀 한 마리가 앉아서 허락 없이 들어오는 낯선 이를 감시하듯 주위를 둘러보고 있었다.

물장오리오름을 올라보고 싶었지만 출입금지 안내판까지가 내가 갈 수 있는 한계 지점이었다. 아쉬운 마음에 주위를 둘러보았다. 산 중턱까지 숲이 우거져 있었다. 운전을 하고 오면서도 산길을 따라 우거진 나무숲이 보였다. 그 너머에는 늪지가 펼쳐지고 할망이 들어가서 다시는 나오지 못한 물장오리 밑 터진 물이 있을 것이다. 할망을 삼킨 오름은 아무 일도 없었다는 듯, 우거진 숲 사이에 자리를 채우고 있을 것이다. 필자는 할망을 삼킨 물장오리를 뒤로하고 다시 돌아갈 수밖에 없었다.

사실 할망의 죽음에 대한 이야기는 하나 더 있다. 이 이야기에서 할망은 어머니의 모습으로 등장한다. 할망은 제주 창조를 마치고 아들인 오백장군들과 함께 한라산 중턱에 자리를 잡는다. 오백 명이나 되는 아들들을 키우려다보니 항상 부족한 생활일 수밖에 없었다. 하루는 아들들을 먹이고자 커다란 솥에 죽을 끓이는데 솥에 올라 이곳저곳을 젓다가 그만 발을 헛디뎌 솥에 빠져 죽고 만다. 뒤늦게 먹을 것을 구해 돌아온 오백장군은 죽이 끓고 있는 솥단지를 보자마자

영실의 오백장군바위 한라산 영실 코스에는 기암괴석이 많은데 그 중 할망의 이야기 속 오백장군이 영실에 와서 바위가 되었다고 한다.

허겁지겁 달려들어 먹어치우고, 바닥이 드러날 때쯤 커다란 뼛조각을 발견한다. 그제야 할망이 빠져죽은 죽을 먹은 것을 알고, 깊은 슬픔에 빠져 자리를 박차고 뛰어나가 영실에서 바위가 되어버린다. 그 뒤로 한라산 영실에는 오백 개의 기암괴석이 생겨났다고 하며 이를 오백장군바위라고 부른다.

이 이야기는 할망의 창조신으로서의 모습보다는 오백장군을 키우는 어머니의 모습이 더 부각된다. 자식을 위해 희생하는 어머니의 모습, 특히 고된 삶 속에서 자식을 키워내는 어머니 모습에 감동과 짠한 슬픔이 느껴지는 것이 보편적 감정이겠지만, 지금까지 들어온 할망 이야기와는 조금 이질적이라는 생각이 든다. 할망은 세상을 창조해내고 인간들과 함께 살아간 위대한 신이면서도 어린아이와 같은 모습으로 등장하기 때문이다.

그래서 두 이야기 중 첫 번째 이야기가 더 할망다운 이야기로 지금까지 찾아다녔던 할망의 모습과도 조금 더 잘 어울린다. 그리고 할망의 마지막 모습은 모성애가 깊은 어머니보다는 세상을 만들어 낸 위대하지만 친근한, 그리고 조금은 귀여운 거인 신의 모습으로 기억하고 싶기 때문이다.

어찌 됐든 할망의 흔적을 찾는 이번 여행은 한라산에서 시작해 돌고 돌아 다시 한라산으로 돌아왔다. 한라산은 할망의 시작과 끝을 함께한 장소라고 할 수 있다. 할망의 죽음에 대한 두 이야기 모두 한라산에서 끝을 맺는다. 이제 할망의 길은 끝났고, 다시 인간의 길을 그리고 인간의 길에 남은 할망의 모습을 끝으로 여행을 마무리하는 일만 남았다.

인간의 길에서 만난 할망

할망이 남긴 흔적들을 한 바퀴 돌아보고 마지막으로 들린 곳은 제주 돌문화공원이다. 돌문화공원은 제주의 삼다三多 중 하나인 돌과 설문대할망의 이야기를 융합하여 조성한 공원이다. 설문대할망의 이야기를 어떻게 풀어냈는지 궁금했다.

돌문화공원에 도착해서 입장권을 발권하고 팸플릿을 받아보았다. 생각보다 할망의 이야기가 팸플릿 곳곳에 등장했다. 팸플릿에 안내된 코스를 따라 천천히 걸었다. 공원 곳곳에는 할망과 관련된 이야기가 돌로 만든 조각과 조형물로 세워져 있고 관련된 이야기들이 소개되어 있었다. 입구에서 조금만 걸어 들어가면 인공적으로 조성한 물장오리오름이 있고, 할망의 죽음에 대한 설명이 보인다. 공원 입구부터 할망의 이야기가 전면에 등장하는 것이다. 팸플릿을 따라 코스를 걷다보면 이런 저런 길들이 나오는데 그 길의 이름에도 할망의 이야기들이 녹아있어 길을 걷다보면 자연스럽게 할망 신화를 알 수 있도록 해놓은 것도 좋았다.

하지만 할망의 이야기가 짜임새
있게 전달되는 것 같지 않아 조금
은 아쉬웠다. 공원의 조형물들은
할망과 오백장군 이야기에 집중하
고 있어 다른 이야기들은 조금씩
만 소개되어 있었다. 그러다보니
할망의 창조나 제주도민들과 함께
어우러져 살아간 이야기보다는 할
망의 모성에 집중하고 있었다.

공원을 조성하면서 대부분의 사
람들이 공감할 수 있는 모성애라
는 쉬운 이야기에 집중한 것이 이
해는 되지만 할망의 이야기가 재미
있는 이유, 제주의 창조신다운 이
유와는 조금 거리가 있어 보였다.

돌문화공원의 조형물 공원 곳곳에 할망을 상징화한
조형물들이 전시되어 있었는데, 심지어 보행등마저
할망의 모습으로 장식되어 있었다.

할망의 이야기를 듣고 재미있고, 가치 있다고 느끼는 부분은 사람마다 다르겠지
만 그래도 필자가 생각하기에 이야기에서 가장 큰 부분을 차지하고 가장 흥미로
운 부분을 꼽자면 역시 할망의 창조 이야기이다. 소박하고 천진난만한 창조 이야
기를 들으며 그로 인해 탄생한 제주의 이곳저곳을 떠올리다보면 제주 곳곳이 할
망의 예술 작품으로 보이고, 그저 관광지의 하나에서 조금 더 그 장소에 감정이
입을 하고 가까워지는 경험을 하게 된다. 같은 장소를 둘러보더라도 이전과는 전
혀 다른 경험을 하게 되는 것이다. 그런데 이 흥미진진한 부분이 부각되지 않으
니 아쉬움이 남는 것도 당연했다. 아쉬운 마음을 잘 갈무리하고 공원을 한 바퀴
돌아보고 나오면서 할망의 이야기와 제주를 다시 되새겨 본다.

할망과 오백장군 조형물 설문대할망과 오백장군의 모습을 돌로 표현한 조형물이 공원 중심에 전신되어 있다.

　필자가 여행에서 둘러 본 제주는 아기자기 하면서도 소박한 듯 아름다운 매력이 넘치는 곳이었다. 물론 유명 관광지들은 사람들로 북적여 정신이 없기도 했지만 자연 풍경만큼은 소박한 듯 아름다웠다. 제주하면 떠오르는 이미지도 돌담길과 아담한 집, 그리고 그 너머로 보이는 오름 같은 소박한 모습들이다. 그리고 이러한 모습들이 할망의 모습과도 참 닮아있다는 생각이 들었다. 물론 할망이 만들어 낸 제주이기 때문에 당연한 이야기겠지만 말이다.

　문득 숙소 사장님과 나눴던 이야기가 떠올랐다. 여행 중 들른 숙소에서 아주 선한 눈을 한 사장님을 만났다. 방에 짐을 풀고 나오자 커피를 내려주며 이런저런 이야기를 건넨다. 사장님은 20대에는 만화가 지망생이었고, 30대에 회사에 취직하여 돈을 벌었다고 한다. 사장님의 목표는 30대 10년 동안 돈을 벌고 그 돈으로 40대에 10년 동안 제주에 내려와 하고 싶은 일을 하며 사는 것이었다. 사장님은 마흔에 회사를 퇴사하고 제주에 내려와 게스트하우스를 하며 친구와 동화를 쓰고 있다고 했다. 그 뒤로도 한참을 이야기가 오갔는데, 사장님이 선한 눈으로 웃으며 말했다.

"무엇을 하시던지 행복하게 살고, 여행도 많이 다니시고 행복하세요. 행복한 게 제일 좋은 것 같아요."

웃으며 말하던 모습이 제주의 풍경과 닮아있었다. 사장님의 한 마디에서 할망의 이야기가 떠오른 것은 제주에서 만난 인연이 순박하고 아름다웠기 때문이다. 순박하고 아이 같은 할망이 만들어 낸 제주이기에 순박하고 순수한, 아름다운 사람들이 모여드는 것은 아닐까.

순박한 마음을 안고 돌아오는 길

떠나오면서 비행기 창가 자리에 앉아 작아지는 제주를 바라보았다. 점점 멀어지는 제주를 바라보며 할망의 시야를 마지막으로 느껴보았다. 처음에는 조금 색다른 여행을 해보고 싶어서 할망의 흔적을 따라 온 제주였지만, 여행을 할수록 할망의 모습과 제주의 풍경에 마음이 편안해졌다. 회사 일에 찌들고 피곤에 절어 있던 마음으로 떠난 여행길이었는데, 조금은 씻겨 내려가고 순박한 마음을 안고 돌아오는 듯했다. 이것도 할망이 아직도 잊지 않고 먼 곳에서 자신을 찾아준 여행자에게 주는 따뜻한 선물이 아닐까 잠시나마 생각해보았다.

금능석물원의 설문대할망 조각

할망이 주는 작별선물

제주 여행 넷째 날 설문대할망과는 작별하고 서쪽 바다로 향했다. 하지만 이동하는 중에 눈이 내려 쌓이기 시작했다. 바다는 못 보겠구나 포기하고 가까운 카페에 앉아 시간을 죽이고 있었는데, 얼마 뒤 눈이 그치고 파란하늘이 군데군데 드러났다. 차를 달려 바다로 향하니 어느새 해질 무렵이었고, 구름 사이로 그림처럼 빛이 내리고 있었다. 너무도 아름다운 모습이 인정 많은 할망이 주는 작별 선물인 듯했다.

김종찬

INDEX